国家社科基金项目
"近代早期英国人口流动与乡村变迁研究"（14BSS024）成果

近代早期英国人口流动与乡村变迁

谷延方　著

Population Mobility and Rural
Change in Early Modern England

人民东方出版传媒
People's Oriental Publishing & Media
东方出版社
The Oriental Press

图书在版编目（CIP）数据

近代早期英国人口流动与乡村变迁 / 谷延方著. --
北京：东方出版社，2022.12
ISBN 978-7-5207-2550-7

Ⅰ.①近… Ⅱ.①谷… Ⅲ.①人口流动－关系－社会
变迁－研究－英国－近代 Ⅳ.① D756.1

中国版本图书馆CIP数据核字（2022）第216504号

近代早期英国人口流动与乡村变迁
JINDAI ZAOQI YINGGUO RENKOU LIUDONG YU XIANGCUN BIANQIAN

责任编辑：	张晓雪　李小娜
出　　版：	东方出版社
发　　行：	人民东方出版传媒有限公司
地　　址：	北京市东城区朝阳门内大街166号
邮　　编：	100010
印　　刷：	三河市鑫鑫科达彩色印刷包装有限公司
版　　次：	2022年12月第1版
印　　次：	2022年12月第1次印刷
开　　本：	787毫米×1092毫米　1/16
印　　张：	15
字　　数：	215千字
书　　号：	ISBN 978-7-5207-2550-7
定　　价：	56.00元
发行电话：	（010）85924640

版权所有，违者必究
如有印装质量问题，我社负责调换，请拨打电话：（010）85924640

目 录

绪　论　001

一、问题的提出　001

二、国内外研究概况　003

三、作者的观点　006

第一章　近代早期英国人口流动现状　011

一、近代早期人口流动大潮　013

二、近代早期人口流动大潮形成原因　017

（一）圈地运动形成巨大推力　017

（二）当地社区"阻力"剧减　021

（三）近代早期英国乡村人口快速增长　023

（四）瘟疫、灾害造成城市人口短缺、资源闲置　028

第二章　近代早期英国乡村人口流动（上）："标准"模式　037

一、城市巨人——伦敦一枝独秀　039

二、城市化魔棒下的乡村工业　049

三、"输血"的乡村社会　054

四、近代早期英国人口流动"标准"模式的特征及其影响　057

I

第三章　近代早期英国乡村人口流动（下）：非"标准"模式　　069

一、"短距离"流动　　070
- （一）"短距离"的社会含义　　071
- （二）"短距离"流动的重要价值　　073
- （三）"短距离"流动是一种社会结构　　075

二、"短距离"流动的类型及其演变　　078
- （一）"改善型"与"生计型"　　078
- （二）伊丽莎白时代及17世纪早期的社会管控与人口流动　　083
- （三）17世纪下半叶人口流动概况　　088
- （四）定居法与人口流动模式演变　　091

三、"短距离"人口流动现象分析　　099
- （一）参与阶层广泛　　099
- （二）流动人口的性别结构比较均衡　　105
- （三）人口流动的地区差异显著　　109
- （四）流动人口年轻化　　112

第四章　近代早期城市人口"回流"现象　　121

一、"回流"现象是否存在　　123
- （一）城市人口结构与人口流动　　123
- （二）城市人口"回流"的普遍性　　125
- （三）城市人口"回流"规模推测　　126

二、城市人口"回流"的原因 … 129
　　（一）行会限制 … 130
　　（二）生产、生活成本高昂 … 133
　　（三）城市传统经济具有局限性 … 136
　　（四）农业生产的"季节性"要求 … 138
三、城市人口"回流"的后果 … 142
　　（一）城市"生产性"功能弱化 … 143
　　（二）助长了中世纪晚期以来的"城市危机" … 145
　　（三）人口流动与大城市郊区发展 … 147

第五章　人口流动视角下的英国乡村变迁 … 153

一、乡村人口地域流动与基层行政司法治理转型 … 156
　　（一）庄园、村邑并行 … 156
　　（二）教会堂区地位上升 … 158
　　（三）教会堂区作为基层管理单位确立 … 161
　　（四）人口流动带来的其他变化：地方管理难度上升 … 167
二、乡村人口行业流动与经济社会结构蜕变 … 171
　　（一）中世纪晚期的农牧混合经济结构 … 171
　　（二）近代早期原工业与非农化时代到来 … 173
　　（三）埃塞克斯郡特林村的典型意义 … 180
　　（四）变迁中的延续 … 183

三、人口流动与乡村嬗变　　　　　　　　　　　　　　188
　　（一）人口流失、村落荒芜　　　　　　　　　　　188
　　（二）乡村社会阶级结构进一步分化　　　　　　　191
　　（三）传统敞田耕作方式变化，新型敞田与庄园出现　202
　　（四）乡村社会观念嬗变　　　　　　　　　　　　210

结　　论　　　　　　　　　　　　　　　　　　　218

参考文献　　　　　　　　　　　　　　　　　　　226

后　　记　　　　　　　　　　　　　　　　　　　232

绪 论

一、问题的提出

关于近代早期英国社会转型问题，中外学者进行了大量研究，不过初期主要集中于政治制度变革与社会形态演进方面，重点考察历史大事件，如宗教改革、圈地运动、海外殖民扩张以及17世纪英国资产阶级革命与立宪君主政体建立等内容，并取得一系列丰厚的研究成果。后来，随着研究不断推进，学者们逐渐超越政治制度与社会形态，开始关注"上层建筑"之下的社会经济及文化教育等问题，乡村变迁也成为学者们社会转型问题研究中的重要组成部分，诸如乡村农业革命、人口流动、城市化、乡村工业及原工业化乃至流民、济贫等，都陆续进入了研究视野。而今，人口流动与城市化问题已经成为社会各界关注的焦点之一，成为学者们重点考察和研究的对象，乡村的变迁与转型也日益受到研究者的关注。

不过，在20世纪50年代以前，英国学者对斯图亚特王朝晚期以来的历史研究很少以人口流动与乡村变迁为主题，他们大多认为工业革命之前人口在地域流动方面是"相对静止"的。与此同时，英格兰最著名的学者、社会评论家如亚当·斯密、威廉·哈里森等人，均强调此时英国具有剧烈的"社会流动性"，即都意识到近代早期英国社会具有向上、向下流动的重要特征，发现了诸如乡绅与资本家农场主崛起，大量小土地所有者逐渐消失，沦为无地劳工，最终演变为无产阶级大军，社会两极分化日益鲜明等社会现象。但是很少有人发现这一时期还伴随着高度的地理流动性，普遍认为人口流动"在地理上"是相对静止的，同欧洲大陆乃至东方社会是相似的。

著名史学家戴维·道格拉斯总主编的《英国历史文献》在涉及1660—1714年研究概况时，描述该国整体状况，依然认为"很多人从摇篮到坟墓所走过的全部路程不会超出出生地10英里的范围。即便是条件好的富人，其经常交往的社会活动中心最远的就是郡城"。相应地，在文献后所汇编的研究篇目里也没有一篇论著以"人口流动"或"乡村变迁"为标题；与本主题最接近的大概就是H.D.特雷尔（H.D.Traill）编辑的《英格兰社会1603—1714：关于民众在宗教、法律、知识、艺术、工业、商业、科学、文学和礼仪举止方面进步的记录》（第四卷，伦敦，1903年），以及屈维廉的《英国社会史》（伦敦，1944年）。① 这两部书中有相关内容触及了人口流动与城乡之间的关系。因此，发现近代早期英格兰居民具有高度的地理流动性，还是比较晚近以来的事情。

20世纪50年代以后，尤其是60年代以后，关于英国社会人口地理流动的研究逐渐引起学者们的关注。契机主要源于英国著名人口史家彼得·拉斯莱特等学者组织建立的"人口史与社会结构研究"剑桥小组，大规模利用教区居民登记档案，重建整个地区的人口史，在整理比较洗礼、婚礼和葬礼登记时发现，一些人甚至整个家庭都"消失"了。这意味着英国社会存在大规模的内部移民和地域性流动现象，而后，学者们通过广泛搜集资料，进一步证实了这种地理流动性。于是，近代早期英国社会具有的高度流动性引起了越来越多学者的关注和重视，"流动"被认为是与"定居"具有同等地位的、"人类社会里的一对基本组合形式"之一，是"实际生活中发生的各种活动"（real-life activities），"历史地貌是由人们的流动和运动不断更新和重新塑造的……社会流动性增强，尤其是劳动人口的流

---

① Andrew Browning, *English Historical Documents, 1660–1714*, Eyre & Spottiswoode, 1953, p.431, p.435.

动性大概是近代变革最有活力的推手"①。诸如此类的判断，已经视"流动性"为社会变革、变迁的一支重要推动力量。由此可见对其重视之程度。

既然近代早期英国社会存在高度的流动性，尤其是地理流动性，那么这种流动性同社会发展之间究竟存在何种关系，在近代早期英国社会变革与转型过程中如何扮演了纽带与桥梁角色，历史大事件诸如 17 世纪的英国资产阶级革命同人口流动之间存在何种关联，16 世纪的宗教改革对人口流动产生了何种影响等一系列问题引发了中世纪史学者和近代史研究者的浓厚兴趣。而在微观层面，农业区一个普通村镇人口流动性如何，女性在人口流动中处于何种地位，跨行业流动在工业化村落或原工业化区普遍到何种程度，是否能够予以量化，如果予以量化，那么非农人口比例的阈值区间是多少，人口流动性同近代早期家庭结构、婚育模式是否有关联等一系列问题引发了更多学者尤其是人口史和社会史领域学者的研究志趣。

二、国内外研究概况

目前，国外学者关于近代人口流动与社会转型取得了重要成果，英国城市与乡村人口地理、社会流动方面的研究论著日渐增多，较有代表性的著作有 H.S. 福克斯（H.S.Fox）和巴特林（R.A.Butlin）的《英格兰乡村变化：1500—1900》（伦敦，1979）、约翰·帕滕（John Patten）的《前工业英格兰》（1979）、基思·赖特森（Keith Wrightson）的《1580—1680 年的英国社会》（伦敦，1982）、C. 克莱（C. Clay）的《英格兰 1500—1700 经济扩张与社会变化》（剑桥，1984）、巴里·科沃德（Barry Coward）的《社会变化与延续：1550—1750 年的英格兰》（纽约朗曼，1988）及约翰·查特斯等人的《英国乡村社会 1500—1800》（剑桥大学出版社，1990）

---

① David Rollison, "Exploding England: The Dialectics of Mobility and Settlement in Early Modern England", *Social History*, Vol. 24, No. 1 (Jan. 1999), pp. 1-16.

等。这些著作都将乡村社会作为英国社会转型与变迁的重要组成部分，在研究乡村社会时不同程度涉及乡村人口流动及劳动力转移问题。

此外，还有其他一些学者，重点考察研究传统社会向现代工业社会转型，也都在其论著中涉及了英国"人口流动"和"乡村变革"，如 P. 迪恩（P. Deane）、W. 科尔（W. Coll）以及 E. A. 里格利（E. A. Wrigley）、艾伦·戴尔（Alan Dyer）和彼得·克拉克（Peter Clark）以及保罗·斯莱克（Paul Slack）、D. M. 帕利泽（D. M. Palliser）、R. A. 休斯敦（R. A. Houston）、J. D. 钱伯斯（J. D. Chambers）等人。大体说来，迪恩、帕利泽等人在论及人口流动时多与城镇尤其是与伦敦的发展相联系，强调农村移民是城市人口的重要来源，移民的到来促进了城市经济发展和工商业的繁荣（Deane，1964；Palliser，2000）；剑桥大学人口史家 E. A. 里格利除了考察农村移民对城市化进程的影响之外，同时还强调人口流动对工业化和工业革命产生的重要影响（Wrigley，1992），在这一点上他与保尔·芒图看法一致；而克拉克、帕滕等人则在论及对城镇影响的同时，还考察了人口流动对乡村行政管理、农业生产和家庭生活的不同影响（Clark，1987；Patten，1973）。

相对而言，C. 克莱对乡村社会的考察更为全面，从人口、价格到商业、资本，考察对象从农民到乡绅，观察范围从乡村到城镇都有涉及，使我们对近代早期英国乡村变迁有一个比较全面的认识；其中，部分章节讨论了乡村人口地域流动情形，偶尔也提及城市人口"回流"现象（Clay，1984）。与其不同的是，H. S. 福克斯等人是从农业生产技术传播角度论及乡村变化的（Fox and Sutlin，1979）；钱伯斯和休斯敦更多的是从人口的婚姻模式以及生育率、死亡率等角度来考察人口对前工业英国经济发展和社会的积极影响（Chambers，1972；Houston，1995）；而约翰·查特斯则从农业市场和贸易，尤其是农妇在经济活动中地位的角度考察乡村社会的变化（Chartres，2006）。总的来看，目前学界在关于乡村人口流动与乡村变迁之间关系方面的专题、系统研究比较少，还有一些问题值得发掘探索。

现在,历史人口学家已取得共识:前工业时期欧洲人口具有高度流动性。不论是在城市还是在乡村,大量人口为寻找工作、生计、自由或婚姻而四处流动,在大城市尤其如此。譬如,1683—1759 年,伦敦的签约佣工中有超过 1/4 来自 200 公里以外的地区,考虑到不列颠岛的狭小范围,这意味着伦敦的移民来源非常广泛,甚至包括最偏远的北部地区。即便是寂静的乡村小农庄也存在着相当大的地理流动性,这主要是由当地核心家庭模式及不可分割的财产继承习俗所决定的,大部分孩子不得不离开家去做雇工或学徒,最终组建一个独立的核心家庭。[1]这意味着英国城乡人口流动是一个具有普遍性的社会现象,同社会变革之间存在千丝万缕的联系,或许正是社会变革的媒介之一。

由上可见,国外学者在"人口流动"与"乡村变迁"问题上的研究成果,多散见于各种论著之中,既为我们认识该问题提供了很好的观察视角与研究基础,同时也增加了资料搜集与研究的难度;此外,他们关于乡村居民婚姻模式、非农产业及家庭生活与社会地位方面的相关研究成果,也为全面认识英国乡村社会向现代社会转型提供了思路。

国内专家学者,如朱寰、马克垚、侯建新、钱乘旦、陈曦文等都在其论著中不同程度地论述了英国农村人口流动问题。英国史专家王章辉研究员在一系列论著中,阐释了近代早期和工业革命时期英国农村劳动力转移与人口流动现象,认为圈地运动的"推力"是人口流动大潮的最重要推动力量,并对城市化和工业革命产生了直接的推动力(王章辉,1999);刘景华教授也在多部论著中论及中世纪英国城市转型与人口流动、外来移民等问题,并对东盎格利亚地区乡村经济转型进行了较为细致的个案考察(刘景华,2007);李世安教授的专题论文重点考察了近代以来英国人口流动的历史进程及后果(李世安,2005);王晋新教授在多部论著中对近代早期中英两国农村人口流

---

[1] [美]简·德·弗里斯:《欧洲的城市化:1500—1800》,朱明译,商务印书馆 2015 年版,第 232 页。

动和非农产业发展作了中外比较研究的尝试（王晋新，1996），还著有《人口运动与社会转型》专文，对于人口流动的社会意义予以高度重视；著名历史学家钱乘旦教授等人则从世界现代化发展的宏观视角，提出英国工业化的"内生型"特征及领先原因（钱乘旦，1999）；王加丰、张卫良教授考察了西欧原工业化发展状况，从非农产业发展的视角研究了农村人口流动对原工业、工业化社会的影响（王加丰、张卫良，2004；张卫良，2009）。江立华教授分析了1500—1750年英国人口迁移原因、规模与特征，认为人口流动在给城市带来社会问题时，也促进了城市社会转型（江立华，2002）；尹虹考察了英国城市与农村流动人口中的一个特殊群体——"流民"，认为流民给16、17世纪的英国社会带来了严重社会问题（尹虹，2003）等，还有一些学者的相关研究论述可以参见后文。

总体来说，上述学者的这些研究成果偏重于探讨近代早期人口流动的负面影响，"流民"带来了严重的城市社会问题，也涉及与城市化的关系，尤其是人口流动与首都伦敦经济发展的关系、伦敦在英国城市化进程及民族市场形成中所展示的巨大作用，对本课题很有启发借鉴意义。对于这一时期的城乡关系，学者们大多认为农业生产力发展为城市和工业化提供物质条件，如农业剩余产品和劳动力，但同时认为，在乡村人口流动过程中造成了人口外流、劳动力不足、乡村发展迟缓等消极后果；相对而言，目前国内学界的研究成果对人口流动与流出地、"乡村变迁"之间的复杂多面关系进行深入探讨者依然较少，且主要集中于乡村工业、原工业方面，较少关注人口流动对乡村变迁的其他积极影响，包括对耕作制度的改进、思想观念变化、行为方式的变化等，这些正是传统乡村社会向现代社会转型的重要内容，显然有进一步深入研究的必要。

三、作者的观点

以上介绍远未囊括近代英国人口流动与乡村变迁研究问题的全部内容，

绪 论

仅仅是勾勒了一个研究概况，不过已然可以窥见近代早期英国人口流动与乡村变迁问题存在较大的研究空间，值得进一步深入拓展研究。近代早期英国人口流动形式多种多样，大体说来有流民、正常移民、军人以及游客等形式。从流向来看，最典型的是"乡村→城市"型，这被称为人口流动的"标准"模式。除"标准"人口流动模式外，英国还存在各种非"标准"模式的人口流动，诸如村庄之间、村镇之间"短距离"流动、"无序"流动以及城市人口"回流"现象。各种类型的流动人口背后原因各异，有受到生存压力、农业结构变化如圈地运动、内战期间随同军队驻戍，以及朝圣、旅行、游学等诸种不同原因。本书主要关注生活在乡村的广大居民及部分城镇居民，他们在城乡之间的迁徙流动的后果及其对乡村社会的影响。偶尔也会涉及其他形式的人口流动，譬如国外移民，因其引入先进技术而对当地经济产生了重要作用。

关于研究时限问题，在欧洲经济史上，16、17世纪同属于近代早期，学者们也常将两者一起考察，这由上文多数论著题目已然可见；实际上，这两个世纪却处于两个不同的经济周期，即经济扩张的16世纪和经济低迷衰退的17世纪，但在18世纪下半叶工业革命之前，它们无疑均属于由传统农业社会向现代工业社会过渡的转型期。本书遵照学界惯例，这里"近代早期"主要是指16、17世纪，考察研究英国在社会转型期大背景下人口流动的多种形式，尤其是乡村社会内部的"短距离"、循环的"无序"流动以及同乡村社会变迁的关系、变迁方式及其路径。当然，鉴于学界对"16世纪"也有不同认识，[1]本书根据研究需要间或将"16世纪"时限向前延伸

---

[1] 在欧洲史研究中，学界存在着对"16世纪"时限的不同认识：一个是两个"16世纪"说，第一个指的是1450—1550年，第二个指的是1550—1650年；另一个是"扩大的16世纪"或"延长的16世纪"说，所指时间起自15世纪晚期、止于17世纪二三十年代，跨度长达一个半世纪左右。参见[英]E.E.里奇、[英]C.H.威尔逊主编：《剑桥欧洲经济史》第4卷，张锦冬、钟和、晏波译，经济科学出版社2002年版，第88—89页；[美]理查德·拉克曼：《不由自主的资产阶级——近代早期欧洲的精英斗争与经济转型》，郦菁等译，复旦大学出版社2013年版，第78页；Robert S. Duplessis, *Transitions to Capitalism in Early Modern Europe*, Cambridge University Press, 1997, p.47。

至 15 世纪晚期，对"17 世纪"时限也做同样处理，即向后扩展至 18 世纪早期，①地域则主要限于英格兰和威尔士，偶尔会涉及苏格兰。

近代早期人口流动主要包括地域流动和行业流动两种形式。就前者而言，人口地域流动与城市化密切相关；就后者而论，人口行业流动与非农化、工业化关系密切。因此，考察人口流动与社会变迁，即是从近代英国城市化与工业化视角审视乡村社会变迁，是研究现代化大潮下乡村的变革历史、传统乡村社会如何转型问题，这无疑是现代化研究的组成部分。世界上没有哪一个国家的现代化是以农村停留在传统社会里而宣告完成的。现代化的真正完成必定是城市与乡村共同走出传统社会，迈向现代文明之路。显然，现代化启动步伐是有先后的，城市与乡村告别传统的进程节奏是不一致的。

在笔者看来，从大的方面而言，人口流动是不同民族、国家之间交往的一种形式，在微观层面则是地区之间、城乡和村落之间沟通的媒介，也是打破闭塞、扩大交往和传播文明的重要手段；就本书主题而言，人口流动是影响乡村社会转型的重要因素。本书将人口流动作为乡村变迁中一个重要因子，视乡村变迁为社会转型过程中的一个能动组成部分，对于深化认识现代化与英国社会转型具有重要意义。

近代英国人口流动与乡村变迁是一个互动过程。在城市化背景下，乡村居民的回应与反响之一是加速流向大中城市及乡村社会内部流动性增强，人口流动借助城市化媒介影响着乡村的生产模式、生活态度和精神面貌，

---

① 无疑，学界亦有"扩大的 18 世纪""大 18 世纪"的概念，囊括了 17 世纪晚期以来直至 19 世纪初的时间，如此，则 17 世纪的研究空间被大大压缩。本书不专门研究 18 世纪英国史，未采用上述说法，因研究需要而对"17 世纪"下限延伸至 18 世纪初年。其实，学界对"17 世纪""18 世纪"所包含时间范围都有一个认识上的变化过程，或许这一变化反映了对历史延续性与长时段认识的深化。[英] J.C.D. 克拉克：《1660—1832 年的英国社会：旧制度下的宗教信仰、观念形态和政治生活》，姜德福译，商务印书馆 2014 年版，第 viii、10 页；谷延方、侯建新：《17 世纪英国农村劳动力转移与城市化——危机下的社会转型》，载侯建新主编：《欧洲中世纪城市、乡村与文化》，人民出版社 2014 年版，第 116—117 页。

城市市场，尤其是大都市伦敦作为经济发展的"火车头"，引领了周边乡村工农业生产，促进了专业化生产与乡村变迁；而乡村变迁则进一步提高农业生产率，解放农业劳动力，推动人口向城市流动及向各种非农产业转移，继而成为城市化和原工业发展的有力推手，最终城市化通过"回流"等方式，反哺乡村，为后者的发展提供了物质条件、人力支撑以及思想观念上的引导。这样，近代早期英国城乡之间便形成了一种互动、循环。乡村不再只是一个农村居民被动的"流出地"、农产品等原材料的单向"输出地"，同时也主动地适应新环境、新形势，接收"回流"人口带来的新思想、新技能而不断调整自身，从而成为英国城市化背景下社会转型的积极因子。

当然，需要注意的是，本书意在破除以往关于城乡对立、乡村落后的观念，以期达到正确认识乡村社会在近代转型过程中的客观作用之目的，但也不能过高估计人口流动对乡村社会变迁的促进作用。那种认为人口流动发挥了最重要作用的论断同样是不恰当而危险的，因为影响乡村社会变革的因素很多，人口流动仅是其中之一。另外，在近代早期"乡村—城市"交往中，两者并非处于一种平等关系，城市在大多数情况下无疑居于主导地位，是先进思想、技术的代表者，故而不能因乡村人口流动促进城市经济、城市化发展而过高估计乡村的地位与作用。当然，在部分或个别地区，因乡村工业的大发展或原工业化区出现，故而也会有乡村"反超"城镇、城乡地位倒置之情形发生，这需要视具体地区而定，不可一概而论。

人口流动与乡村变迁研究具有重要学术价值。学界以往关于近代早期英国人口流动方面的研究成果，多以城市为中心，且集中于流民问题及其造成的各种社会问题、都铎王朝济贫法等方面，虽也涉及城市经济发展方面，但很少涉及工业革命之前农村人口流动与劳动力转移等内容，相对来说，关注乡村变迁的研究成果较少。故而学界现有研究之特点，一是不甚关注工业革命之前的英国城市化问题，从人口流动视角解读近代早期（16、17世纪）城市化的成果较少；二是关注人口流动与乡村变迁的成果较少，忽略了人口流动的经济社会后果，对广大乡村居民在近代社会转型中的重要地位关注不够。由此可见，摒弃"城市中心论"，从城乡之间交往关系视角，全面系统研究乡村社会转型的空间依然较大。所以，以"近代早期英国人口流动与乡村变迁"为研究对象亦具有较大学术研究价值。

  研究近代英国人口流动与乡村变迁也具有重要现实意义。古为今鉴，洋为中用。我国处于城市化发展的一个重要阶段，大江南北涌动的"民工潮"既对经济发展尤其是城市化做出了重要贡献，也对乡村发展产生了负面影响。如"留守儿童""空巢老人"等现象反映了农村在城市化大潮中出现的诸种问题，劳动力外流与人才缺失制约着农村的经济发展和各项社会建设，如何推动农村在我国城镇化背景下健康稳定发展、破解城乡二元结构都是非常重要的现实问题。因此，研究英国早期城市化背景下的乡村变迁，了解域外乡村变迁的方式、途径及其曲折历程，或可为我国城镇化与新农村建设提供一些借鉴。

第一章

近代早期英国人口流动现状

在传统农业社会中，人口流动无论是地域流动还是行业流动，相对而言，都是不显著的。尤其是古代东方社会，只有当一个王朝走向末路之际才会出现大规模流民，浩浩汤汤，迤逦于路。所以，在一定程度上，大规模的人口地域流动往往成为传统社会瓦解的重要表征。人口的行业流动也是如此，当农业人口向农业之外的手工业、商业等领域转移达到较大规模或取得较大成就时，"以农为本"的传统社会也就走向解体，农业社会也就转变为工业社会或商业社会了。

不过，这并不能否认传统社会存在一定程度人口流动现象的事实。实际上，无论是东方还是西方，在前资本主义时期都存在人口流动现象，只是程度不同而已。此外，差别还在于，一方面，西方社会的人口流动很大程度上较早地受到市场法则的支配，尽管也不时受到领主、政府等各种权力的干预，但市场的"基础性"作用已经初步显现；另一方面，西方行业流动取得的成就远大于东方社会，畜牧业、羊毛纺织业等乡村工业在中世纪晚期成为同农业种植业等量齐观的生产部门，农村人口没有掉进东方那种精耕细作型的"过密化"陷阱，从而推动了近代农业社会向现代工业、城市社会的转型。

近代社会的到来，也给人口流动带来新的动力，成为人口流动史上的一道分水岭。近代之前不乏人口流动现象，譬如在中世纪时期，英国的村民们会在农忙季节四处"流动"打工，农闲季节从事各种家庭副业生产，也会有一小部分村民不满于农奴地位而"逃亡"城市,成为自由城市的一分子。不过这种往返于乡间村落的、中世纪式打工流动虽然频繁,却没有对庄园体制造成严重影响,水平流动仅仅是在"腐蚀着"垂直的等级制度。总的来看,这一时期的英国经济"还不成熟",人口流动受到各种制度的制约,在性别方面体现得尤为鲜明,女性受到的限制更多,"自由"与"自治"的中世纪城市还是封建体制内的组成部分。①而近代则不然,人口流动的"涓涓细流"已演变为"波涛汹涌"的流动大潮,对乡村与城市都产生了巨大影响。

一、近代早期人口流动大潮

自 15 世纪晚期,尤其是 16 世纪以来,英国进入都铎王朝统治时期,人口流动成为一种无法忽视的显著社会现象。与以往不同的是,这一时期人口流动大潮中有相当大比例是贫穷的平民,四肢健全、身体健康,衣衫褴褛,状如乞丐,流动往返于城市之间、城乡之间,常常被称为"流民"。他们同暴动危险分子仅仅一线之隔,有的本身即参与了一些违法犯罪活动,所以遭到统治当局的逮捕监禁、遣返流放等血腥惩处。大规模流民的出现,很容易令人联想到中国古代历代统治王朝末期景观,这是一个封建王朝即将崩溃的前奏。然而,历史情景虽然相似,但相同的历史却没有重演。都铎王朝非但没有灭亡,反而成为统治英国诸多王朝中最强大、最成功者之一,一度获得了"都铎专制"之称誉。

对于都铎王朝时期的流民现象,马克思在研究"资本起源"这段历史

---

① 莱斯特大学的戴维·波斯特尔斯(David Postles)考察了中世纪英国的人口流动,称其为"不太成熟的经济"里的流动。他在文中提及贝恩斯(D. Baines)的《成熟经济里的移民:1861—1900 年间英格兰和威尔士的内部移民与移民国外》(剑桥大学出版社,1985 年),遗憾的是,对于中世纪晚期以后及近代早期 16、17 世纪移民、人口流动现象,没有进行定性分析。参见 David Postles, "Migration and Mobility in A Less Mature Economy: English Internal Migration, c. 1200–1350", *Social History*, Vol. 25, No. 3(Oct. 2000), pp.285–299。

时有了深刻印象,"流浪者人数非常多""成为普遍而持久的现象"①。中外学者关于流民的描述也一再证实了前人判断。至于流民规模则未见全国范围内的数据统计,各郡流民比例不时见诸治安法官的法庭卷宗,大多为2%—3%,个别郡达到5%。② 从比例来看,流民数量似乎不是很多,不过该比例显然未能充分反映大量流民存在的事实,盖是囿于所用资料性质所限缘故,毕竟仅有一小部分流民进入治安官法庭并留下踪迹记录。由此当可推断,流民数量至少是目前估计的两倍以上。这一推断在学者们其他研究成果中得到证实。

国内学者姜守明、向荣等研究发现,前工业时期英国贫困人口数量众多,接受救济的"穷人"比例高达30%以上,一些郡或教区达到40%—50%,济贫税成为教区居民的重要负担,③以至于当地居民对外来移民异常警觉,甚或干涉这些移民穷人之婚姻、生育。关于穷人比例,各地不同时期具体数字或有不同,不过已足以昭示近代早期贫困问题的普遍性与严重程度。这是滋生流民现象的经济社会土壤,不根除产生贫困的社会土壤,流民就不会消失,而大量贫困、失业现象显见与这一时期剧烈的社会变革密切相关。所以一定意义上"流民"正是此时社会转型的产物之一。

贫困现象当然不是近代独有,也不仅限于英国社会。我国著名中世纪史专家马克垚先生曾专文考察过"中世纪英国庄园农民生活状况",根据份地持有情况,发现能够维持糊口水平及以下的农民约占庄园人口的30%,

---

① 《马克思恩格斯选集》第1卷,人民出版社1972年版,第62页。
② 关于英国各郡流民比例,可参见尹虹:《十六、十七世纪前期英国流民问题研究》,中国社会科学出版社2003年版,第68—74页。
③ 姜守明:《英国前工业社会的贫困问题与社会控制》,《史学月刊》1997年第2期。但向荣认为需要救济的贫民约占总人口的5%,在经济危机时期可能上升到20%。参见向荣:《社会转型时期英国下层民众的贫困程度》,载侯建新主编:《经济—社会史评论》第1辑,生活·读书·新知三联书店2005年版,第35—45页。

另有30%刚刚维持温饱，稍有天灾致歉收出现，其中很多即会沦入糊口乃至赤贫状态，这意味着庄园里有30%—50%的人口在贫困线边缘徘徊，① 他们向上抑或向下，不仅取决于自身生产能力，也要取决于外部的大环境，气候、领主的剥削强度及乡村共同体对其成员的保护程度。除贫困外，季节性失业、农业生产局限性都推动着乡村人口流动，在各庄园间往返打工，或移民城市寻找"自由的乐土"②。

就中世纪而言，乡村人口流动的主要动机或是来自对农奴制的逃避，而城市正是一块"自由飞地"，所谓的"逃亡农奴建立城市"的观点即是这一观念的最好体现。当然，城市的建立主体不只是农奴，还有自由农民、市民、封建主和僧侣乃至国王，无数特许状和城市宪章证明了国王和教俗封建主"创造"城市的主观能动性，其中"自由"是吸引农奴垦殖、向城市流动的最响亮的口号。③ 所以，在相当意义上，从城市"接纳法规"到"城市公社"乃至"城市法人"（urban incorporation）地位，不仅体现了中世纪城市市民阶层对"自由"与"自治"的权利诉求，而且也为乡村人口迁移城市——中世纪城市化进程提供了强大动力。

不过，中世纪时期的乡村人口流动始终属于"小溪潺潺"，终未形成近代波浪相逐的人口流动大潮，而近代则掀开了人口流动历史的新篇章。据研究，16世纪20年代，英国每年流动人口约占居民总数的15%，到17世纪则上升到30%以上，而17世纪中叶以后乡村人口迁移规模依然没有降低，甚至在某些村庄，人口每10年的更替比率达到50%以上。④ 在18世

---

① 马克垚：《关于中世纪英国农民生活状况的估算》，《历史研究》1983年第4期。科斯敏斯基和波斯坦的估算各自为46%、45%，基本一致。
② 谷延方：《英国农村劳动力转移与城市化——中世纪盛期及近代早期》，中央编译出版社2011年版，第21、41页。
③ 侯建新：《现代化第一基石——农民个人力量增长与中世纪晚期社会变迁》，天津社会科学院出版社1991年版，第56页；[比]亨利·皮朗：《中世纪欧洲经济社会史》，乐文译，上海人民出版社2001年版，第68页。
④ 陈曦文、王乃耀主编：《英国社会转型时期经济发展研究》，首都师范大学出版社2002年版，第250页。

纪早期，伦敦流动人口比例高达70%。① 由此可见，近代早期乡村人口流动的巨大规模，已远非中世纪时期可以比拟。虽然没有人口流动的直接统计数据，但学者们利用诸如教会法庭证词、城市学徒档案、获得特权身份的市民卷宗等材料，揭示出近代早期英国的人口流动不仅涉及乡村和城市，而且具有相当普遍性，无论是涉及阶层还是分布地区无不昭示这一特征。

英国人口史专家朱利安·康沃尔（Julian Cornwall）研究萨塞克斯教会法庭证人做出的自传性陈述，从中发现乡村样本中的证人3/4在一生中至少流动一次；戴维·克雷西（David Cressey）挖掘同类资料——伦敦东部居民在代理主教（军需官）法庭上的证词，也发现高达89%的证人出生在不同的教会堂区或国内其他地区，来自中西部和北部地区的现象尤其突出。其他可资利用的资料还有城市"自由人"（实际上是特权市民）卷宗，布彻（A. Butcher）据此研究了15世纪和16世纪早期的肯特郡一个港口新罗姆尼（New Romney），发现了大量移民涌入该港，多达1/4人口是来自郡外。史蒂文·史密斯（Steven Smith）研究伦敦基尔特公会1630—1660年学徒档案，发现约有40%签约学徒来自北部和中部地区。上述材料揭示出人口流动涉及社会各个阶层，当然以中下层人士为主，城市中拥有大量外来移民可以说是非常普遍的一种现象。②

实际上，除了国内移民，近代早期英国还存在来自欧洲大陆的国外移民，代表性的有来自低地国家的尼德兰移民、来自法国的宗教移民——胡格诺教徒，这些移民在16、17世纪相继来到英国寻求"宗教庇护"，不列颠成为这些外来移民的"阿尔比恩"（Albion，希腊、罗马人对不列颠的雅

---

① Anne Laurence, *Women in England, 1500-1760, A Social History*, Phoenix Press, 2002, p.37.
② 虽然比例各不相同，但各种材料显然已经揭示出这一时期英国人口具有广泛的流动性，其中长途"生计型"移民是尤为突出现象。Peter Clark, "Migration in England during the Late Seventeenth and Early Eighteenth Centuries", *Past & Present*, No. 83(May 1979), pp.57-90.

称，借指神话传说中的流亡之地）和宗教宽容的"安全绿洲"。[①] 伦敦是这些欧陆新教徒最大的集中地，据称爱德华六世时期，伦敦外国移民占到了12.5%，而在伊丽莎白时代至少有5万人到达伦敦，尽管后来很多移民返回欧陆，但仍有相当部分定居各地，汇入英国人口流动大潮，构成了英国经济发展、起伏周期中的重要因素。

二、近代早期人口流动大潮形成原因

近代早期人口流动大潮形成的直接原因是英国乡村社会的巨变。"圈地运动"出现在乡村历史舞台上，伴随而来的农业生产率提高以及大量圈围耕地化为牧场的做法，使得乡村出现了大量剩余劳动力，他们或离开乡村前往城市谋生，或往返流动于城乡之间，这是近代早期英国的"民工潮"成因。当然，近代尤其是16世纪以来，英国乡村地区婚育模式倾向于早婚，瘟疫发生频率大为降低，人口数量逐渐恢复，也为人口流动大潮形成提供了基础条件。

（一）圈地运动形成巨大推力

国内外学者关于圈地运动多有研究，成果丰厚。早期西方学者托马斯·莫尔曾有"羊吃人"论断，尤其是马克思主义创始人在"资本的原始积累"话题中也有关于圈地运动暴力剥夺农村居民生产生活资料的经典论述，对中外学者都曾产生重要影响，老一辈学者几乎都因袭了经典作家的观点。及至20世纪90年代后，我国学界对于圈地运动的形式及本质有了新的认识，侯建新、钱乘旦、赵文洪等学者率先突破单纯"暴力论"，认为圈地运动是一场以"经济力"驱动、以和平方式圈地为主的进步运动，圈

[①] 英国人对这些大陆宗教移民的庇护、宽容甚至超过了本国居民，譬如爱德华六世时期颁布的"1550年特许状"规定：这些宗教难民"可以自由、安静"地"实践、享受和使用其宗教仪式、规范，而无须考虑是否符合我们王国的宗教规定"。Scott K. Oldenburg, *Alien Albion: literature and Immigration in Early Modern England*, University of Toronto Press, 2014, p.9.

地主体除资本家农场主、贵族地主阶层外，也有大量通过经营农业富裕起来的约曼农；① 圈地后农业经营方式出现重大变革，农业生产率开始大幅提高，不过在16世纪早期还没有产生后来史家赋予它的重大社会影响。

某种程度上，圈地运动规模被当时的作家严重夸大了，今天有学者就认为他们"在茶杯里制造了一起关于改革的风暴"②。譬如，英国学者盖伊（Gay）根据1517年、1519年、1548年、1566年及1607年官方调查得出结论，认为"整个16世纪共有51.6万英亩土地受到圈地法令影响，15、16世纪的圈地政策虽然借口因为圈围公地为牧场……从而使乡村人口减少，但绝没有达到像人们常常所断言的那种宏伟程度；……它在重要性上受到限制，在地区范围上也受到限制，它主要只触及英格兰中部地区，就连在这一带也只表现为偶发的性质"。所以，在盖伊等人看来，16世纪圈地面积是有限的，圈地运动在农村产生的影响也非常有限。③ 对此，经济史家托尼等人持反对意见，认为盖伊所利用的统计不全，很可能低估了圈地规模，否则难以解释为什么会有如此频繁的农民骚动和起义。

对英国学者关于圈地运动中圈围耕地面积的看法，我国学者王章辉等人虽更倾向于托尼的观点，但苦于没有足够证据证明圈地规模达到耕地一半以上，所以基本接受了盖伊等人的观点，不过作了折中处理，将其圈地比例（3%—5%）调高了，认为大约在20%，不超过耕地总量的30%。④ 不

---

① 圈地运动的本质是土地确权，而不是一种单纯的"羊吃人"，圈地主体是大农—乡绅阶层，主要通过和平、合法手段整合条田持有地、公地，打破中世纪耕地分散、集体共耕且经营低效的敞田制。参见侯建新：《圈地运动与土地确权——英国16世纪农业变革的实证考察》，《史学月刊》2019年第10期。
② 向荣：《茶杯里的风暴？——再论16世纪英国的土地问题》，《江汉论坛》1999年第6期。
③ [法]保尔·芒图：《十八世纪产业革命——英国近代大工业初期的概况》，杨人楩、陈希秦、吴绪译，商务印书馆1983年版，第423页。
④ 目前英国耕地总量约为1567.5万英亩，不过16世纪英格兰耕地总额具体数字尚不清楚。鉴于当时人对耕地、公共牧地草场等没有严格区分，荒地轮耕后会变为耕地，所以圈地比例只能作为一重要参考。王章辉研究员认为1450—1610年，中部地区圈地约占耕地面积的1/5，但这已足以激起当地农民的暴力反抗。参见王章辉：《英国经济史》，中国社会科学出版社2013年版，第70页。

第一章 近代早期英国人口流动现状

过相对于其他地区而言,中部米德兰地区圈地比例要更高、范围也更集中一些。对圈地运动所引发的农民激烈反抗,诸如农民起义等问题,也给出了相应解释。譬如,我国英国史专家向荣即认为圈地面积虽然有限,但对人们的"心理冲击"是非常大的,不能简单地根据圈地数量来"测定"。① 正是由于农民们的激烈反抗斗争,17世纪圈地采取了更为和缓的方式,"协议圈地"成为主流方式,但取得了较之16世纪更为重大的圈地成果。② 随着研究深入,人们对圈地的认识更为全面细致,"富裕农民圈围土地"以及非法圈地处以高额罚金、给予农民圈地补偿等研究成果都不断丰富了圈地运动的历史知识图表。

另外,关于18世纪圈地运动对于乡村人口的影响及后果,学界几乎没有什么异议,诸如"圈地运动加速了乡村人口迁移""地里的人少了,城里的人便多了"(保尔·芒图语),圈地运动"推进了英国近代城市化进程"等结论,几乎已成共识。我国著名英国史专家王章辉、陈紫华等老一辈学者都有专文探讨圈地运动模式下人口流动与城市化、工业革命之间的重要关联。③ 当然,也有学者认为圈地运动虽然是乡村人口流动的巨大推手,但并未显著加速英国城市化进程,因为大量移民没有完全留在城市,或者说没有能力在城市立足,辗转之后又返回了乡村,成为乡村工业主力军或资本主义大农场里的雇佣工人。④ 可见,该论点并没有否认圈地运动对城市化进程的贡献,只是认为不能赋予其过高的评价。

不论近代早期英国城市化进程是否加速发展,都无法否认圈地运动在

---

① 向荣:《茶杯里的风暴?——再论16世纪英国的土地问题》,《江汉论坛》1999年第6期。
② 据研究,17世纪圈地成果是任何一个世纪都无法比拟的,是16世纪的12倍之多,甚至是18世纪议会法案圈围的土地的2倍。参见[美]理查德·拉克曼:《不由自主的资产阶级——近代早期欧洲的精英斗争与经济转型》,郦菁等译,复旦大学出版社2013年版,第280、298页。
③ 王章辉:《近代英国城市化初探》,《历史研究》1992年第4期;王章辉:《英国工业化与农村劳动力转移》,《世界历史》1996年第6期;陈紫华:《英国工业革命和人口问题相互关系初探》,《史学月刊》1986年第1期。
④ 谷延方:《重评圈地运动与英国城市化》,《天津师范大学学报(社会科学版)》2008年第4期。

乡村社会造成经济社会结构巨变的历史事实，农村大量剩余劳动力不得不离开土地、摆脱中世纪以来依附于领主与土地的旧有习惯，以前他们是"离不开"土地，那曾是他们受苦受难的"根源"①，现在"大规模流动迁徙"则成为新环境下的常态选择。成百上千乡民流动迁移背后的推手——圈地运动不仅是有形的，而且是巨大的。

对于16、17世纪农村社会和农业变革之间关系的研究，学界一般多集中于地产阶层的增长和租约保有权（leasehold tenure）扩大等方面，从法律和经济视角考察"领主权演变为绝对所有权""惯例共有权转变为个人所有权"的过程。在此过程中，领主全力提高地租、打破惯例权，加之16世纪90年代和17世纪20年代农业歉收、17世纪晚期的谷物价格下跌和赋税增加，这些都使小土地所有者的命运受到了严重威胁。结果，小份地被吞噬合并为更大的农场，小佃农、小土地所有者数量大幅减少。这正是农业区乡村人口流动的时代背景，流动现象本身既是经济活力的表征，也是一定危机下的产物。

关于乡村人口流动的规模尚缺乏具体数据，不同时期、不同地区人口流动数量也有变化，不过可以依据各类材料做一大致估算。伦敦流动人口规模是英格兰城市的最高水平，在一定程度上也是全国人口流动规模的间接标尺。据我国英国史专家王觉非先生研究，17世纪下半叶，首都流动人口约有数十万之多，占到当地居民一半左右，还有学者认为"移民比例高达70%"②。其他城市当然无法同伦敦相提并论，不过数百个城镇流动人口之总和大概也同伦敦的相当。可见，首都的影响力非同凡响，没有任何一个城市能够同其媲美。据学者研究，17世纪末整个英国大概有1/6之人口曾有"在伦敦生活过"的经历，③这意味着流动人口约有100万；还有学

---

① 《马克思恩格斯选集》第4卷，人民出版社1972年版，第259页。
② Anne Laurence, *Women in England, 1500–1760, A Social History*, Phoenix Press, 2002, p.37.
③ [英]彼得·克拉克、[英]保罗·斯莱克：《过渡期的英国城市：1500—1700年》，薛国中译，刘景华校，武汉大学出版社1992年版，第88页。

者估算这一时期的伦敦移民吸收了乡村自然增长人口数量的一半。伦敦当然不能代表全国所有地区,不过伦敦移民情形的确是全国移民的一个缩影,从中当可窥见整个英国人口流动之规模。

乡村人口大规模流动一方面促进了城市发展,弥补了城市人口在生育率与死亡率之间的缺口,最典型的如伦敦1666年大火灾与瘟疫后人口迅速恢复;另一方面,乡村人口的大规模外流也造成了某些地区人口流失、"村庄荒芜",一片凋敝之景,议会禁止圈地的诸多法令正是在此背景下出台的,1561年的定居法(the Settlement Law)也是出于同一目的,抑制乡村居民的"无序""过度危险性流动"。[①] 但是,上述法令显然并未收到预期效果,乡村移民依然不断涌入伦敦及其他大大小小的各类城市。他们生活困苦,为城市居民所不耻,触犯城市规定,与市民发生各种冲突……大量城市社会问题的出现已经充分证明了大量乡村移民存在于城市的客观现实。这些问题大多是中世纪时期的城市所未曾遭遇的。

(二)当地社区"阻力"剧减

除了圈地运动产生的推力外,近代早期乡村人口流动之规模亦与各地庄园或村社组织崩塌有着密切关系。中世纪时期庄园组织的存在一定程度上遏制了人口的大规模流动。因为从法律上讲,庄园里的农奴维兰等各类不自由人人身依附于庄园领主,属于"领主的财产",流动迁移至他处或城市意味着领主"财产损失",所以领主一般禁止这些维兰迁移流动。即便是农忙季节出去打工也要履行"财产扣押"、"迁徙税"、保人担保等手续,因此农村居民并不能自由地随其所愿出入庄园,庄园制度是乡村人口自由

[①] [美]劳伦斯·斯通:《英国革命之起因(1529—1642)》,舒丽萍译,北京师范大学出版社2018年版,第152页。

流动的第一个障碍。①

另外，封建庄园里社会两极分化不严重，拥有两个以上份地的富裕农民与仅有数英亩土地的小屋农都是少数人，仅占一小部分，加之村社共同体的存在，实施帮扶、救济鳏寡贫弱农户措施。此外，贫弱者还拥有无偿使用庄园公共牧场、荒地、拾穗等惯例权利，所以大部分居民的生活水平徘徊于温饱与糊口之间，远未达到需要背井离乡、抛离故土去闯天下讨生活之程度。或许，这正是封建社会剥削压迫背后"温情脉脉"的另一面，平均主义、原始平等观念依然在狭小的共同体中发挥着作用，使得乡村移民对当地社区产生无限留恋，从而降低地域流动性。

由上可见，不论是庄园有形的限制制度，还是共同体里无形的"平等与温情"，都构成了乡村居民流动迁徙的"阻力"，成功阻止了绝大部分乡民向外部迁移的脚步。当然，有一小部分村民突破阻力，迁移到了附近的城镇，或迁移到耕地资源丰富的其他村落庄园，但就整体而言，庄园的各类限制人口措施是奏效的。中世纪英国乡村没有出现大规模的人口流动与迁移现象，即便是"城市的空气使人自由"，也只能是吸引一小部分有冒险精神的维兰大农或一无所有的自由小农。据中世纪史家布瓦松纳、经济史家克拉潘等人研究，整个欧洲范围内在"城市复兴"运动之后，乡村居民流入城市的人口大约为1/10，"城市人口比例增加了十分之一"。② 可见，200年的城市复兴运动，仅仅增加了10个百分点的城市人口。就英国而

---

① 当然，也有学者并不看重庄园制度对劳动力流动的阻碍作用，认为没有迹象表明"在工业革命以前的英国存在一个'双重'劳动力市场"，依据是在 1200—1800 年，农业工人与建筑工人实际收入两条运行轨迹基本一致，没有制度存在或消逝造成不同影响的表征。Gregory Clark, "The Long March of History: Farm Wages, Population, and Economic Growth, England 1209–1869", *The Economic History Review, New Series*, Vol. 60, No. 1(Feb. 2007), pp.97–135.

② [法]P. 布瓦松纳:《中世纪欧洲生活和劳动（五至十五世纪）》，潘源来译，商务印书馆 1985 年版，第 114 页；[英]约翰·克拉潘:《简明不列颠经济史》，范定九、王祖廉译，上海译文出版社 1980 年版，第 262 页。

言，许多城镇规模小、农业性显著，令人怀疑其居民点的城市属性。[①]因此，在庄园、村社共同体的双重遏制下，乡村人口流动规模是有限的，更多的是"短距离"地域流动，大规模人口迁移的城市化时代还未到来。

中古晚期之后，领主自营地出租、货币地租盛行成为不可扭转的历史趋势，英国各地庄园逐渐瓦解，村庄共同体也因内部日渐分化而失去了凝聚力。这一切为乡村人口的自由流动扫除了障碍。到16世纪来临之际，据说"快乐的英格兰"已经没有一个农奴，农奴制与劳役制的瓦解使得乡村人口的大规模流动首次在法律上成为可能，从此乡村人口可以自由流动而不必担心领主的追捕。另外，在乡村共同体的"头面人物"、富有的约曼中间，有些就是圈地者、"贪婪的"无耻之徒。商品经济使得乡村社会内部日益分化，逐利驱动腐蚀了村社曾经共有的原始民主与平等互助思想，共同体防止中下层居民贫困分化的"防波堤"功能失效了。这也是近代早期乡村贫困人口日渐增多、到处流浪的重要原因之一。

当然，村社共同体在对抗封建领主剥削的斗争中依然能够起到一定作用，但它的组织功能已经大不如前了，有些融入了当地教区，担负起地方基层行政组织职能。倘若庄园与村社共同体组织坚固如昔，则乡村人口流动大潮能否出现亦未可知。当然历史不能假设，不过乡村当地束缚性制度的消逝却的确为人口流动敞开了大门，从而使乡村人口的自由流动在法律上不再受到限制。劳动力市场初步形成。

（三）近代早期英国乡村人口快速增长

从16世纪开始，英国人口逐渐恢复，迎来了一个多世纪的增长时期。就前工业时期英国人口增长，英国学者曾经提出过著名的"生育主导—低

[①] 强调"城市人口量"标准的学者，显然不认同人口数量仅数百人的居民点的城市属性。譬如，城市史专家乔纳森·巴里就认为，"虽然很多居民点具备了一些城镇特征，如人口集中、非农功能等，有些还获得了自治市宪章市政管理体制，但同样难赋予其充分的'城市'称谓，因为它们的规模如此之小"。Jonathan Barry, *The Tudor and Stuart Town, A Reader in English Urban History 1530-1688*, London and New York: Longman, 1990, p.49.

压—内生"型人口婚姻模式,认为英国人口增长不同于欧洲大陆,具有鲜明的地域独特性。譬如,约翰·哈吉奈尔(John Hajnal)与 J. D. 钱伯斯(J. D.Chambers)等人就认为,在近代早期的前工业社会,英国人口初婚年龄较大,属于典型的晚婚,男性初婚年龄一般在二十六七岁,女性为二十二三岁,这主要是由经济条件决定的,一定程度上类似于马尔萨斯的"人口论"。值得注意的是,晚婚现象不仅仅局限于社会下层,上层社会也在很大程度上存在这类现象。① 剑桥大学著名人口史家 E. A. 里格利等人也认为,在 19 世纪末"人口革命"之前,对社会总人口起到制约的关键因素是结婚率。人口和婚姻受到经济力量较大的影响,还有一部分人保持独身不婚状态。在这种独特的英国婚姻模式支配下,家庭成员会根据经济能力,适时地调节生育水平,因此英国人口增长一直保持着温和适中状态,能够适应社会经济发展水平。这种"晚婚模式"下的人口增长利于社会财富积累、资本积累与社会扩大再生产,从而为工业革命时期的"经济起飞"创造了前提条件。该模式以解释英国工业革命的"人口说"而广受称道。

现在看来,这种独特的人口模式对于英国人口发展情形的阐释并不准确,至少不适合近代早期的 16、17 世纪,乡村涌动起的人口流动大潮充分证明了乡村居民早婚、人口快速增长的事实。到 17 世纪初年,人口的增长已经引起英国国内一些有识之士的担忧。1609 年,当局鼓励向北美殖民地移民就是国内人口增长已经饱和的一个证明,试图通过海外移民来缓解国内人口压力。② 早在 20 世纪 60 年代,英国地方史专家 W. G. 霍斯金斯(W.

---

① 晚婚是近代英国社会各阶层共有的一个普遍现象,即便上层贵族也是如此,其中公爵女儿初婚年龄从 14 世纪的 17 岁上升到 18 世纪的 24.7 岁,儿子初婚年龄从 22.4 岁上升到 30.5 岁。当然不排除存在个别早婚现象。J.D. Chambers, *Population, Economy, and Society in Pre-industrial England,* Oxford University Press, 1972, p.49.
② 当时人们普遍认为,人口过多会给公共福利带来"危险",造成"压迫和各种恶行,兵变、骚动、叛乱、匮乏、饥荒、贫穷和各种灾难"。为消除上述危险,很多国家都将过多人口"流动到其他国家和地区,以保持国内和平与繁荣",并以畜群过大需要驱赶到另一牧场以佐证;某些政客还提出通过"对外战争"以达到目的。Joan Thirsk and J. P. Cooper, *Seventeenth-Century Economic Documents,* Oxford: Clarendon Press, 1972, pp.757-758.

第一章　近代早期英国人口流动现状

G. Hoskins）在关于"英格兰乡村的重建"研究中发现，许多乡村在16世纪中叶以后扩建住宅，破旧木屋被新式砖房取代，出现了二层建筑，布局功能也随着细化，客厅与起居室分离，仆人、佣工与主人房间正式分离。乡村扩建、重建的一个原因是乡绅、约曼及农夫等阶层从经济恢复中富裕起来，手中积累了一笔或大或小的现金；另一个重要原因是乡村人口出现显著增长，现有住房已经不敷使用，家庭成员增加自然需要扩建房屋以容纳更多的家庭人口。

关于乡村人口增多、乡民家庭人口变多的情况通过遗嘱等材料可以窥见一斑。以莱斯特郡的威格斯顿-马格纳村（Wigston Magna）为例，在村民们的遗嘱当中充斥着提及"孩子们和孙子们"的条款，拥有6—8个孩子几乎是一个"普遍规则"；W. G. 霍斯金斯的先祖托马斯·霍斯金斯是多塞特郡的一个约曼，在1550—1580年，有"5个儿子和5个女儿"，大部分都成年婚配，五子之一的乔治，在1584—1603年，同样也有5个儿子与5个女儿。[①] 霍斯金斯的家庭与莱斯特郡的威格斯顿-马格纳村的情况都不是特例。近代早期，乡村早婚率、婴儿出生率大幅上升，在16世纪后20年到17世纪前25年尤为显著，是英格兰乡村各地普遍发生的事实。不仅是社会下层人口大幅增加，上层也同样如此，大贵族家庭以"一种空前未有的速度繁殖生育"，在1500—1700年，贵族数量增长了两倍，快于同期全国人口速度。[②] 现在看来，物质条件的改善是其中的重要原因之一，包括食物种类增多、居住条件改善、草药广泛采用，加上婚龄更早一些等各种原因，都促成了乡村人口大幅增长。

除 W. G. 霍斯金斯外，现在越来越多的中外学者也对剑桥人口史家们提出的婚姻模式持怀疑态度，反驳其提出的英国人口婚育模式，认为不

---

① W. G. Hoskins, *Provincial England, Essays in Social and Economic History*, London: Macmillan & COLTD, 1965, pp.146-147, p.194.
② J.D. Chambers, *Population, Economy, and Society in Pre-industrial England*, Oxford University Press, 1972, p.51.

符合近代早期英国城乡人口不同增长速度的社会现实。例如，英国著名历史学家约翰·哈彻（John Hatcher）举例说，在1541—1565年，粗出生率（CBR）平均为35.59/千人，这一水平只有到了18世纪80年代晚期才再次达到，总生育率（GRR）平均为2.58，这一水平也只有到18、19世纪之交的"生育大潮"时方可媲美，根本不是低压生育模式。此外，16世纪中期与晚期以来，英国粗结婚率（CMR）保持高水平，其中粗结婚率在1541—1565年达到10.20—12.54/千人，独身比例很低，徘徊在4.2%—8.4%之间，几乎是一种"普遍结婚"状态，而18世纪之后独身比例长期居于20%以上，两者之间的显著差异，不可能适用同一种人口婚姻模式。①

人口史专家、加利福尼亚大学戴维斯分校的格里高利·克拉克（G. Clark）等人也认为乡村人口增长显著快于城市。其中最反常的证据之一，是城市居民富裕程度普遍高于乡村，但城市人口增长幅度却明显低于后者，绝大多数城市都不能实现人口自我维续。可见人口水平不是根据物质水平高低而自然调节的，也不能通过城市与乡村各自不同的生计限制这类条件而得到合理解释，因为对人口产生影响的除出生率外，还有死亡率。人口死亡率的高低显然与物质条件及饮食有着密切关系，但是两者之间也不存在简单对应的逻辑因果链条。

为了详细分析经济条件对人口增长的影响，格里高利·克拉克等人还考察了收入同儿童供养之间的关系。他们将收入划分为四个区间（6英镑以下、6—13英镑、13—31英镑、31英镑以上），来考察近代早期英国城市与乡村不同地区供养儿童情况，得出的结论表明：一般说来，家庭收入

---

① 哈彻全面批驳了E. A. 里格利与罗杰·斯科菲尔德（Roger Schofield）的观点，认为其不符合中世纪晚期以来的英国历史事实，譬如中世纪晚期是中下层民众"生活水平提高的富裕时期"，而人口却是增长最慢的时期；而从1471—1657年，实际工资下降了60%，但人口增长了140%。在哈彻看来，E. A. 里格利等人的人口理论是植根于人口与资源关系的一种"马尔萨斯式的建构"，与后者模型不同的是，死亡率在其独特的人口模式中处于次要地位。John Hatcher, "Understanding the Population History of England 1450–1750", *Past & Present,* No. 180(Aug. 2003), pp.83–130.

越高，儿童存活率也越高，不论乡村还是城镇都遵循这一法则，似乎符合了上述人口学者提出的模式。不过，如果以同一财产标准为坐标进行跨地区比较，则出现另一相反的景象，即同样的家庭收入在农场、乡村、普通城镇、伦敦带来的供养能力依次呈现递减迹象，农场高于乡村，乡村高于城镇，普通城镇高于大都市伦敦。[1]从这里可以清晰地看到，贫穷的乡村家庭供养人口能力明显胜过城市家庭，乡村人口增长速度快于城市人口也就不难理解了。由此可见，人口供养同货币在当地的实际购买力存在密切关系，同样的财产收入在乡村能够养活更多人口。

此外，人口死亡率的高低还同居住环境密切相关。因为人口死亡率固然受到物质生活条件的重要影响，但物质条件除收入之外还有住房、卫生下水设施及医疗等其他因素。近代早期城市人口死亡率高、人口增长缓慢是同城市居民恶劣生活条件联系在一起的。而 J. D. 钱伯斯、E. A. 里格利等人的人口模式理论显然更重视出生率的积极主导性作用，却没有给予死亡率应有的位置，所以也就不能对城市人口增长缓慢问题做出符合历史的解释。历史事实是，近代早期，英国绝大部分城市普遍缺乏公共卫生设施，垃圾粪便随处可见，卫生条件极差。有关这方面的记载不胜枚举，王国首都伦敦就是一个典型例子，其城市环境的糟糕程度令人瞠目，泰晤士河旖旎风光的背后是城市人畜混居，猪牛成群，根本没有现代都市的风貌。

此外，城市普通市民住房简陋、狭小昏暗、拥挤不堪，尤其是贫困教区人口密度更大，高密度人群大大便利了疫病传播，而瘟疫频发正是近代早期英国城市的一个普遍现象。所以即便在婴儿出生率相同的情况下，城市人口死亡率也往往高于乡村，人口的增长自然也会慢于乡村。可见，在城市人口增长问题上，死亡率似乎扮演着更重要的角色，在主导着城市人口升降起落的变动轨迹。

---

[1] Gregory Clark and Neil Cummins, "Urbanization, Mortality, and Fertility in Malthusian England", *The American Economic Review*, Vol.99, No.2 (May 2009), pp.242–247.

总之，近代早期的历史表明，英格兰乡村先于城市实现人口恢复与增长，尤其 16 世纪下半叶之后出现了快速增长，同时也对土地资源日益造成沉重压力。在中世纪时期，乡民们的本能选择是析分、"碎化"部分份地，或向边疆地区垦荒。而在近代早期，乡村社会向大自然垦荒的空间已经非常有限，向城市流动成为一种必然选择。① 换言之，是乡村人口增长而不是城市人口复苏，为人口流动大潮的形成提供了基础性条件，从而推动乡村剩余人口、半失业人口不断流动迁移。

（四）瘟疫、灾害造成城市人口短缺、资源闲置

自中世纪晚期黑死病暴发之后，瘟疫一直在岛国不列颠各地区像幽灵一样徘徊不去。近代早期，各种疫病变成了城市社会的一个突出现象。相比较而言，乡村已较少发生瘟疫，而城市则成为各种疫病的重灾区。英国较大城市尤其成为瘟疫频繁光顾的目标。例如，布里斯托尔在 1565—1603 年，至少发生 3 次较大瘟疫，人口损失 1/6，诺里奇在 1579—1665 年暴发 6 次大的瘟疫，纽卡斯尔在 1636—1637 年、里奇菲尔德在 1645—1646 年、科尔切斯特在 1665—1666 年都发生过严重疫病，造成大量人口死亡。最典型的当属伦敦，1593 年、1603 年、1635 年、1665 年相继暴发瘟疫，由于首都人口密度高、城市卫生条件差，所以每一次都造成数以万计居民死亡，其中 1665 年瘟疫带来的后果最为严重，造成首都约 30% 人口损失。②

---

① 经过此前及中世纪盛期大垦荒，英格兰主要耕地面积及大致分布格局已经确立，剩下的多为贫瘠、难以开垦的荒地。参见 [英]M. M. 波斯坦主编：《剑桥欧洲经济史》第 1 卷，郎丽华、黄云涛、常茂华等译，经济科学出版社 2002 年版，第 471—473 页。
② 钱伯斯提供了 17 世纪上半叶伦敦 3 次瘟疫中人口死亡数据，具体参见 J.D. Chambers, *Population, Economy, and Society in Pre-industrial England,* Oxford University Press, 1972, p.85. 对于瘟疫造成的死亡率，不同学者估算不一，原因既有死亡人数估计不同，也与对伦敦城市总人口估算出入较大有关。譬如，有学者认为 1665 年伦敦人口死亡人数达 9.7 万多人，占人口的 28%。参见 [意]卡洛·M. 奇波拉主编：《欧洲经济史》第 2 卷，贝昱、张菁译，商务印书馆 1988 年版，第 65 页。本书采用的数据来自 [英] E.E. 里奇、[英]C.H. 威尔逊主编：《剑桥欧洲经济史》第 4 卷，张锦冬、钟和、晏波译，经济科学出版社 2003 年版，第 47 页。

瘟疫的影响是多方面的，最直接的后果是造成城市居民大量死亡，使得许多家庭残缺不全，重创了疫后余生者的精神世界。悲伤之余，幸存者重新思考上帝、信仰、人与自然的关系。这些认识、价值观的变化无疑会潜移默化地影响人们的行为。正如黑死病客观上推进了乡村依附农民的解放进程，近代早期频繁的疫病也有利于乡村居民向城市流动。瘟疫过后，城市中留下了大量闲置房屋、财产，同时也使得许多行业劳动人手短缺，这些情形迫使城市当局和行会暂时放松敌视乡村移民的政策，转而欢迎和鼓励乡村居民向城市流动。所以在瘟疫发生后的一两年间，乡村居民获得了颇为难得的移民机遇，向城市流动加速，城市人口数量很快就恢复如初。近代早期大多数城市在瘟疫过后人口恢复的速度证实了这一点。而一俟人口恢复，市民们排斥外来移民倾向则再度抬头。赛伦塞斯特（Cirencester）市民对外来移民的态度变化就很有代表性。1614年，当城市人口足以满足其各种职能时，大众、织工公会和城市各区长官一致认为，外来织工不得在城内搭建织布机开业，除非向公会缴纳10英镑。这笔费用远远超出织工的支付能力，对移民的关门倾向显而易见。①

除瘟疫外，火灾也是近代早期城市常发生的一种灾害。直至近代早期，英国城市绝大多数房屋建筑主要使用木质材料，所以火灾往往造成巨大财物损失，而在1500—1700年，几乎每个城市至少都经历过一场较大火灾。② 火灾之后的城市重建，需要大量人力物力，吸引了乡村建筑工人、手艺人及半失业劳动人手向城市迁移。最典型的是首都伦敦1666年9月的大火灾，烧毁了城市13200间房屋和城市主要建筑物，物品损失达1000万英镑。灾后重建无疑为乡村人口向城市流动提供了契机。城市危机成为乡村居民进城改变命运的一种机遇，城乡关系在这里体现出既相互依存又对立

---

① David Rollison, "Exploding England: The Dialectics of Mobility and Settlement in Early Modern England", *Social History*, Vol. 24, No. 1 (Jan. 1999), p. 13.
② Peter Clark, *The Cambridge Urban History of Britain, 1540–1840*, Vol. Ⅱ, Cambridge University Press, 2000, p.37.

矛盾的一面。

此外,"易子而佣"的社会习俗,也在一定程度上提高了社会的流动性。这是一种自中世纪时期流传下来的习俗,主要出现于社会中下层人士之家。英国著名历史学家麦克法兰在考察埃塞克斯郡的厄尔斯克恩教区拉尔夫·乔斯林的案例时,就注意到这一习俗。他发现"子女一俟成为全劳力——女孩10到14岁、男孩15岁——便全部脱离家庭",与其祖父辈相同,乔斯林的子女也"体现了同样的地理流动性,大都远离父亲安身立命"。这意味着家庭既不是生产单位,也不是消费单位,麦氏将此视为16、17世纪英国乡村不符合农民社会范式或指标的重要表征。① 流动性是近代早期英国乡村社会的一个重要特点,也是子女不拥有家庭财产权的一个表现,而流动打工、易子而佣实际上是"彻底、绝对、排他的个人财产权"已经形成后衍生的产物。

据记载,在近代早期,近一半的农民家庭、1/4 的商人与手工工匠家庭都拥有"佣工"。这意味着整个英国大约有 1/3 的家庭具有"易子而佣"的习俗,常常将未成年子女送至他人家中做佣工,不仅积累生产经验、生活技能,同时也积攒独立成家的资金。② 在近代早期,这一习俗的佣期较短,多为一年,年轻人更换雇主、另寻他处的情形非常频繁,不过在未找到正式工作之前往往沦为流民。在伦敦,佣工与学徒合起来有十余万人,根据样本教区的葬礼记录来看,他们约占全部劳动力的 1/3 至一半。③ 有学者研究

---

① [英]艾伦·麦克法兰:《英国个人主义的起源——家庭、财产权和社会转型》,管可秾译,商务印书馆 2008 年版,第 85 页。
② "易子而佣"的习俗与上层社会也有一定关系,贵族之家的子女也常常被送到同侪或上级领主那里,学习社交礼仪、晋封骑士所需要的各项技能,这种"易子而教"的习俗不能说对中下层群体没有影响。
③ A. L. 贝耶尔(A.L.Beier)以 1548—1652 年伦敦为考察对象,估算了 3 个教会堂区——圣米歇尔-坝西梢、圣彼得-考姆希尔、圣海伦-主教门(St Michael Bassishaw、St Peter' Cornhill、St Helen' Bishopsgate)的职业构成,发现佣工(这里包括学徒)占据了从业者的比例为 34%—47%。虽然不能代表整个伦敦外来人口的年龄结构,但足以表明以佣工为代表的年轻人在大都市占有较高比例。

发现，在1597—1608年，伦敦流民的3/4是佣工和学徒身份的人转变而来的。这个群体是城市中劳动者数量最大的一个，很容易受到经济波动影响，雇主死亡或遭遇经济困境，都有可能使他们一夜之间"失业"。除去寻找薪酬更高的经济原因外，高频率的家庭暴力也是佣工更换工作的原因之一。

据考察，16、17世纪，英国社会发生较大的经济社会变动、政治宗教革命，家庭也进入一个"暴力频发"期。这一时期"家庭"（households）成员除男主人、妻子及子女之外，还包括在家内居住的佣工、学徒等人，给人以一种"扩展型"大家庭的表象。在倡导父权制的政治理论家看来，家庭是政治秩序的基础，家庭和国家之间的权威结构具有"类似性"（analogy），君王好比父亲，臣民相当于子女，服从是一种义务。城镇和村庄正是由许许多多这种"家庭"构成的。① 在这类观念下，不难理解男性家长在法律上有责任、有权力管束家庭成员，不仅包括配偶、子女，也包括家内仆人、佣工，在法律上他们都属于"家庭成员"。在父权制思想支配下，丈夫是"家庭中的至上者，支配一切，主管一切，他是自己家中的君主"。②

男性家长的权威虽然在西欧具有一定普遍性，但在英格兰得到了法律制度强化，1540年的遗嘱法几乎赋予了父亲在财产分配上的一切权力，没有任何限制。所以，男性家长滥用权力的情况时有发生，施虐对象除了妻子以外，女仆常常也是其凌辱、骚扰乃至强暴的对象。而女主人扮演着双重角色：一方面承受着丈夫的施暴，另一方面本身又是施暴者，将怨气倾泻到女仆、佣工和学徒身上。这些家庭暴力事件发生频率很高，在近代早期城乡当地法庭上都有大量记录。③ 在这种情况下，年轻人的佣期都比较

---

① Anthony Fletcher and John Stevenson, *Order and Disorder in Early Modern England*, Cambridge University Press, 2007, p.196, p.199.
② Barry Coward, *Social Change and Continuity in Early Modern England, 1550–1750*, New York: Longman Group, 1988, p.106.
③ 段鸿：《近代早期英国的家庭暴力》，见向荣主编：《中世纪晚期＆近代早期欧洲社会转型研究论集》，人民出版社2012年版，第222、225页。

短,不愿在雇主家里长期忍受欺凌虐待,一俟佣期结束,大都急急转换主人,寻找更好的雇主。由此,社会的流动性进一步加剧了。作为社会的基础细胞,家庭拥有的部分社会管理职能并未发挥应用作用,直到17世纪40年代,尤其是斯图亚特王朝复辟之后,英格兰家庭的"私人性"日益凸显,不再是国家实施社会控制与管理的一个"核心"单元。

关于人口流动中的宗教因素。近代早期是英国社会发生变革时期,也是天主教信仰向英国国教"安立甘"教转变时期。16世纪30年代一系列法案的颁布开启了英国自上而下的宗教变革步伐,随之而来的"解散修道院"不仅打击了英国天主教会的势力,充实了亨利八世捉襟见肘的财政署、锦衣库,而且对广大乡村居民也产生了连锁影响。对城市而言,许多城镇都从修道院的解散中获得了地产,增加了城市财政收益;很多乡绅、农场主也通过在土地市场上购进修道院地产而获益匪浅。而对城乡广大贫民而言,这却是一桩令人沮丧的事件。解散前,修道院的重要功能之一是"慈善救济"的主要承担者,凭借其拥有的庞大地产与经济实力,在礼拜天、宗教节日定期、不定期赈济贫民,分发面饼饮食、羊毛衣袜等生活必需品,还免费为平民提供医护抚慰以及识字教育等救助活动。[①] 换言之,修道院扮演着疏解下层民众疾苦、缓解社会阶层矛盾的角色,尤其在灾荒饥馑之年,充当着社会的"安全阀"与"稳定器",所以很少有贫民大量流浪乞讨现象发生。

16世纪30年代修道院解散后,这一功能也随之瓦解,受影响最大的除其教会团体本身外,主要就是城乡广大民众,尤其是下层贫民,他们领受救济品的机会被剥夺了,鳏寡病患也不再有人救助。解散前的修道院对当地乡村下层农民而言,就像是一个永不枯竭的"公地"资源。当圈地运动圈围了条田地里的"公地"时,修道院就是他们仅存的一块"公地",是他们贫困无助时的依托和希望。现在,这块"公地"因国王亨利八世自上

---

① 杨昌栋:《基督教在中古欧洲的贡献》,社会科学文献出版社2000年版,第18、19页。

第一章　近代早期英国人口流动现状

而下的改革而消失了，他们只能去流浪，迁移到其他教区、城镇，尤其是大城市寻求谋生之道。所以，当维系社会下层稳定的两块"公地"都不存在时，贫困人口的流动就变得不可阻挡了。从这个角度来讲，教会的经济保障功能同人口流动是密切相关的。修道院的解散意味着防洪闸门消失，意味着地方社区"拉力"消失，因而成为近代早期人口流动大潮形成的重要因素之一。

不过，教会的宗教职能对人口流动似乎并没有产生太大影响。就乡村居民而言，宗教改革带来的教义、圣礼仪式变动固然十分显著，但信仰新教"安立甘"教抑或旧有的天主教，对普通流动居民却没有什么重要差别。16世纪上半叶是宗教激烈变革时期，社会上层对于新旧信仰的选择高度敏感，将其与政治立场、王位继承等密切相连，而对下层民众而言，耕地收割、打工赚钱几乎是他们生活的全部，信仰上帝给他们带来的"精神体验"同乡村田野地里的游戏甚至超自然的迷信没有太大差别，去教堂做礼拜与其说是接受上帝"福音"，不如说主要是受到有形物质的吸引——免费面饼和饮品，至于教义本身，乡民们理解得很有限，因为他们绝大多数都不识字，这样的民众在乡村社区占多数。① 参加教堂礼拜更多的是周末或节假日一种生活习惯，宗教改革后，不过是改变为另一种仪式简单些的生活习惯。所以，宗教信仰本身似乎没有构成人口流动的阻碍或推动因素，在乡村人口流动中很少看到当地村庄或教区因迁入者是天主教徒而加以驱逐，也未见迁出者是新教徒而加以挽留。

然而，信仰在16、17世纪的英国毕竟不是纯粹的个人私事，国教会还代表着国内最大的政治势力团体之利益，信仰的选择同政治权利密不可分。

---

① 近代早期英国教育取得较大进步，有学者称其为"教育革命"，如劳伦斯·斯通。不过这一成果主要限于社会上层像议员、乡绅乃至治安法官等阶层，下层民众文化水平提高有限。譬如到1640年时，莱斯特郡的约曼阶层不识字的还有55%，而农夫则达到了80%，劳工和佣工则更是超过了90%。东盎格利亚、达勒姆郡、剑桥郡和其他地区也大体相似。Keith Wrightson and David Levine, *Poverty and Piety in An English Village: Terling, 1525–1700*, Clarendon Press, Oxford University Press, 2001, p.16.

所以，不信国教者，清教徒、新教少数派和天主教信徒尤其是中上层人士都受到较大影响，向海外迁移躲避宗教迫害正是在此背景下发生的。进入17世纪，国教日益成为大多数民众的信仰选择，也成为一种占据主流地位的政治选择，天主教徒日益成为英国政治宗教生活中的少数人群体。复辟后英国政府颁布的《克拉伦登法典》、《宗教考查法》（the Test Act）排除了非国教信徒等宗教少数派的公民权，位高权重者如查理二世之弟詹姆士都辞掉了政府公职，天主教部分上层人士为逃避政治迫害选择离开首都，迁移去了偏远的西部、北部地区。由此英国西北部成为天主教信徒较集中地区，不论在"求恩巡礼骚乱"中还是对牧区的经济开发中，都可以看到他们清晰的身影。宗教影响在近代英国人口不同阶层的流动迁移中呈现出显著差异。

因此，宗教少数派、不从国教者中的中下层民众的流动性与其说同宗教信仰有关，不如说是教会经济职能弱化或崩塌造成的结果，而彼时的教会更像是一个社会保障救助组织、政府或准政府组织。所以，上述人等在16、17世纪向经济发达的东南地区流动的步伐未见迟缓，而人口稠密的东部平原村落信仰新教的居民大量流向中西部高地、林-牧区、沼泽地也未因信仰问题受到阻碍。①当地常驻领主的控制能力固然可以对流动人口产生影响，但远没有现代学者所想象的那样强大，尤其同领主所信奉的宗教信仰之间更没有必然联系。以剑桥郡为例，这里牧区、沼泽地吸引的大量农民都是各种新教派别的"不遵循国教者"（dissents），从表象上看似乎是受到宗教迫害而被迫迁移至此的，但实际上主要同这些地区领主不驻扎在当地以至于庄园管理宽松有重要关联。不过，即便庄园领主驻在当地且是一"信奉国教者"（conformist），也没有制止那些非国教信徒"追求其独立的

---

① 从规模上讲，天主教徒也不可能构成对新教徒流动的阻碍。以约克郡为例，到17世纪初，天主教徒仅占约克郡人口的1.5%，而约克郡还是天主教影响较大的北方诸郡之一，其他南方各郡是新教盛行地区，天主教徒人数更少。该比例虽未必精确，但足以说明天主教徒势力在全国范围内已微乎其微。即便加上其他各种教派，到18世纪20年代，不信国教者也仅占总人口的6%。M. Watts, *The Dissenters from the Reformation to the French Revolution*, Oxford: Clarendon Press, 1978, p.54.

宗教信仰",更没有阻止非国教信徒流入,如在谢尔福德(Shelford)和新盖村(Shingay)就是如此。这里显然看不到对不同信仰者的排斥。

同样,在剑桥郡的林顿村(Linton),帕里斯家族(Paris family)是世人皆知的"拒不参加国教礼拜仪式"的天主教顽固分子(recusants)。该家族从15世纪以来就领有林顿庄园,但他们没有鼓励天主教信仰在当地广泛传播,同样也没有制止新教的各种不从国教派别的扩散。该家族还拥有小阿宾顿(Little Abindon)和希尔德斯海姆(Hildersham)两个庄园,这两个堂区就在林顿村附近,不过却是清一色的信仰国教、遵守国教礼拜仪式的居民,同林顿村的情形形成鲜明对比。可见领主的信仰同其庄园或堂区教民信仰选择没有必然联系。类似例子还有,哈德尔斯顿家族(The Huddlestons)也是天主教顽固分子,虽然没有帕里斯家族那样显赫有名望,但其自16世纪晚期以来完全领有索斯顿(Sawston)和维特尔斯福德(Whittlesford),可是这两地村庄的村民一直保持着国教信仰状态。① 这里隐约透露出,在基层乡村单位,宗教信仰不具有强制性与排他性,似乎正在变成村民个体的一种"私事",至少在庄园或堂区层面没有受到他人干涉,也没有凌驾到农业生产诸方面之上。②

总之,教会的经济、政治及精神方面的不同职能对英国社会不同阶层具有不同关联度,因而对近代早期英国人口流动的影响不可一概而论。大体说来,无论天主教徒还是新教徒,中下层居民迁徙流动的首要动机都是以经济为第一位的,"生计型"流动人口主要目的是改善生活,"改善型"移民也依然追求物质财富积累,而后在此基础上实现其社会地位提升。至于精神信仰,在下层民众的生活中位置并不突出、排他,大概是在他们

---

① Margaret Spufford, *Contrasting Communities, English Villagers in the Sixteenth and Seventeenth Centuries*, Sutton Publishing, 2000, p.314.
② 当然,到17世纪下半叶,在社会上层人士中,天主教事实上也已经享有了宗教自由,只是法律上并未如此规定。这里再一次体现出法律规定与社会事实之间的脱节滞后。参见[英]G.M.屈威廉:《英国革命:1688—1689》,宋晓东译,商务印书馆2017年版,第31页。

"生存需求"得到满足之前还没有提上日程。由此可以看出,近代早期英国普通民众,尤其是下层贫民的宗教信仰界限是模糊的,对与之相关的教义、教派乃至政治斗争,并非十分关心,远不如"猎巫运动"同其生活关系那般的密切程度。[①] 所谓"清教徒革命""天主教阴谋""排斥法案"等等,对他们来说很遥远,那是伦敦等大城市市民和社会中上层阶级所要关心的复杂事情,当然这些宗教变动会从经济层面对其生活产生深远影响。

[①] 直到17世纪末、18世纪初,英国上层社会依然坚持关于王位保持在新教徒手中的"政教合一"理念,相形之下,普通民众对此相当漠然,伦敦之外的郡县乡村居民尤其如此。哈里斯在论及复辟国王查理二世在"作公共舆论动员"时,对广大乡村农民立场及态度竟未置一词。Tim Harris, *Restoration: Charles II and His Kingdoms 1660–1685,* London: Penguin Books, 2006, pp.407-426.

第二章

近代早期英国乡村人口流动（上）："标准"模式

近代早期英国人口流动与乡村变迁

通常而言，近代早期英国乡村人口流动的主要目的地是各类大中城市，大都市伦敦是英国乡村移民的首选目标。这种常规、永久迁移直接促进了英国城市化进程，也被学者们称为人口流动的"标准"模式，即"乡村→城市"的单向流动。

关于乡村人口流动与英国城市化关系问题，中外学者多有论及。譬如，中国社会科学院的王章辉研究员在论述近代英国社会变革时，认为圈地运动带来的重要社会后果之一是农业劳动者被剥夺了生产资料，促进了资本主义生产所需要的自由劳动力——无产阶级雇佣大军形成，随之带来的是农业生产率提高，失去了土地、摆脱了束缚的乡村社会劳动力流动性大为增强，结果是大量乡村人口流入城市。不过，王先生似乎认为这一时期尚谈不上城市化，英国城市化进程要到工业革命时期才开启，"近代英国城市化"所探究的并非16、17世纪的英国城市发展，而是工业革命之后的城市快速发展状态。所以，如果说圈地运动加速了英国城市化，那么这里指的是18、19世纪的议会圈地而不是早期的圈地。[①]

国内较系统梳理早期圈地与城市化关系的是天津师范大学的笔者。笔者详细叙述了近代早期16、17世纪英国乡村人口向城市的地域流动，认为

---

① 王章辉：《近代英国城市化初探》，《历史研究》1992年第4期；王章辉：《英国经济史》，中国社会科学出版社2013年版，第86页。

第二章 近代早期英国乡村人口流动（上）："标准"模式

这一时期圈地运动远远谈不上"加速了城市化进程"，仅仅是恢复到中世纪盛期的水平，或高出一些而已，近代早期是英国农村劳动力转移与城市化的"发展时期"，是在中世纪城市化"初级阶段"基础上继承而来的，度过"17世纪危机"后，到17世纪末、18世纪初时英国已经迈出传统农业社会而进入非农社会阶段。[①] 此外，中国人民大学的赵秀荣在研究"近代早期英国社会史"时，也考察了"乡村与城市"的关系以及英国城市化的进程，认为乡村人口流动促进了伦敦城市化，只不过是低水平的城市化，直到1760年依然充斥着田园乡村的气息，伦敦尚且如此，遑论其他城镇了。[②]

还有一些学者，如云南大学的许洁明教授在考察17世纪的英国社会时，也叙述了"社会流动与社会变化"，似乎更为强调社会的垂直流动，不过也论及社会的"水平流动"和"个体的横向流动趋势"，认为造成了流民、贫困、社会两极分化等一系列问题。[③] 可见，国内学者们对于圈地运动带来的一些影响，在许多方面都有涉及，对"人口流动"影响也存在着一些共性认识。还有学者也论及人口流动与城市化关系，在此不再一一述及，详见本书中注释。

一、城市巨人——伦敦一枝独秀

在近代早期人口流动的"标准"模式下，大量乡村人口选择迁移到首都伦敦——王国的政治中心、宗教文化中心，也是经济最发达的城市。所以，不难想象，乡村人口流动的最直接的后果是推动了首都伦敦城市化进程。16世纪初年，伦敦城市居民数量仅为6万人左右，到17世纪初期，

---

① 谷延方：《重评圈地运动与英国城市化》，《天津师范大学学报（社会科学版）》2008年第4期；谷延方、侯建新：《17世纪英国城市化与非农化——危机下的社会转型》，《世界历史》2013年第1期。关于近代早期16、17世纪英国乡村人口流动情况，参见谷延方：《英国农村劳动力转移与城市化——中世纪盛期及近代早期》，中央编译出版社2011年版，第171—204、209—242页。
② 赵秀荣：《近代早期英国社会史研究》，中国社会科学出版社2017年版，第45—59页。
③ 许洁明：《十七世纪的英国社会》，中国社会科学出版社2004年版，第44、49、52页。

伦敦居民数量达到20万，约占全部城市人口总数的60%，城市人口远超国内其他所有城市人口总和。这一势头在17世纪继续保持增长，到1670年时首都人口约为60万人，占到城市总人口的70%，1700年时为68%，依然占到一半以上比例。据估算，到1700年，英国伦敦已经成长为西欧最大的城市，其人口是国内第二大城市人口的20倍。[1]甚至直到工业革命前夕的1750年，伦敦城市人口数量增长到67.5万人，而国内其他城市人口合计则为54万人（5000人以上城市），伦敦依然占到全国城市总人口的54.8%。可以说，伦敦是英国城市舞台上当之无愧的巨人。

对于伦敦城的突出地位，英王詹姆士一世在17世纪初年曾断言"伦敦就是英格兰"，可谓是卓有见地，预见精准。英国皇家历史学会院士、著名历史学家艾伦·麦克法兰仿效亨利·皮雷纳将"整个荷兰描述为安特卫普的郊区"的先例，将"整个英格兰描述为伦敦的郊区"[2]，更使人深切感受到伦敦在英格兰无与伦比的独特地位。一定程度上，这个城市巨人出现的直接原因是乡村人口的不断涌入，得益于源源不断的乡村移民的到来，可以说，乡村人口的流动直接促成了伦敦城市人口的稳定、增长。需要注意的是，本书无意视"人口流动"为伦敦城市化的唯一原因，更不认为伦敦吸引移民主要源于其经济中心地位。客观而言，伦敦能够获得快速发展的原因是多方面的，[3]其中作为国家首都的政治中心角色不容忽视。

通常而言，在对比中西方城市差别之时，人们往往认为，东方城市，尤其是中国大多是政治型的"郡县城市"，西方城市大多是经济色彩浓厚的

---

[1] David Nicholas, *Urban Europe, 1100–1700*, Palgrave Macmillan, 2003, p.16.
[2] [英]艾伦·麦克法兰主讲：《现代世界的诞生》，刘北成评议，管可秾译，清华大学国学研究院主编，上海人民出版社2014年版，第72—73页。
[3] 譬如英国著名经济史家E. A. 里格利认为：近代早期英国城市尤其是伦敦的快速持续发展是与食物、燃料供给联系在一起的，即农业生产率（劳动生产率和土地产出率）提高带来剩余产品，煤炭取代木材保障了燃料供给，而交通运输条件改善则实现了城市发展、农业生产率和交通运输之间的良性互动。E. A. Wrigley, "Urban Growth in Early Modern England: Food, Fuel and Transport", *Past & Present*, No.225(November 2014), pp.79–112.

第二章　近代早期英国乡村人口流动（上）："标准"模式

工商型的贸易城市，以及在此基础上赢得了自治、自由等特权。这种论断以我国著名历史学家胡如雷先生为代表，在20世纪70年代末成为改革开放初期中国学者最前沿的学术思考。① 现在看来，依然大体符合历史事实。不过，本书认为不宜过于夸大这两类城市之间的差别。因为两者之间除差别外，还存在着共性，即都具备"政治性"或政治色彩。对此，朱寰、马克垚等诸位学者早在20世纪90年代便清楚地看到了这一点。② 二者之间的共性在中世纪直至近代早期始终存在，政治功能都是推动城市发展的强大动力。譬如，当布鲁塞尔被哈布斯堡王朝遗弃时，弗兰德地区城镇经济就开始走下坡路；1561年西班牙迁都马德里，该地就逐渐崭露头角，而巴利亚多利德（Valladolid）则因迁都荒废，人烟凋零；伦敦和巴黎同样是作为一国之政治首都而不仅仅是经济中心才跻身欧洲大城市前列的。因此，首都作为政治中心对于伦敦城市发展的重要意义是不言而喻的。

当然，伦敦城市化快速发展的更深层原因则是农业生产率的提高、农业劳动力的解放和农业剩余产品的大幅增长。对此，亚当·斯密可谓这一观点的早期代表，我国马克思主义史学家大多认同该观点，如马克垚、侯建新等，都认为"农产剩余的提高"是城市建立的前提，也是城市进一步发展的条件。伦敦城市化的深层原因也在于此。乡村居民之所以能够离开土地、城市人口脱离农业而生存，两者都有赖于近代农业生产力的稳步提高。③

---

① 胡如雷：《中国封建社会形态研究》，生活·读书·新知 三联书店1979年版，第245—290页。
② 朱寰主编：《亚欧封建经济形态比较研究》，东北师范大学出版社1996年版，第225—229、239—241页。
③ 参见马克垚：《西欧封建城市初论》，《历史研究》1985年第1期；侯建新：《现代化第一基石——农民个人力量增长与中世纪晚期社会变迁》，天津社会科学院出版社1991年。还有学者从乡村劳动力从事非农行业的比例不断提高角度，进一步论证城市发展同农业生产率的进步之间的关系。E. A. Wrigley, "Urban Growth and Agricultural Change: England and the Continent in the Early Modern Period", *The Journal of Interdisciplinary History*, Vol. 15, No. 4, Population and Economy: From the Traditional to the Modern World (Spring 1985), pp.683-728.

近代早期伦敦快速城市化带来了巨大的社会后果，其速度之快令国内其他城市难以望其项背，也使许多欧洲大陆国家的城市相形见绌。①早在20世纪60年代，剑桥大学的E. A. 里格利就充分认识到"伦敦在改变英国社会与经济中的重要性"，伦敦的消费市场、消费时尚成为引领全国的风向标，其食品需求、燃料消耗在伦敦外的地区产生了联动反应，谷物种植、商品菜园、煤炭采掘、造船行业等都由此获得了巨大的发展动力。②一个以首都为中心的民族市场逐渐形成，带动了英国农业生产商业化与专业化区域形成，促进了英国乡村社会变革。对此，著名经济史家F. J. 费希尔（F. J. Fisher）有过一个形象比喻，称伦敦为英国"经济增长的火车头"③。

正是这个"火车头"带动着近代早期英国经济高速发展。为了供养首都大量的人口，英国农业加快了变革步伐，资本主义大农场纷纷建立，农业生产率及谷物产量大幅提高。以小麦单产为例，16世纪中叶以后小麦亩产量大幅上升，尤其以1550—1650年增长最快，17世纪中叶达到平均12蒲式耳/英亩。④来自诺福克郡和萨福克郡的证据则表明，17世纪晚期小麦的平均产量已经达到"14—16蒲式耳/英亩"，增长幅度大约为75%，大麦和燕麦的耕种面积和亩产量更是高于小麦。农业生产的扩张和生产率提高同国内需求尤其是伦敦的引领是密不可分的。

总的来看，尽管估算不尽相同，但学者们普遍认为，英国农业高于同期欧洲大陆水平，16世纪尤其17世纪后英国小麦单产实现了快速增长，

---

① 有学者认为伦敦城市化水平提高了3倍，从16世纪20年代的5.25%上升到1700年的17%，而同期多数欧洲国家都停滞不前或增长缓慢。Stephen Broadberry, Bruce M. S. Campbell, Alexander Klein, Mark Overton and Bas von Leeuwen, *British Economic Growth, 1270–1870*, Cambridge University Press, 2015, pp.340–363.
② E. A. Wrigley, "A Simple Model of London's Importance in Changing English Society and Economy 1650–1750", *Past & Present*, No. 37(Jul. 1967), pp.44–70.
③ F. J. Fisher, "The Development of the London Food Market, 1540–1640", *Economic History Review*, Vol. 5, No. 2(Apr. 1935), pp.46–64.
④ 王乃耀：《十六世纪英国农业革命》，《史学月刊》1990年第2期。

第二章 近代早期英国乡村人口流动（上）："标准"模式

粮食作物产量大幅度增加。英国学者莉莎·皮卡德（Liza Picard）在《斯图亚特王朝复辟时期的伦敦》中，开篇就说："1660年的英格兰是富庶繁荣的，很少有人死于饥馑，不像欧洲大陆的农民。"[1] 言外之意是欧洲大陆有很多农民会死于饥荒，其对英格兰的赞美之情溢于言表。而这一时期英国刚刚经历了长达10年的内乱，社会秩序和经济生产受到了不小的冲击，由此更可以看出英国在17世纪中叶所取得的经济成就。

近代史专家巴里·科沃德等人的研究也表明，大约在17世纪中叶，英国人已经告别了饥荒梦魇，先于欧洲大陆摆脱了"马尔萨斯式"危机模式。[2] 这是一项了不起的成就，前资本主义社会几乎所有民族都在这一模式中循环往复。当然，欧洲经济发展是不平衡的，俄国等东欧国家明显落后于西欧是毋庸置疑的。英国农业发展水平"领先欧洲"显然不仅指的是高于东欧，也高于西欧许多国家。体现在生活水平方面，英国人的餐桌饮食种类更加丰富，每日必饮啤酒、麦芽酒，连接受救济品的人每天也要喝两顿茶。[3] 这一时期的普通伦敦人已不再购买"廉价的黑面包"，曾几何时，它们曾是民众一日三餐不可缺少的食物，而现在则已退出了普通市民的厨房与餐桌。

E. L. 琼斯（E.L. Jones）、E. 克里奇（E. Kerridge）等人笔下的"农业革命"此时已经发生，正在英国各地不同程度地展开，由此带来了农业生产率大幅提高。[4] 如果说在1600年左右，英国农业水平还与法国大致相当，

---

[1] Liza Picard, *Restoration London, Everyday Life in London 1660–1770*, London: Phoenix Orion Books Ltd., 2004, p.3；关于法国农民同英国农民生活水平的差距，还可参阅 [英] 罗伯特·艾伦：《近代英国工业革命揭秘——放眼全球的深度透视》，毛立坤译，浙江大学出版社2012年版，第45、46页。

[2] Barry Coward, *Social Change and Continuity in Early Modern England, 1550–1750,* New York: Longman Group, 1988, p.32.

[3] [英] 艾伦·麦克法兰主讲：《现代世界的诞生》，刘北成评议，管可秾译，清华大学国学研究院主编，上海人民出版社2014年版，第86—87页。

[4] 当然，学界关于"农业革命"的概念、起止时限等都存在不同认识，有"16、17世纪"说、"18世纪"说和"19世纪"说，但比之中世纪晚期出现显著进步，则是确定无疑的。Anne Digby and Charles Feinstein, *New Directions in Economic and Social History,* Macmillan Press, 1989, p.17, p.20.

那么到了1700年，它就已经超过了法国。此后，英国始终保持着遥遥领先的地位。不仅如此，英国农业产量和农业生产率还超过大陆低地国家最先进的地区——荷兰，从而成为欧洲农业经济发展名副其实的"领头羊"。根据经济史家C.克莱研究，可以推测这一时期英国农业总产量提高了大约250%。① 当然，最雄辩有力的证据莫过于，到17世纪末，英格兰已经变成欧洲最大的谷物出口国。② 对于城市市场需求引导乡村农业生产所发挥的积极作用而言，伦敦可谓是一个鲜明的例证。

伦敦城市的影响与经济辐射范围随城市扩张而不断扩大。不仅是伦敦周边诸郡，至少全国1/3至1/2郡都要为首都输送各种生产原料和生活资料。譬如早在1522年，为了保障伦敦市民生产生活所需，国王亨利八世曾给18个郡的郡长下达指令，要求郡长们采取相应措施，鼓励向首都运送谷物。③ 随着首都人口膨胀、新城区扩张，更多地区被纳入大都市的市场体系中来，东北部煤炭采掘获得高速发展，带动了东海岸航运业、造船业部门复苏，就连更偏远的爱尔兰、苏格兰也开始瞄准伦敦市场，积极饲养、育肥牛羊猪等牲畜。在这个意义上，伦敦发展带动的不仅是东南地区，而是整个英格兰乃至不列颠岛的经济社会转型进程。17世纪英国资产阶级革命期间的10年内战，以及此后10年的局势动荡，都没有影响首都伦敦昂首阔步向前的步伐，反而成为其城市化历史上发展最快的时期。④ 伦敦人口从

---

① C. A. Clay, *Economic Expansion and Social Change: England 1500–1700, Vol. I*, Cambridge University Press, 1984, p.138.
② 当然，在东欧等盛行劳役制的农奴制国家也存在谷物出口现象，不过却是以封建领主剥夺生产者的必要劳动为前提的，它们处于"前市场"阶段或"领主-贵族市场"时期。所以，这一地区国家的谷物出口不是农业生产率进步与农产剩余水平的真实反映。
③ Richard Britnell, *The Closing of the Middle Ages, England 1471–1529*, Blackwell Publishers Ltd., 1997, p.211.
④ 不过，17世纪内战对国内城市造成的影响是不均衡的，虽未阻碍伦敦的发展扩张，但对其他城市而言，17世纪内战成为"最后一根稻草"，17世纪40年代的军事冲突标志着"城市厄运的最低时刻……对一些中等规模的郡城尤其如此"。N. R. Goose, "In Search of the Urban Variable: Towns and the English Economy, 1500–1650", *The Economic History Review*, Vol.39, No.2(May 1986), pp. 165–185.

第二章　近代早期英国乡村人口流动（上）："标准"模式

17世纪初年的20万人，增加到18世纪初年的57.5万人，增幅为187.5%，17世纪由此成为伦敦史上人口增长最快的时期之一。伦敦快速城市化正是以农业经济大发展为基础的，城市人口增长同农业生产专业化互为促进。

伦敦城市化进程在不列颠岛的影响是不均衡的，其中郊区是受到首都城市化影响最直接的受益区。园艺农业与商品化菜园的出现也是伦敦急速发展的产物之一。城市郊区成为小农发展商品农业的主要地点，除大麻、亚麻等工业生产原料外，郊区小农大量种植蔬菜、水果、香料等饮食及生活必需品，首都巨大的消费市场保障了这类生产的丰厚而稳定的获利空间。1618年，威尼斯大使的专职牧师向他提交的一份报告，可以从一个侧面反映伦敦商品菜园的发展情形：

"他们种植了大量蔬菜，我只提一些最受欢迎的洋蓟菜，有一种不同于我国的蓟菜，块头要大得多，带有淡红色，售价非常低……卷心菜个头太大了，9月19日那天，菜园主人去巡视某个菜地，我们看到好多卷心菜，每个都重达28磅，太神奇了。还有特别白的马铃薯、花椰菜、欧洲萝卜、胡萝卜、白萝卜等等……苹果物美价廉，一年四季不断且品种多样，梨子几乎不能吃，糟透了……在我国能看到的品种繁多的樱桃在这个国家大概会受欢迎，因为他们的市场通常只出售一种非常差的杨梅，但英国人特别喜欢吃它，尤其是妇女，看到必买。这些贵妇人还带着扈从去菜园和果园，比赛看谁吃得最多。我听说数月前，一个为首的贵妇同一个刚满17岁的骑士比赛，就吃了20磅这种水果，结果险些危及生命，在床上躺了好多天。"[①]

威尼斯人的报告以一个意大利人的视角描述了伦敦的商品菜园，虽不见得完全准确，但一个朝气蓬勃的菜园子景观已经跃然纸上，使得我们对

---

① H. E. S. Fisher and A. R. J. Jurica, *Documents in English Economic History, England from 1000 to 1760*, London: G. Bell & Sons Ltd., 1977, pp.136-137.

17世纪初年伦敦菜园的作物种类有了更直观的认识。除郊区外，周边诸郡和东南地区也大受其利。外来移民对园艺农业发展做出了重要贡献，主要是法国人与荷兰人。16世纪逃到英国避难的新教徒主要是荷兰人，其中许多是商品菜农或菜园日工，他们很快就在英国从事其老本行。

除伦敦外，这些移民还在桑威奇、科尔切斯特、诺里奇、坎特伯雷、梅德斯通等地建起了商品菜园。① 这种劳动力密集型农业在欧陆北部已经很成熟了，荷兰人将其农事与商业经验带到英国来实践。他们是第一批在英国种植萝卜和其他根茎作物并将其推向城市市场的人，大概也是第一批商业花农（florist），还将大车前子作为一种园艺作物引进到肯特郡东部。通过将园艺业市场化，荷兰移民大大促进了这一新兴农业部门在英国的发展。② 而这一新兴行业逐渐成为人口流入的重要生产行业，成为英国城市化尤其是伦敦快速发展的重要推手之一。

与之相适应，园艺从业者尤其是园艺商成为城市社会舞台上的重要团体。据记载，1605年，伦敦园艺公会（Gardeners Company）获得特许状，从而成长为一支不可小觑的力量。③ 到1640年，园艺农业主要集中在以伦敦为中心的东南部和南部城市周边地区，北部仅有几处城市存在商品菜园。此后，商品菜园在全国范围内稳步发展，到1750年，英格兰大部分城镇乃至一些居民数量较少的小镇都已经由当地供应新鲜蔬菜了。当时著名人士格里高利·金估算，1696年英国人均蔬菜、水果消耗量超过荷兰，而其他人估算英国人蔬菜消费总量超过法国人，伦敦穷人"用蔬菜替代了谷物"。

---

① Joan Thirsk, *Agricultural Change: Policy and Practice, 1500–1750*, Cambridge University Press, 1990, p.236.
② 除伦敦外，外来移民在英国最大的落脚点是东盎格利亚地区的诺里奇，曾经一度接近当地总人口的30%。虽然英国人对他们提供宗教庇护，但对其享有的外籍居民权利、获得的经济收入也很妒忌，"仇外""排外"事件也时有发生，当谷物歉收、经济困难时尤其如此。Scott K. Oldenburg, *Alien Albion: Literature and Immigration in Early Modern England*, University of Toronto Press, 2014, p.29, p.85, p.214.
③ H. C. Darby, *A New Historical Geography of England Before 1600*, Cambridge University Press, 2011, p.272.

第二章 近代早期英国乡村人口流动（上）："标准"模式

不论是何种估算、判断，事实上英国商品园艺农业的确在17世纪获得了前所未有的发展。而伦敦正是这一新兴农业的代表，四郊密布商品菜园，据估算菜园面积从1660年的1万英亩扩大到1721年的11万英亩。①

随着城市化推进，伦敦郊区一些商品菜园变成了居民区，建起了商品住宅楼，菜园则向更偏远处转移。首都"外溢"效应推动郊区菜园扩散至周边郡县，譬如米德尔塞克斯郡、萨利郡、埃塞克斯郡、肯特郡等地，这些地区商品园艺农业发展都得到首都城市化扩张的有力推动。对于园艺农业或商品菜园的发展，来自低地国家的移民自然功不可没，但英国人自身也做出了重要贡献。除下层居民流入这一劳动力密集型部门外，社会中上层人士，尤其是一些知识分子也积极推动。其中英国皇家协会设立了一个专门的农业委员会，1664年6月23日第一次集会，就以促进农业发展的园艺业为主题，并将农业委员派到英格兰、苏格兰和爱尔兰的所有郡进行实地调查"各种蔬菜作物……培育的历史，冬季绿色作物的培育"等。②城郊园艺农业的很多品种后来相继走向乡村大田，包括从新大陆带回来的马铃薯，除为首都居民餐桌提供果蔬菜肴外，还成为农业新作物推广的一块试验田。

伦敦的影响在商业市场导向方面最为突出。最有代表性的是笛福在1724年的评论："为了销售其商品……整个国家都对伦敦城形成了一种普遍依赖。"进入伦敦，就等于在制造业方法、交易技术和销售分配制度革新上"设立了一个温床"（forcing house），能够成就许多工厂主的创业梦想。陶瓷大王乔塞亚·韦奇伍德（Josiah Wedgwood）的成功也是一个生动例证。在他看来，占领了伦敦市场就等于"赢得了全国市场"，首都的时尚即

---

① Joan Thirsk, *Agricultural Change: Policy and Practice, 1500–1750*, Cambridge University Press, 1990, p.238.
② Joan Thirsk and J. P. Cooper, *Seventeenth-Century Economic Documents*, Oxford: Clarendon Press, 1972, p.150, p.151.

便在各省最偏远之地也会产生"富有生命力的影响",因为一旦得到伦敦精英阶层的青睐与眷顾,同类款式、价格低些的产品就可以售卖给中等阶级和下层民众。上流社会的消费时尚具有明显的导向效应。

当然,不同阶层各自有其独特的需求,对于实用的和装饰性的商品,"上层阶级虽然也消费实用商品,但炫耀性消费占据大宗支出,主要购买价格昂贵、装饰华丽的商品",而下层民众为了模仿上层以购买实用的商品为主。① 所以,韦奇伍德想方设法在伦敦站稳脚跟,设立货栈,博得城市上流社会人士的眷顾与青睐。拿下城市的高端市场后,中低端市场也就水到渠成了。各种实用的商品中不乏赝品。西方国家虽然当前很重视知识产权保护,但在近代早期却远未如此,国内民众掀起一浪高过一浪的请愿呼声都是要求"废除垄断""废除特许权",其中包括对一些新型产品技术的垄断。特权、垄断已经成为斯图亚特王朝最遭人嫉恨的原因之一。平民院在詹姆士一世时期取得的最大胜利就是宣布垄断是非法的、无效的。尽管英国当时也颁布了相关法律,依然未能对原创产品实行有效保护,② 模仿、"山寨"大概是经济发展史上普遍经历的初级阶段。为了占领广大乡村市场,韦奇伍德又投资进行运河建设及推动公路收费信托机构建立,他的商业触角由此延伸到交通和金融领域。伦敦的衍生效应从中可见一斑。

在首都的带动下,许多英格兰商人角色转变,从流通介入、支配了生产领域,譬如"家禽商贷款给养兔场,水果商帮助建立果园出租,屠户变成了牧场主"等等。③ 这种转变不是出于慈善动机,而是伦敦大市场诱人的

---

① E. A. Wrigley, "A Simple Model of London's Importance in Changing English Society and Economy 1650–1750", *Past & Present*, No. 37(Jul. 1967), pp.60–62.
② 詹姆士一世时期曾经颁布法律,对于真正的创新发明人,开口特许状授予他们对新产品享有14年的排他性使用权。参见 [英] 梅特兰:《英格兰宪政史》,李红海译,中国政法大学出版社2010年版,第168页。
③ F. J. Fisher, "The Development of the London Food Market, 1540–1640", *The Economic History Review*, Vol. 5, No. 2 (Apr. 1935), pp. 46–64.

商业利润使然。对于商人直接支配生产，马克思认为其是"从封建生产方式开始过渡的"两条途径之一。[①] 在诸地区之中，东南地区受伦敦影响为最，繁荣富庶、人口稠密，人口流动频繁，园艺农业继之毛纺织业获得大发展，先后吸引了大量乡村劳动力，成为工业革命之前不列颠岛上最发达地区，劳动力转移和城市化水平也居于英国首位。

二、城市化魔棒下的乡村工业

伴随着城乡人口向伦敦的流动集中，伦敦成长为一个巨大的消费中心。在伦敦等城市市场引导下，伦敦郊区工农业生产布局逐渐发生变化。由市中心迁来的一些手工业生产，如冶铁、皮革、石灰窑烧制，或放弃作坊，转为从事商品菜园、种植蔬菜瓜果，或继续外迁，迁到附近郡乡。除郊区外，首都周边诸郡的许多原本已经"原工业化"地区，也纷纷抛弃工业生产，回归农业。如果说中世纪晚期不列颠曾经出现了"逆城市化"现象，那么，此时伦敦郊区及附近郡乡则出现了"逆工业化"过程。如何看待这一历史反常现象，是工业衰退、经济危机的征兆吗？部分西方学者用"夭折""流产"等词描述这一过程，实际上已经对该现象作了定性分析和判断。

不过，值得注意的是，这一"逆工业化"现象并未造成经济萧条、人口流失。实际情形恰恰相反，"逆工业化"地区反而吸引了大量移民，前来从事商品化菜园经营，种植大麻、亚麻、啤酒花、萝卜等经济作物。这些经济作物需要集约化经营，在农业生产技术没有取得突破的前提下，主要是投入大量农业劳动力进行精耕细作，可称其为"劳动力密集型"的集约化经营。可见，近代早期英国已经走出了中世纪时期的"粗放农业"阶段，伦敦郊区、附近郡乡率先进入了集约化、专业化生产阶段。因此，这些"逆工业化"复归农业地区，经济繁荣、人口稠密，新型农业不仅为大

[①] 《资本论》第3卷，人民出版社2004年版，第373页。

量农民提供了就业机会，而且为首都居民日常生活提供了一定保障，二者形成了一种循环互动效应。

首都巨大的人口规模对衣食住行尤其是基本生活消费品的需求，缔造了一个庞大的日用品消费市场。这个消费品市场蕴含着巨大商机和利润。众所周知，日常生活用品市场稳定、价格弹性低、利润高，任何捕捉到首都消费市场动向的企业、商人都会从首都大市场的蛋糕中分取一块利润。所以，不难理解，首都附近郡乡的乡村工业会转型从事农业生产。最典型的如肯特郡威尔德地区（Kent Weald），呢绒业在中世纪晚期一度非常繁荣，其产品不仅在当地出售，还销往海外市场。① 不过，16世纪之后，威尔德就逐渐转型，转向乳制品加工与生产。据研究，到17世纪早期，大多数威尔德农民的遗产清单都提到"牛乳作坊"（milk house）和"奶酪和牛油仓库"等，可见这类物品在日常收入结构中占有重要比例。一些呢绒商的遗嘱也是如此，譬如普拉基（Pluckey）的威廉·休格特（William Hugget）在1614年除了拥有568夸脱羊毛外，还有264磅的奶酪；斯马登（Smarden）的约翰·米尔斯（John Mills）不仅有11夸脱羊毛，也有13夸脱重达100磅的奶酪。② 遗产清单上当然不是农民的全部财产，不过显然是农民家庭最为看重的财产，至少也是在农户经济中占有重要地位。因此，可以合理推测，17世纪初期的威尔德地区主要是一个奶制品生产区，或正在向饲养、育肥牛羊方面发展，事实上，该地最后变成了伦敦的一个重要的乳、肉类商品供应地。

---

① 迈克尔·泽尔（Michael Zell）分析了这一地区呢绒业发展的原因，认为可分割的财产继承制暂时可以充当"稳定器"，但由于有利于年轻人成家、人口婚育，会使得人口增长得更快，最终同不可分割继承制一样，都促进农业人口流动与转移。大量廉价劳动力是呢绒业发展的重要原因之一，多余人口主要生计出路是流入当地非农行业，即毛纺织业。Michael Zell, *Industry in the Countryside, Wealden Society in the Sixteenth Century,* Cambridge University Press, 2004, pp.52-54.

② F.J. Fisher, *Essays in the Economic and Social History of Tudor and Stuart England,* Cambridge University Press, 2006, pp.79-80.

第二章　近代早期英国乡村人口流动（上）："标准"模式

除肯特郡威尔德地区外，东盎格利亚等其他地区城镇和乡村工业也出现了"回归农业"情形。当然，各地区"回归"农业并不是整齐划一的，有在16世纪、17世纪已经摸索成功的，也有在18世纪才开始转型的。天津师范大学的刘景华教授曾专门考察了东盎格利亚地区乡村工业的衰落与夭折，称其为传统农业区的"转型"，但转型道路不是一蹴而就、一帆风顺的，所以将其准确地定性为"曲折转型"。[①] 该地区在中世纪时期是相对发达的传统农业区，到中世纪晚期发展为国内重要的毛纺织业中心，"沃斯特德"（Worsted）呢绒与"克尔赛"（Kersey）粗呢绒曾一度享有盛誉，再到近代早期16世纪"新呢绒"工业兴起，17世纪初毛纺织业出现严重衰退——这本身构成了"17世纪危机"的组成部分，遂开始逐渐摸索向农业转型，发展"商品化农业"，农业革命的种子最先在这里落地生根、开花、结出果实。[②] 到17世纪晚期，东盎格利亚地区已经成为全国牛油、奶酪的重要生产基地，据载，萨福克郡1687—1688年运往伦敦的黄油约占全国的23.9%。可以说，转型已经大体完成。大约与此同时，距离伦敦50英里的伯克郡首府雷丁（Reading）也放弃了传统的"宽幅呢绒"生产，在17世纪晚期趋向于转变为一个农产品的"集散、加工和分配"中心。

这种"转型"是基于国内市场主要是伦敦市场需求而做出的选择，走了一条"传统农业—原工业化—商品化农业"的曲折道路，既反映了英国崛起过程各地区发展的复杂性，也体现了农业社会向工业社会转型时期"多样化"的路径选择。当然，东盎格利亚等地区的转型同时也结合了当地

[①] 刘景华、崔洪健：《东盎格利亚道路：英国传统农业区的曲折转型》，《历史研究》2012年第3期。
[②] 农业革命开始的重要标志之一，就是东盎格利亚地区著名的"诺福克轮作制"的出现与推广，即通过引进种植萝卜，既可控制野草生长，也为牲畜提供饲料，饲养更多牲畜而增加土壤肥力，最后实现小麦、萝卜、大麦和豆子连续播种，取消休耕地以提高农业作物产量。杨杰：《从下往上看——英国农业革命》，中国社会科学出版社2009年版，第143页。胡萝卜、芜菁、甘蓝等作物在东南地区率先推广，同当地城市郊区园艺农业发展是有密切关系的。实际上，以伦敦为代表的东南地区园艺农业也是最为发达的。H. C. Darby, *A New Historical Geography of England after 1600*, Cambridge University Press, 2011, p.15.

的资源分布、交通区位等条件，所以并不是某些学者所说的"原工业化夭折"或失败，①它们是一个更大的历史进程的组成部分。这个进程的一面就是伦敦快速城市化，伴随着人口向首都的快速流动集中，另一面则是周围地区商品农业、肉蛋奶等生活必需品专业化生产区域的形成，流入该地区的劳动力大批转入农业种植业、畜牧业肉乳制品生产，曾经盛极一时的纺织业不断萎缩，越来越多织工回归农牧混合经济。

如果说中世纪时期传统的农牧混合经济是以农业为本、畜牧业服务于农业，那么，在近代乡村工业转型中，"回归"的农牧业则呈现出新品质，属于"新型商品化农业""专业化生产"，是服务于伦敦等城市市场体系，甚至受到城市商人支配的。从这一点来看，乡村与城市各自在英国社会中的地位已经倒置逆转，乡村庄园在中世纪时期曾经是社会的"中心"，而城市则不过是封建海洋中的"岛屿"与"飞地"，是附属于封建领地而存在的，城市有限的商品交换活动不过是对封建经济的一种"有益补充"。随着近代社会来临，城市逐渐由幕后走到前台，由边缘走向舞台中心，成为国家政治、宗教及经济、文化教育各方面的中心，而乡村则沦为附庸边缘地位。这种变化正是中世纪向近代社会转型的内容之一。

近代早期，伦敦城市化与乡村工业转型这两个方面相互依存、相伴共生，尽管如此，但是二者地位却不是对等的。在近代早期英国社会转型的进程中，以伦敦为首的城市市场体系居于核心地位，"导引着"周边地区的经济社会变迁，造成了这些地区原工业化的涨落兴衰。在整体联系的视域下，近代早期肯特郡威尔德、东盎格利亚等地区原工业化的"蜕变"都具备了更大的历史合理性。从人口流动的视角来看，劳动力转移对伦敦同周

---

① 当然，如果仅从个案角度出发，上述原工业化地区无疑是失败的。譬如英国学者 D. C. 科尔曼（D.C. Coleman）就认为，英国有 10 个原工业化地区，只有 4 个地区成功，其余 6 个都属于失败案例，分别是东盎格利亚、英格兰西部、西南地区、威斯特摩兰、威尔士边界和南部地区。具体原因参见张卫良：《现代工业的起源——英国原工业与工业化》，光明日报出版社 2009 年版，第 222—233 页。

第二章　近代早期英国乡村人口流动（上）："标准"模式

边地区产生了不同的后果，即伦敦高速城市化而周边地区城市化停滞或有限发展，后者地域流动有限、跨行业流动程度也不高，更多地体现出一种大农业内部的劳动力流动：蔬菜、水果、啤酒花、大麻、亚麻及肉蛋奶禽畜类生产加工。这是一种劳动力密集型、商品化农业，某种程度上类似于东方国家工业化与城市化发展的"过密化陷阱"。由于在经济体系中地位及运行机制不同于东方古代精耕细作型农业，所以这种劳动密集型农业反而有力促进了农业商品化和城市化进程。

近代早期"标准"模式下的人口流动呈现出大体上由北向南流动的趋势，即乡村人口大多流向英国南部各类城市，由此带来了南部地区城市普遍繁荣的局面。这里的"南部"是大地理概念，既包括东南部的伦敦与东盎格利亚地区诸城市，也包括西南部的众多纺织城镇、获得特许状的各类自治市。因为上述地区城市数量多、密度高，农业经济发展程度远高于北部与西部，乡村人口的流入促进了这一地区城市化进程持续发展。据研究，近代早期英国东南地区（包括伦敦）城市化水平一度高达30%以上，成为城市化水平或城市人口比例最高地区，但广大中西部和北部地区则远远低于该水平，仅有2%或3%的城市化水平。因此，就整体而言，英国城市化水平尚未达到欧洲平均水平。①

据英国社会转型问题专家S. R. 爱泼斯坦（S. R. Epstein）等人研究发

---

① 近代史家大多估算16世纪早期英国城市化水平为5%左右，原因之一是城市"门槛"（城市人口量标准）设定较高，定在1万人；另外，也有学者譬如乔治·克拉克认为从中世纪以来直至1600年，农业经济效益没有显著改变，"大体上是停滞的"，经济变化完全是人口波动的一个产物。这大概也是城市化水平没有大幅提高的原因。该观点一反学界"中世纪晚期以来农业生产力显著提高"或近代以来农业革命发生带来生产力快速增长等正统认识，采用农业工人"名义日工资""实际工资收入""劳动边际产出"三个指数系列来计算英国农业劳动生产率，得出"劳动生产率大体是静止停滞的"的结论，认为直到17世纪之后，英国农业效益才获得自1250年以来的显著进步，其漫长过程堪称为"一场英国历史上的长征"。详情参见Gregory Clark, "The Long March of History: Farm Wages, Population, and Economic Growth, England 1209-1869", *The Economic History Review*, New Series, Vol. 60, No. 1(Feb. 2007), pp.97-135。

现，直到近代早期的1500年，包括英国在内的欧洲大陆13个国家或地区中，位于城市化舞台前列的主要是北欧尼德兰、比利时和南欧地区的意大利、西班牙、葡萄牙等地，英国城市化水平尚未达到欧洲平均值；到1600年时英国排名位次有所上升，方取得同法国并列的第6位。[①] 因此，整体来看，近代早期英国城市分布与城市化进展很不平衡，在地理空间上呈现出明显的南高北低、西少东多的分布特征，也是同人口流动大方向相吻合的。

三、"输血"的乡村社会

在伦敦等城市快速发展进程中，英国乡村扮演了不容忽视的角色，承担着为城市"输血"的职能。的确，前文所叙述过于强调伦敦在英国社会变革中的作用，某种程度上掩盖或忽略了乡村在首都发展中的巨大作用。需要注意的是，实际上伦敦正是借助于广大乡村"输血"而实现快速扩张、"极化"发展的。伦敦的作用与影响越大，恰恰也就越说明乡村社会的贡献越大，因为没有乡村腹地提供源源不断的移民、生产原料、生活资料，首都自身生存都是一个未知数。例如伦敦1563年、1593年、1603年、1625年的疫病都造成数以万计居民死亡，尤其是1665年瘟疫死亡人口更是达7万余人，1666年大火也造成首都无法估测的人口与财物损失。[②] 但历史表明，历次瘟疫之后，城市人口损失仅仅一两年就告恢复，这里充分体现了乡村人口对城市的及时而迅速的"输血"效应，得到"补给"之后的城市很快就恢复了往日的勃勃生机。

可见，在人口补给这一点上，乡村对首都的贡献最为突出。近代早期伦敦死亡率远远高出其他城市。据研究，17世纪末伦敦死亡率大致为

---

① S. R. Epstein, *Town and Country in Europe,1300–1800*, Cambridge University Press, 2001, p.10.
② 这里指的不是人口死亡数字。据不完全统计，直接死于火灾的人数很少，仅数十人而已，但火灾造成的主要人口损失是人口外流，"有些人再也没有回来"，"干脆离开变成灰烬的城市，移居到自己老家或周围市镇"。[英]利奥·霍利斯：《伦敦的崛起：五个人重塑一座城》，宋美莹译，生活·读书·新知三联书店2018年版，第135页。

第二章 近代早期英国乡村人口流动（上）："标准"模式

42‰，小城市为 33‰，村庄只有 32‰，依靠城市自身人口出生率是无法完成维续的。不只是伦敦，生育率低于死亡率是近代多数城市具有的共同特性，对此学界基本取得共识，即大多数城市出生率低于死亡率。在此背景下，城市人口预期寿命也低于乡村，据美国加州大学城市史专家乔治·克拉克等人研究，1500—1800 年男性预期寿命在伦敦、普通城镇、乡村及农场分别为 22.6 岁、34.8 岁、40.5 岁、42.8 岁。[①] 其中伦敦预期寿命最低、死亡率最高，但是城市人口不仅没有萎缩，反而出现持续大幅增长，这意味着首都一定接受了来自周边乡村的大量移民，如此方可解释伦敦城市的人口差额弥补及增长问题。从这个意义上讲，伦敦代表的不是自身，而是周边诸郡、中部地区乃至更为偏远的地区，这朵"泰晤士之花"的根系四处蔓延，从全国汲取各种养分。正是这种持续不断的乡村人口流入，维持了城市社会的稳定，日常经济活动的运转，也在一定程度上推进了近代早期英国的城市化进程。伦敦也由此一跃而为西欧最大城市，比肩乃至超越了巴黎、米兰和那不勒斯。

乡村之所以能够为伦敦等广大城市提供人力输送，一个重要前提是乡村居民死亡率较低，人口增长快于城镇。乡村居民的预期寿命也远远高于城市居民，譬如前文克拉克教授的研究表明，两者预期寿命的差距竟然高达近 20 岁。对照之下，由于高死亡率、低寿命，伦敦等大城市就获得了"死亡陷阱""城市坟场"等绰号。除人口密集、易于传染疫病之外，城市居民的生育意愿较低，结婚率及生育率均低于乡村，因为虽然许多大中城市里年轻人比例很高，但多为佣工、学徒等流动性很强的群体，结婚定居者很少。一旦习得某种技能技艺或学徒期满结束，这些年轻人大多选择回到城市附近的村落或出生地村庄成家开业，这造成了乡村婚育率高于城市；

[①] Gregory Clark and Neil Cummins, "Urbanization, Mortality, and Fertility in Malthusian England", *The American Economic Review,* Vol.99, No.2 (May 2009), pp.242-247.

加之广大乡村生活成本低——附带数英亩地的小屋、①菜园，牧放一些猪羊，农忙季节参加麦收，这一切使得收入虽低的普通乡民也能够生养多个孩子。据奇波拉、霍斯金斯等人研究，这一时期普通农民之家人口多在5人以上，相当比例的家庭有三四个以上的孩子。尽管这一时期乡村死亡率（同现代社会相比）也很高，但物质条件的改善、农业生产力提高显然为乡村人口恢复与发展提供了坚实基础。

由上可见，正是广大乡村的"输血"支持，伦敦才得以稳步成长，才能够加速发展而成为英国城市化舞台上的"巨人"，在其"巨人"形象背后，隐然矗立着一个模糊而庞大的身影。不过伦敦虽是最大受益者，但却不是唯一的受益者，得到乡村输血支持的还有其他许多城市，譬如同时期的约克、埃克塞特市人口增长了50%，伍斯特市人口在16世纪60年代至17世纪40年代之间增加了一倍……这些城市增长幅度是根本无法依靠自身生育水平完成的，乡村人口输血是唯一的答案。②正是英国广大乡村社会源源不断地输送各种"养分"给首都及各类大小城市，才成就了以伦敦为代表的英国城市的生存、维续和扩张，其中最重要的养分之一无疑就是"人力资源"。从这个角度来讲，"伦敦就是英格兰"，伦敦既是不列颠城市历史舞台上的一个特例，同时又是全国经济发展与城市成长的一个缩影。詹姆士一世的判断不仅是准确的，而且是极具洞察力的，因为他敏锐捕捉到了伦敦的独特地位及其同乡村之间的密切联系。遗憾的是，他的继承者没有在施政时继续秉承这一理念。

没有源源不断的乡村人口流入，伦敦或许早就萎缩而渐趋消亡，遑论其他扩张。有学者比较了近代早期英国与尼德兰的核心区——伦敦与兰斯塔德地区（the Randstad），发现两者都曾经保持着同样强大的、吸引外来

---

① 从伊丽莎白时期始，政府即颁布法令，要求新建小屋必须附带有数英亩土地，到17世纪斯图亚特王朝查理一世时期还重申该法令，以为安置流民的措施之一。当然，小屋法令执行不彻底，实际附带土地数量标准不断降低。

② Paul A. Fideler, *Social Welfare in Pre-industrial England*, New York: Palgrave Macmillan, 2006, p.72.

第二章　近代早期英国乡村人口流动（上）："标准"模式

移民的能力，而在17世纪70年代之后荷兰经济衰落，在传统腹地新城市中心竞争下，兰斯塔德地区丧失了吸引外来移民的优势地位，劳动力市场特性由"定栖的转向非定栖市场"，最后逐步走向衰落。① 相形之下，英国伦敦优势地位如磐石般稳定，移民规模则保持持续增长。这进一步从反面证明乡村移民对于城市乃至地区经济发展的重要性。除伦敦外，诺里奇、布里斯托尔、坎特伯雷等地方郡城无一不依赖于乡村移民。人口流动就像一条条血管，供养着大大小小的城市；就像一座座桥梁，联通了乡村无数个村庄与伦敦、大中城市、小城镇乃至村市；在近代早期，人口流动本身已经融入了英国社会机体，是这个有机体内部不可或缺的神经与血管组织。从这个角度来看，乡村人口流动意义早已超越城市与乡村本身，不仅是近代英国城市化的重要前提，也是英国现代化的必要条件之一。

四、近代早期英国人口流动"标准"模式的特征及其影响

近代早期"标准"模式的人口流动呈现出"季节性"、波段性，流动规模及节奏具有不确定性、不稳定性等特征。这种"季节性"与农业生产的"季节性"有关，农忙季节乡村人口主要从事农业生产，而在秋后，潜在失业现象、闲置劳动力大大增加，于是向城市流动打工成为一种选择。可见，人口向城市流动的"季节性"是农业生产"淡季"的产物，两者存在明显"错峰"特征。这一点不同于后文即将提到的非"标准"模式——乡村内部流动，后者显然是同农业生产的"季节性"相一致的。

当然，近代早期，乡村人口地域流动特征也同人口恢复及居民的生命自然周期有关。一俟孩子们长大成年就形成了一波人口外迁潮流，而在孩子们成家立业之后，新的一波迁移又开始在酝酿之中。因此，一个个体的

---

① J. V. Lottum, "Labour Migration and Economic Performance: London and the Randstad, c. 1600–1800", *The Economic History Review*, Vol. 64, No. 2(May 2011), pp.531–570.

生命成长的某一阶段，展示出了鲜明的流动性，这些个体共同汇成了波澜壮阔的群体流动性浪潮。① 理查德·史密斯和蒂姆·威尔斯（Tim Wales）的研究证明，无论是乡村英格兰的财产继承，还是农民个体家庭的贫困化，都同家庭成员的"生命周期"密切相关，② 而大量个体的"生计型"流动正是源于家庭的贫困。因此，伴随人口生命周期，近代人口流动也存在明显的波段性特征。另外，乡村人口流动的规模特征也与乡村土地所有权变革，像圈地运动等有着密切关系，乡村变革越剧烈，人口流动规模越大。不过，乡村移民能否顺利完成身份转变，人口流动能否持续稳定发展，还取决于城市社会对乡村移民的接受程度。这里既包括城市经济对外来人口的吸收接纳能力，也包括城市当局及普通市民对外来移民的开放程度。

近代早期英国乡村人口向城市迁移的"标准"模式无疑对社会产生了重要影响。一方面，人口流动推进了城市化进程，进而促进了英国城乡之间资源整合利用，推动了英国社会转型。不过，另一方面，这种"标准"模式也产生了一定的消极后果。某种程度上，正是这种消极后果——大量贫民涌现超出传统中世纪时期济贫能力范围，推动着近代济贫制度的出现。③

研究表明，近代早期城市对来自乡村的移民大都持有敌视态度，设置各种障碍阻止外来人口在本地开业、获取市民权利，进入城市的乡村移民

---

① 俄国农民经济学者恰亚诺夫提出"自然生命周期"理论，认为"生产者与消费者的比例周期性变化"对农民家庭贫富差别有着重要影响。该理论虽然取自东欧俄国社会，但在亚洲、拉丁美洲和非洲农业国家经济建设中都有参考价值，一定程度上也适用于英国乡村农民家庭经济周期变化，为人口的地理流动提供了生物学上的依据。

② Tim Wales, "Poverty, Poor Relief and the Life-Cycle: Some Evidence From Seventeenth-Century Norfolk", in Richard Smith, *Land, Kinship and Life-Cycle*, Cambridge University Press, 1984, pp.351-355.

③ 16世纪以来的贫困问题属于一种"新类型"，其独特性在于它是资本主义发展的产物，所以依靠传统济贫机构与方式是无法解决的。而近代济贫制度的特点在于其法律上创造了"强制慈善"（force charity），这是英国有别于欧洲大陆之处。其社会政策革新原因有三：大量贫困人口出现，人道主义启蒙增强了基督教徒乐善好施意识；政府维护公共秩序的需要，其中最关键的因素是政府治理的"非同寻常的集中化（centralization）"；枢密院、巡回法官和季审法庭能够强制执行这些法律规定。济贫税实际上是"土地和公共权利"的一种替代品。L. Patriquin, *Agrarian Capitalism and Poor Relief in England, 1500-1860*, Palgrave Macmillan, 2007, pp.79-80.

第二章　近代早期英国乡村人口流动（上）："标准"模式

能够成功立足的仅仅是很少一部分人，大部分则会返回乡村或被遣返回乡。不过在城市暴发瘟疫的情况下，城市当局的立场会发生明显变化，于是乡村人口向城市的迁移呈现出"波段性"特征，大批量乡村居民被吸纳进城市社会。实际上，无论是"季节性"流动，还是"波段性"迁移，都不是完全以城市市民的意志为转移的，乡村居民也不是依据城市各行各业发展所需要劳动人手数量而移民的，更不是有组织地、有秩序地前往城市，自发的、无序的迁移占据主要地位。所以，乡村人口的流动不可避免地引发各种城市问题。于是，城市人满为患，尤以伦敦为典型，大量流动人口演化为威胁社会秩序的"流民"。

人口无序流动，短时期内云集大中城市，造成严重的城市问题。乡村居民流动的直接动机是向富有城市迁移，工资高、就业机会多成为大多数移民迁移的主要目标。但城市经济没有扩张升级，传统生产及管理模式只能接收有限移民，劳动力供大于求的矛盾在近代早期的城市暴露无遗。出于生计生存需要，部分移民偷窃、抢劫，酿成严重的社会治安问题。所以，有人说，这一时期的伦敦既是"人间天堂"，也是"人间地狱"。对于相当一部分外来乡村移民尤其是贫民而言，"人间天堂"离他们非常遥远，"人间地狱"则近在咫尺，某些情况下正是对他们在伦敦处境的真实写照。城市济贫院的性质及功能变化在很大程度上就反映了城市面临的这些社会问题的严重性。布赖德维尔（Bridewell）就是这样一个例证。

布赖德维尔是伦敦一所重要的收容院，爱德华六世时期拨出布赖德维尔宫和萨伏伊公爵捐赠的地产，其是在此基础上兴建而成的，1649年前一直负责收容处置伦敦及其郊区的流民。[①] 据收容院的法庭登记簿（Court

---

[①] 据记载，在 1544—1557 年，伦敦一共建了 5 所收容院，各有分工，分别收治生病穷人、抚养教育孤儿、年老体弱者和精神有缺陷的人，而布赖德维尔主要负责接收懒散、健壮的穷人，安排其到工房（workhouse）参加劳动，后来成为其他城市乃至欧洲大陆仿效的范本。Paul A. Fideler, *Social Welfare in Pre-industrial England*, New York: Palgrave Macmillan, 2006, p.82.

Books）记载，从1560—1561年的69人跃升到1624—1625年的815人，几乎增长了11倍。这表明首都流民在1560—1625年大幅增加，可以说，伴随着伦敦的急速城市化而来的，是流动人口呈现"贫困化"特征，大量贫穷移民流入首都——流民问题开始凸显，流民增长速度远远快于首都人口增长幅度。这是17世纪初年尤其是内战前人口流动的一个显著特征——贫困化，尤其是长距离"生计型"移民数量显著，从这里可以隐约察觉17世纪英国资产阶级革命爆发前山雨欲来的气氛，英国社会内部潜在的社会矛盾正在积累待发。

莱斯特大学的彼得·克拉克认为，"内战前的数十年间，大量贫穷移民长途跋涉，穿越英格兰，酿成了公共秩序、住房及食物供给问题雪崩式爆发"[1]。保罗·斯莱克查阅城镇和中央政府档案，发现在1640年之前的危险的数十年间，全国范围内有大量乞丐长途跋涉，寻找工作和救济，其中调查样本中流动距离超过100英里以上者达到22%。[2] 这里的贫穷移民无疑含有相当部分流民，不仅会在经济上对社会构成压力，在政治上也会威胁统治秩序。可见人口流动会传导社会矛盾，在传递播变过程中会放大原有矛盾因子、衍生新的矛盾。当然，它本身即是社会矛盾表现形式之一。

据时人描述，17世纪40年代的伦敦充满了不安定因素，倘若在城市里生存，"需要做的第一件事就是认真而耐心地配备好武器，就当自己进入了一片丛林地，荆棘丛生密集如人群，每个人都准备抢你身上的羊毛罩衣；因为我们看到羊群经过一片灌木丛，出来时身上已经没有毛了……"[3]。这是当时的人为乡村居民提供的一份如何在伦敦生存的建议，从中可以看出社会下层的躁动不安、社会秩序濒临失控。17世纪的伦敦城已经变成了

---

[1] 流民乞丐是社会矛盾的缩影，这一情况反映了下层民众生计严重恶化而躁动不安的精神状态。
[2] P.Slack, "Vagrants and Vagrancy in England, 1598–1664", *Economic History Review*, Vol.27, No.3 (Aug. 1974), pp.360–379.
[3] Barry Coward and Peter Gaunt, *English Historical Documents 1603–1660, Vol. V(B)*, London and New York: Routledge, 2010, p.85.

第二章 近代早期英国乡村人口流动（上）："标准"模式

"一片丛林"，弱肉强食、矛盾丛生，看不到秩序和希望。这无疑是内战爆发前夕的一种预示，已经为斯图亚特王室与议会下院之间的矛盾斗争涂下了阴郁的底色。

社会上层的"垂直流动"同样使社会结构遭受了巨大压力。近代早期，英国人口翻番、物价飞涨、解散出售修道院土地等一系列重大历史事件，导致在所有群体中间出现了被视为"会引起危险的过度流动性"。社会上层如贵族出现了令人瞩目的变动。著名社会史家劳伦斯·斯通研究发现，英国在 1558—1641 年出现了"贵族危机"，托尼注意到同一时期"乡绅在崛起"，在"入侵议会"。不过，城市中等阶级在 1590—1639 年，出现了规模显著的"向下流动"情形。① 如果说 1548—1589 年城市中等阶层呈现出一种"向上流动"态势，与之相连的是一种"政治稳定性"，那么"政治激进化"则与中等阶层"向下流动"携手并进。或许这是伦敦、诺里奇等城市主要市民阶层在内战中选择站在议会一方的重要原因，经济地位恶化使得市民行为日益激进，急于发泄胸中积聚的不满情绪。

当然，社会下层出现的地域流动更为令人吃惊的是，"过度的流动性"正在挑战斯图亚特王朝的统治秩序。在劳伦斯·斯通看来，在 1540—1640 年，英国社会各阶层的流动性大幅提高制造了不满，而不是满意。② 这在一定程度上构成了 17 世纪英国内战的背景。所以，对许多不幸的人来说，内战的到来是所处绝望之境的一种缓解，这正是苏格兰人越过边界后惊奇地发现未遭受抵抗并受到欢迎的原因。可见，人口流动不仅反映了流出地的社会经济形势变化，同时也是窥察政治精英和大众阶层舆情动向的窗口，

---

① 美国北卡罗来纳大学彼得·比尔曼等人考察了前工业时期英格兰城市中等阶级人士代与代之间的社会流动趋势，虽然是研究个案——诺里奇城市特权市民阶层的地位变动，但是很大程度上折射出 17 世纪上半叶英国社会政治暗流涌动，中等阶级地位恶化下降、行为日益激进化。Peter S. Bearman and Glenn Deane, "The Structure of Opportunity: Middle-Class Mobility in England, 1548-1689", *American Journal of Sociology*, Vol. 98, No. 1(Jul. 1992), pp.30–66.
② 参见 [美] 劳伦斯·斯通：《英国革命之起因（1529—1642）》，舒丽萍译，北京师范大学出版社 2018 年版，第 152—155 页。

是近代早期预示英国社会政治即将变革的敏锐晴雨表。

其实，很多城市流民就是乡村移民的一部分，他们原本不是流民，至少不是"作为流民"向伦敦迁移的，而是在城市化进程中未能融入城市社会，结果"变成了"流民。有学者比较了流民、学徒和劳动者三个群体的来源，发现三者之间存在相当"相似性"，只不过流民是"失败了的移民"，未能在城市找到稳定工作，生活失去了稳定保障，因为首都没有为他们提供开业、就业的条件，结果被贴上了"流民"标签，所以流民出现根本不是源于一种固有的、特殊的流氓文化。①那类充满敌意的评论，流露出近代早期城市普通民众对乡村移民的误解，同时也暴露了城市当局对外来流动人口的偏见与恐惧。

当然，近代早期的城市流民问题不能全部归因于乡村人口的大量迁移，但不可否认的是，的确与其存在重要关联。人口流动就像一枚硬币，正面带来了城市化的高歌猛进，另一面则是问题丛生、流民遍地，大量感化院、收容院、赈济所的建立正是为了应对这类流民失业问题。城市各类收容院最初的目的是安置"身体健康"的流民和妓女，为其提供工作，但因流民数量过多而不敷使用，到1600年时已经"全部超负荷运行"，结果整个伦敦"几乎就是一个收容院"，约翰·豪斯（John Howes）一语道出了16、17世纪英国城市化所面临贫困与失业问题的严峻性。②这一切都是伴随着伦敦城市化大发展而来的副产品。

城市人口失业与贫困问题在城市郊区体现得最鲜明。到1600年时，贫民窟在郊区已经大量出现，每天数以百计的年轻人、流民在大街上游荡，没有工作或没有生活来源。东伦敦在近代早期发展成为伦敦郊区的一个新

---

① Jonathan Barry, *The Tudor and Stuart Town, A Reader in English Urban History 1530–1688*, London and New York: Longman, 1990, p.122, p.126.

② R.H. Tawney and Eileen Power, *Tudor Economic Documents: Being Select Documents Illustrating the Economic and Social History of Tudor England, Volume III*, London: Longman, 1953, p.431, p.439.

第二章　近代早期英国乡村人口流动（上）："标准"模式

城，一个"伟大的城市"；与此同时，也成为英国最大的贫民窟所在地，"陋屋"成片，穷人、流民日益流动集中于东郊区。这真是莫大的讽刺！一方面，如果没有郊区的迅速发展，伦敦不可能在近代早期成长为英国城市史上的"巨人"，郊区贡献了伦敦城市近一半的人口，在首都城市化进程中占有半壁江山的重要地位；郊区的商品菜园、园艺农业对供应首都人口日常生活需要，为城市手工业提供基本的亚麻、牛皮、羊毛、啤酒花等生产原料，具有不可估量的重要意义。

但是，另一方面，郊区也成为伦敦最贫穷落后的地区。除东郊区外，其他郊区也面临同样的问题，其中北郊的圣吉尔斯教区、克拉肯韦尔（Clerkenwell）、圣斯代珀尔雷斯（St Stepulchre's）尤为严重，住房拥挤到了"危机"程度。①严重者如"有条小巷仅二十英尺长，两英尺六英寸宽，倘若不把棺材偏转，便搬不出来"，可见境况之恶劣程度；②地下室、小棚屋都"塞满了"各类房客，空气沉闷腥臭，极易于瘟疫、疾病扩散传播；泰晤士河之南的萨瑟克也是"乞丐穷人的滋生地"，贫民窟连成片，为城市的进一步有序健康发展投下了阴影。1589 年，政府禁止低于四英亩土地的居民建盖新屋，禁止"距伦敦各城门三英里内建造任何新房屋或公寓"等等。直到斯图亚特王朝早期，类似法令反复颁布，但收效甚微。③这些地方直到 18、19 世纪依然是贫穷、犯罪与疾病传播中心。可以说，后世大都市的贫民窟并不是现代社会的产物，而正是起源于这一时期，而且是伴随着近代城市社会一同到来的。显而易见，城市落后的经济社会体制无法吸收如此巨大规模的移民，以济贫法为中心的国家社会保障制度尚处于建设初

---

① Jonathan Barry, *The Tudor and Stuart Town, A Reader in English Urban History 1530–1688,* London and New York: Longman, 1990, p.126.
② [英]彼得·阿克罗伊德：《伦敦传》，翁海贞等译，译林出版社 2016 年版，第 389 页。
③ 当然，不只是郊区，伦敦主城区存在的各种社会问题同样严重。麦考莱曾经形容"圣詹姆斯广场垃圾成山、煤渣遍地"，"人行道狭窄泥泞不堪"，夜幕降临后，街道治安极差，"盗贼"、强盗、街边无赖、纨绔子弟都喜欢在夜里"耀武扬威"。[英]托马斯·麦考莱：《麦考莱英国史》第 1 卷，周旭、刘学谦译，北京时代华文书局 2013 年版，第 243—245 页。

期，快速城市化将近代早期城市这一缺陷暴露无遗。

于是，在此背景下，近代早期伦敦收容院的主要功能变成了"审判和惩罚"，最后大部分犯规者都被遣送回籍。由于相当一部分流民属于"累犯""重犯"，遭遣返后多次返回伦敦，于是城市当局将他们"运往美洲殖民地"，于1618—1619年、1622年运往弗吉尼亚、百慕大群岛、巴巴多斯群岛等地，以彻底消除这些"不受城市欢迎的人"、城市"不良分子"。当然，也存在主动移民国外的情形，一些流民作为"契约仆役"或"契约佣工"（indentured servants）迁往爱尔兰、北美南部新殖民点。

在传统农业社会里，尤其是在东方国家，这类情形大多都是移民在走投无路情况下的一种被迫选择，下海出洋意味着背井离乡、前途渺茫，所以农业社会安土重迁的思维对于人口流动有着不同的价值判断。而在近代早期的英国，这一行为不过是许多贫穷劳工、普通民众家庭成员的日常生活方式，远渡重洋是这种"流动生活方式"的一种逻辑延伸而已。此外，当局还强迫他们参加军队，前往国外如波希米亚作战。上述处置流民的方式实际上表明单一的国内处置方式具有局限性，政府试图尝试多种方式解决流民问题，向国外"输出人口"成为国内政策的一种自然延伸。历史是无情的，历史又是公平的。这些国内的"弃儿"由此开拓了海外殖民地，传播了母国文明，后来在北美洲、大洋洲等地建立了独立自主的国家。

近代早期，贫困人口流动在搅乱社会既有秩序的同时，也刺激国家政权不断强化其各级组织建设，成为近代英国国家政权和机构建设的动力源之一。都铎王朝在英国历史上一向有着"都铎专制"的恶名，尽管其专制程度同古代东方帝国的专制制度相去甚远，但与此前的金雀花王朝、兰开斯特王朝及约克王朝相比，还是出现了显著的"中央政府权力加强"、机构改革及治理专业化倾向。[①] 对于这一现象，学界多认为同玫瑰战争中传统

---

① 相关内容可参见郭方：《英国近代国家的形成——16世纪英国国家机构与职能的变革》，商务印书馆2007年版，第49—66页。

第二章 近代早期英国乡村人口流动（上）："标准"模式

贵族的大量消亡存在密切关系。实际上，都铎专制出现的原因是多方面的，既有社会上层精英贵族消亡对王权的制约效能降低，也有社会下层矛盾尖锐促成统治阶级调整治理机制、强化治理手段的缘故。

近代早期社会下层矛盾主要体现在反圈地的农民起义、骚乱，此外也体现在贫困人口数量激增、乡村社会两极分化严重方面。据估算，城乡各地生活在贫困线下的居民约占总人口的 1/3 至 1/2，乡村无地劳工、贫民相当一部分"长距离"迁移到以伦敦为首的大中城市，扰乱了首都及其他城市的政治、经济与社会秩序。"流民"是近代早期英国社会矛盾的体现和缩影，威胁到了都铎王朝统治秩序，最典型的莫过于 1549 年罗伯特·凯特兄弟领导的起义。[1] 加强对流民问题的治理，遣返、惩治、安置、救济、培训等一系列职能强化了中央和地方各级政府的权威，流民现象的长期存在使得许多临时性的治理、监管措施常态化，中央政府权力空前膨胀，国王的权威不断加强，"都铎专制"遂形成矣。借助于治理流民、人口流动问题，近代早期英国迈出了加强国家政权组织建设的重要一步。

另外，城乡之间、乡村内部，尤其是长距离人口流动不可避免地冲破了各地相对闭塞的状态，尽管从中世纪以来英国乡村各地庄园就不是完全封闭的、纯粹的自然经济，而现在大规模的人口流动则进一步打破了这种半封闭状态。马克思曾经论述过"交往与生产力"的关系，认为只有不断同外界保持沟通交往，生产力才能够保持并不断发展，否则再发达的文明都会失传、陨落，并列举了腓尼基人的例子。[2] 当然他所指的对象是不同民族国家之间交往的重要性，不过其中蕴含的原理也同样适用于一个国家内

---

[1] 1549 年罗伯特·凯特兄弟领导的起义是英国进入近代以来第一次，也是最大的一次农民起义，发生在人烟稠密、经济富裕、人口流动性很高的东南地区，以诺福克郡为中心，占领了郡首府诺里奇，起义规模达到 16000 人，参加者除"街上的人""田里的人"，还有很多外来流动人口，其中就有很多"流民"。Perez Zagorin, *Rebels and Rulers, 1500–1660, Vol. I, Society, State, and Early Modern Revolution: Agrarian and Urban Rebellions*, Cambridge University Press, 2003, p.208, p.209.

[2] 《马克思恩格斯文集》第 1 卷，人民出版社 2009 年版，第 560 页。

部的不同地区之间，只要打破国内各地区之间的闭塞自守状态，加强各地区之间"交往"，就会促进整个国家的生产力水平提高。这种交往当然可以通过多种方式实现，商贸往来、公文传递及福音传道都是交往的载体形式。

某种程度上，近代早期的英国人口流动扮演的正是"交往"这样的角色，有效"沟通"了城市与乡村、边缘地带与中心区，尽管普通乡民并无这种宏图大志，尽管许多城市排外气氛浓烈，但是频繁的人口流动，定期的、不定期的沟通交往，客观上就削弱了那种封闭的、狭隘的地方性，必然会加强各地区之间的经济联系，城市与乡村之间、各地区之间就会越来越"相互依赖"，民族市场由此逐渐形成。外来移民（immigrants）和不列颠岛内部的人口流动共同促进了这一过程。① 如果说外来移民或侨民的到来，在"自我—他者"对比中刺激了英国人自身的身份意识觉醒，那么不列颠岛内部的人口流动或移民则带来了更多的"共同认识"。英吉利民族认同、民族共同体逐渐形成。在土著居民同外来人口的沟通与交往中，超越地方的共同观念、意识和情感就会越来越多，从而使各个地区日益融合为一个相互联系的有机整体——民族国家。近代民族国家正是分散的各个地区、乡村及城市借助于"人口流动"这一有机媒介相互联系、相互交往而形成的直接产物。

当然，人口流动最直接的后果是对英国近代城市化进程的双重影响。追溯16、17世纪城市流民问题，可以发现伦敦城市化进程的复杂性与多面性，光鲜的城市化成就背后掩藏着醒目的教训，阴暗角落里蜷缩着大量贫民。需要强调的是，这绝不是伦敦特有的一种社会现象，而是在许多城市不同程度存在的。譬如，彼得·克拉克考察了1580—1640年肯特郡的3

---

① "immigrant"一词出现较晚，大概是18世纪晚期之后，据《牛津英语词典》"不早于1792年"。不过，在近代早期英国人对来自国外的群体保持着一定警惕性，通常用"alien""stranger"来指代他们。Scott K. Oldenburg, *Alien Albion: Literature and Immigration in Early Modern England*, University of Toronto Press, 2014, p.4.

第二章　近代早期英国乡村人口流动（上）："标准"模式

个城镇，通过分析1000多份法庭证人陈述词，① 发现城市社会秩序受到大量长途"生计型"移民的严重影响，原本是依靠移民而存续的城市变得封闭、排外，近代城市文化的"保守性"大概由此而来。

当然，与此同时，也不乏有中上层体面人士在当地以"短距离"迁徙流动的形式存在着，这些"改善型"移民觊觎城市既定权威、意图分享现有政治权力也带来很大挑战。或许，这在一定程度上就是某些学者所说的"人口的地理流动正在扮演'稳定破坏者'（destabilizer）"的角色，是一种最令人生畏的"人口统计学鉴别器"（demographic differentiator）②。不难看出，这种现象在一定程度上反映了近代早期英国城市化进程中工业发展、市政制度建设双重"滞后"的问题，既没有新型产业吸纳乡村劳动力，也没有打破寡头政治、民主的城市管理制度。这一幕在现代第三世界某些国家还在上演着，"没有工业化"的城市化进程同数百年前的历史何其相似也！

---

① 证人在出席法庭提供证据时，一般而言会首先做一简短的自传性陈述，譬如姓名、年龄、职业、居住地点及时限，有时还有以前居住地的细节，其目的是使法庭充分了解证人，证词的可信度、能否被采信与此有很大关系。该做法在坎特伯雷等地区成为通例，显然对于研究英格兰东部地区人口流动与移民是很有价值的史料。

② R. A. Dodgshon and R. A. Butlin (eds.), *An Historical Geography of England and Wales*, London: Academic Press Limited, 1990, p.175.

第三章

近代早期英国乡村人口流动（下）：非"标准"模式

近代早期英国人口流动是复杂的、多向度的。英国社会这一固有的社会现象并没有因王朝更迭换代、宗教改革及英国资产阶级革命等重大事件而消失，再次证实了自身所具有的"社会结构性特征"。1660年斯图亚特王朝复辟后，城乡人口流动现象依然广泛存在。据研究，英格兰中部、东部及南部部分地区，城镇男性居民一生中至少流动迁移一次的占比为60%，乡村则为70%，城市女性流动程度稍逊于男性，不过乡村女性丝毫不亚于男性，其中曾经迁徙流动的占比为3/4，尤以东南部的肯特郡为高。① 这再次充分说明城乡人口流动是跨越制度、社会形态的一种社会现象，具有长期性、普遍性及复杂性等特征，对近代英国经济社会发展影响深远。

一、"短距离"流动

除通常学者们普遍关注的"标准"模式（"乡村—城市"的流动）外，近代早期还有乡村内部各村落之间、各城市之间以及"乡村—城市—乡村"之间"循环流动"等各种流动形式，其中"短距离"流动成为这一时期突出的一种移民形式。这些形式构成了一个完整的人口流动网络，连接了乡村与城市、农业区与牧区、内陆山区与沿海平原，在交通条件比较落

---

① Peter Clark, "Migration in England during the Late Seventeenth and Early Eighteenth Centuries", *Past & Present*, No. 83(May 1979), pp.62—65.

第三章　近代早期英国乡村人口流动（下）：非"标准"模式

后的情况下有利于城乡之间互通有无，促进了岛内部人力、物资、技术乃至思想观念的流通，在给城市社会带来巨大压力的同时，也推动了英国社会转型与社会进步。

（一）"短距离"的社会含义

近代早期，英国城乡居民的"短距离"流动是非常普遍的，熙熙攘攘，来来往往，占据人口流动的主流形式。绝大部分村民往来穿梭于村庄之间、村镇和城镇之间"循环流动"，从事农业劳动、手工产品制作及各种乡村工业的生产活动；城市中下层居民也同样如此，送孩子前往其他城市，做佣工或做学徒，或赶赴城郊、附近村庄打工赚钱，[①]像蚂蚁一样忙忙碌碌，流动情形一年四季不绝，农忙季节尤其如此。一般而言，大部分居民流动距离大约为10英里，都是在当地，甚至还有更多村民主要在村庄4—5英里范围内频繁流动的情形。进入17世纪下半叶以来，英国人口流动的"地方化"倾向更为普遍。可以说，流动是近代早期英国社会的一个重要特征，英吉利是一个"好动"的民族。

彼得·克拉克研究了1660—1730年的诺里奇、牛津、考文垂等7个地区的教区法庭的证人证词，进一步证实了这一点。他发现这一时期的城市与乡村人口都存在以"短距离"流动为主的社会现象，称其为"人口流动地方化"，调查样本中一半以上的居民流动在10英里之内，其中乡村居民"地方化"程度尤甚于城市居民，[②]比之中世纪时期大部分农奴逃亡城市时的

---

① 近代早期家庭农场的建立，使得家庭劳动力不敷使用，一般而言，雇用三四名佣工、学徒、女仆工是很普遍的现象，或现金或包吃住，当然也是一笔不小的开支。伯克郡一个普通的家庭农场罗伯特·洛德（R. Loder）的家庭账簿清晰揭示了这一点。Joan Thirsk and J. P. Cooper, *Seventeenth-Century Economic Documents*, Oxford: Clarendon Press, 1972, p.121.

② 这一时期也存在城乡居民的长距离流动，但比例很低，乡村超过40英里的不到10%，超过100英里的仅有3.2%。相比较而言，城市居民长距离流动比例要高一些，分别为19.2%和8.2%。这同16世纪、17世纪上半叶的人口流动情形存在一定差异。尽管如此，仍旧可以发现短距离流动在人口流动结构中的主导性地位。Peter Clark, "Migration in England during the Late Seventeenth and Early Eighteenth Centuries", *Past & Present*, No. 83(May 1979), pp.62–65.

迁徙路程明显短很多，称其为"短距离"名副其实。除了地理上的流动距离发生变化之外，近代人口的地域性流动也有别于中世纪时期，已经包含着新的社会含义。

在近代早期英国，"短距离"并不意味着这一时期乡村居民流动性差、迁移能力低；恰恰相反，相比于中世纪时期，它体现出了一种进步性。当然，中世纪时期除农奴逃亡的较长距离外，也不乏大量短距离的村民流动现象。譬如勃拉克顿提出过的"市场距离"论，麦克·克鲁尔（McClure）等人的"城市规模与移民流动距离"相关度等研究都证实了中世纪乡村里"短距离"流动的大量存在。但是，所有的"短距离"流动都受到一种更大力量或机制的支配，这就是庄园的领主权。至于长距离迁徙，更是受到封建领主的干预。长距离流动意味着脱离领主控制，不仅暗示着人身依附关系减弱，也意味着一份财产流失。农奴阶层的逃亡流动就是最典型的案例。相较于普通村民在村庄之间打工流动，农奴"逃亡"流动、迁移距离较远，多在数十英里之上，目的地明确——拥有"自由空气"的城市，其主要目的之一是逃避封建领主追捕，防止被追回而恢复奴役地位。

正是领主的"塑形性影响"（formative influence）使得中世纪农民的流动迁徙有别于后来的移民。所以，中世纪的人口流动除受市场、城市自由等影响之外，还要受到一种市场之上力量的强制支配——超经济强制。① 而在近代早期，短距离意味着乡村居民可以频繁流动，频率高、成本低，同时也表明流动人口人身自由程度高，简言之即"流动性高"。所以，近代早期的"短距离"人口流动，暗示着相对自由的劳动力市场正在逐渐形成。这样看，短距离的"无序"流动实际上遵循着近代早期的市场规则，正在

---

① 这种超经济强制体现了封建主对乡村劳动力的人身控制，显示了劳动力市场还未摆脱政治法律等市场之外力量的干预，有学者称其为"中世纪人口流动中的'核心变量'（quintessential variable）"。David Postles, "Migration and Mobility in A Less Mature Economy: English Internal Migration, c. 1200-1350", *Social History*, Vol. 25, No. 3(Oct. 2000), pp.285-299.

第三章　近代早期英国乡村人口流动（下）：非"标准"模式

摆脱"政治附属物"的束缚，这样的人口流动无疑体现了一定社会进步性。

（二）"短距离"流动的重要价值

近代早期的"短距离"流动在经济上有意义吗，地位如何，能够产生重要的社会影响吗？学者们的不同认识更推动我们探究"短距离"流动的社会价值。

毋庸置疑，一些历史学家并不看重这种熙熙攘攘、杂乱无章的"短距离"流动。通常而言，他们往往更关注长距离的、"有序"、"乡村—城市"的"单向"度移民，因为该类型移民造成的社会后果显著。就近代早期的英国而言，这类移民主要指的是从乡村移民迁移到小城镇、从小城镇迁移到大城镇乃至国家政治中心——首都伦敦的流动模式。应该承认，这是16、17世纪人口流动最重要的趋向之一，不仅对英国近代早期城市化进程产生了积极影响，而且给英国向城市社会和工业社会转型带来不可估量的社会作用。这类移民活动受到研究者关注自然是无可厚非的。

然而，令人遗憾的是，此派学者在褒扬这类人口流动时，往往轻视或贬低其他形式的人口流动，其中就包括"短距离"人口流动。典型如城市史专家约翰·帕滕（John Patten）等人就持此论，认为那种从乡村迁移向城市"不甚频繁、永久的流动"，才是"真正的"移民，而且是人口迁移和移民的标准范式，而其他大多数人口流动则是"无目的"，没有产生什么"社会影响"。[①] 像帕滕这样看待人口流动问题的学者并非孤立个案，而是大有人在。研究近代早期乡村问题的安·库斯莫（Ann Kussmaul）也认为，农场雇工或佣工虽然流动频繁，但是距离"不远"，好像是"在一个密封的容器里流动"，对于现代化所要求于英国社会的"流动性"前提，不可能是一个"主要因素"等等。[②] 从这里可以看出，库斯莫对乡村农场雇工的"短

---

① John Patten, *English Towns 1500–1700: Studies in Historical Geography*, Folkestone, 1978, pp.236–237.
② Ann Kussmaul, *Servants in Husbandry in Early Modern England*, Cambridge University Press, 2008, p.66.

距离"频繁流动也不看好,将其比喻为"在一个密封的容器里流动",而在"密封的容器里"的这种人口流动,其影响必然是有限的,不可能产生突破性的社会后果。以上帕滕、库斯莫的观点代表了一部分学者的认识,这些学者显然更为看重人口永久流动的后果与趋向,是以城市为中心、以城市化水平乃至现代化为依归与评价标准的,当然这种认识也在一定程度上反映了20世纪七八十年代社会各界普遍关注城市化问题这一历史事实。

不过,这种乡村劳动力向城市永久迁移的"标准"模式仅仅是近代早期英国诸多人口流动形式中的一种,虽然是"最重要"的一种人口流动,但从比例上看只有一小部分乡民参与"标准"模式,毕竟在16世纪初城市人口占总人口的比例仅为15%左右,到工业革命前夕也没有超过25%。[①]可见,永久性移民到城市的乡村人口仅有1/5左右,在这种事实面前,研究者没有理由不去研究、关注另外那些在人口流动结构中占据"主流"地位的人口流动现象。相比于那些在城市中立足扎根、转变身份的成功移民,这些流动人口身份更普通、社会地位更卑微,作为劳苦大众的形象更为鲜明,新史学如果倡导"书写普通人的历史",又岂能忽视他们的存在,缺少了4/5普通人的人口流动史岂非残缺不全,又何谈研究全面、权威而具有说服力?!

此外,随着研究深入,学者们发现人口流动现象从来不是单向的、一维的,而是复杂的、多向度的。实际上,近代早期的确存在着大量无序的、"循环流动"、城镇"回流"乃至仅仅局限于村落之间的"季节性"人口流动。而在近代早期的英国,绝大部分的人口流动都属于这种短期的、短距离的、循环的"无序"流动,他们是乡村社会农业生产和社会生活的组成

---

① 这里采用的"城市人口量"标准比较低,大概为四五百人,倘若人口量标准或阈值提高到2000人或5000人,则城市化水平就会相应下降5—10个百分点。譬如,以5000人为城市人口"阈值",则1520年、1700年英国城市化率仅为5.25%和17%。Stephen Broadbery, Bruce M. S. Campbell, Alexander Klein, Mark Overton and Bas von Leeuwen, *British Economic Growth, 1270–1870*, Cambridge University Press, 2015, pp.340–363.

第三章 近代早期英国乡村人口流动（下）：非"标准"模式

部分，揭示的不仅是普通乡民的生存状态，也在一定程度上揭示了他们的思想观念嬗变。"标准"模式的人口流动形式固然重要，但很显然它将复杂多变的人口流动现象简单化，化为一种单向的人口流动与迁移。虽然它清晰地指向了近代城市化的历史进程，但显然无力说明广大乡村社会因"无序"、短距离流动所发生的巨大变革。如果说"标准"模式是从"底层向上看"研究城市化问题，那么，关注非"标准"模式下的人口流动现象则是对奉行"人民群众是历史的创造者"的唯物史观更彻底、更深入的实践。

因此，短距离的、"无目的"的地域流动不容忽视，它们占有独特的地位，是透视广大乡村社会变迁的一个窗口，更是城乡庞大的人口流动的重要组成部分。即便从这部分流动人口所占的巨大比例来看，也应给予其重点关注并加以详尽研究；更重要的是，非"标准"模式下的人口流动并不限于乡村社会内部，还有循环往返于城乡之间的"移民潮"，可见也是探究近代城乡关系的重要途径之一。这些无序的人口流动汇合成了一张无边大网，连接着谷物种植区、牧区、乡村工业区，甚至还连接着内陆山区与沿海贸易港口，像无数条溪流将分散的乡村与城市编织联结在一起。

总之，在这张覆盖不列颠岛各个角落的巨大的人口流动网络中，城乡之间，尤其是广大乡村各地区之间通过人口流动而密切相连，实现了人力、物资、资金、技术乃至思想观念的交流。更多看似杂乱无章、不同形式的人口流动将英格兰各个地区联为一体，区域性乃至全国性的劳动力市场由此逐渐形成，劳动力资源由此得到更为合理的利用。所以，那些看似无序的人口流动在这张网络中有着不可估量的意义，是有不可替代的研究价值的。

（三）"短距离"流动是一种社会结构

"短距离"流动存在多种形式。除了日常流动外，乡村社会因农业生产的季节性特点还有一种"季节性"流动，即在农忙收割季节，村民们集体"流动"打工，往返于各处农场、村庄，有时也会跨地区、跨郡打工。这是一种"短期"流动,集中在夏末季节,持续一周左右即告结束。这时"收割"就成为一只"有形"的大手,调控着乡村劳动力市场的秩序,有时也会影响城市经济生产节奏,附近城镇居民会来乡下"帮工",当然,后者提供的是一种有偿劳动。城乡劳动力在这里交汇在一起。此时的人口流动是社会一种强大的黏合力量,将城镇同其内陆的村庄整合在一起,将不同地区的共同体联系起来,使各地在保持自治与独立性的同时拥有一种更大的共同性,其影响往往是地方政治机构所达不到的。

这类季节性人口流动很有规律,年复一年,已经同乡村农业生产活动融为一体,成为乡村农业生活的组成部分。无疑,它表明近代早期英国乡村社会不仅具有较大的地域流动性,而且是一种符合农业生产特征的规律性流动。不过季节性流动不是一种新现象,中世纪时期即已有之,H.S.贝内特(H.S. Bennet)在考察中世纪英国庄园时就发现,村庄里的居民经常外出打工,农忙季节流动频繁。这就是一种典型的季节性流动,可见这一现象由来已久。[1] 人口史家钱伯斯甚至认为,15世纪村民的流动已经"预示了18世纪的人口流动",可以说"18世纪亨廷顿郡村庄之间人口流动模式,无须大的调整,就可以安放在15世纪拉姆齐庄园的农民身上"。[2] 钱伯斯显然是夸大了15世纪同18世纪人口流动之间的相似性,忽视了两个时期人口流动现象之间的差异。不过,钱伯斯有一点是正确的,那就是人口流动现象在中世纪晚期和近代早期之间存在明显的继承关系。农业生产的"季节性"特征并未因时间演进而消失,随之而来的"季节性"人口流

---

[1] 中世纪因农业生产的"季节性"而产生的人口流动现象,同近代早期的季节性流动是有区别的,前者需要领主的批准,"暂时性的流动"并不是封建制度"弱化"的表征,而后者早已突破了庄园体制的限制。当然,随着对流民的管制、定居法的颁布,城乡人口流动迁移也不是自由的,某种意义上变成了政府或国家的"农奴"。T. H. Aston and C. H. E. Philpin, *The Brenner Debate: Agrarian Class Structure and Economic Development in Pre-industrial Europe,* Cambridge University Press, 2002, p.194.

[2] J.D. Chambers, *Population, Economy, and Society in Pre-industrial England,* Oxford University Press, 1972, p.45.

第三章　近代早期英国乡村人口流动（下）：非"标准"模式

动当然也不会消失。

无论是就移民个体还是就村庄共同体而言，乡村社会的流动性都是很强的。有的地区还存在一些家庭"集体"流动迁移行为。教会堂区登记的姓氏记录对此提供了一项有力证据。教名登记簿显示，村庄层面的人口在整体上更替程度很高，譬如1600—1634年萨福克郡的哈尼格（Honiger）登记的63个家庭姓氏，在1700—1724年的登记簿里只有2个可以找到。这种情形显然不是短期、个体村民流动能够造成的结果，而且这样的村庄也不是非常罕见、绝无仅有的。北安普敦郡的科根厚村（Cogenhoe），在1618—1628年有一半人口消失、更替，而诺丁汉郡的克莱沃斯村（Clayworth）在1676—1688年，人口更替比例达到2/3，这些消失的人口中只有1/3是死亡的，可见大部分人口是移民或迁往他处了，他们一生之中居住的地点显然不止一处。① 这些村庄是比较典型的流动程度高的案例，但显然具有相当普遍性。譬如，理查德·伍德（R. Wood），在17世纪晚期人口调查时登记的身份是斯塔福德郡艾克尔肖尔（Eccleshall）的一名染工，但他实际上是出生在12英里之外特伦特河畔的斯托克（Stoke-on-Trent）村，曾经在什罗普郡的新港（Newport）做了6个月的佣工，在艾克尔肖尔做了1年佣工，在艾什顿做了2年佣工，在斯托克一个叫巴克内尔（Bucknallhamlet）的小村子做佣工1年，最后返回艾克尔肖尔又做了1年的佣工，随之他结婚成家定居于该地，做了一名小店主或手艺人（tradesman）。②

上述理查德·伍德的经历清晰地展示了他的流动地点、时间、路线及从事职业，可以说在城乡年轻人中很有代表性。流动迁移既是一次打工赚

---

① 17世纪诺丁汉郡的克莱沃斯村可以视为近代人口具有高度流动性的典型地区，曾经有学者专门以其为例，与新英格兰马萨诸塞州戴德姆镇（Dedham）对比，以证明后者人口流动程度低、社会秩序稳定。这种观点遭到澳大利亚学者的质疑。W. R. Prest, "Stability and Change in Old and New England: Clayworth and Dedham", *The Journal of Interdisciplinary History*, Vol. 6, No. 3 (Winter 1976), p. 359.

② Keith Wrightson, *English Society 1580–1680*, Routledge, 2006, p.50.

钱的行为，也是年轻人在成家立业之前必经的一个生活阶段，是一种生活方式、生活习惯。一俟结婚定居之后，他们又将自己的孩子以同样的方式打发出去，新一轮的流动打工又开始了。可见，这种流动性本身浸淫在乡村社会环境下，实际上已经融入乡村生活，成为其组成部分，至少对中下层社会而言，已经沉淀为一种生活习俗。

本书无意将地理上的"流动性"视为"现代性"的要素之一，东方国家某些王朝末期的大规模流民"周期性爆发"从来没有带来现代化变革。不过需要注意的是，近代早期英国社会的人口流动现象是一种中下层普通民众的日常行为，呈现出水平流动和垂直流动两个方向，既满足普通人生产生活需求，也会改变其原有社会地位，因而具有生产性和常态性。当日常"流动性"与生产相结合时，"流动性"就成为一种习俗、准制度，它实际上已经演变为一种社会"结构"。显然，这种流动性同社会变革、社会转型之间具有直接关联性。从这个角度来看，近代早期英国乡村农民的"地理流动性"具有典型的"非农民社会"色彩，不同于地理上比较稳定的东方农业社会。[①] 就此而言，的确易于社会变革而与现代化更近一步。

二、"短距离"流动的类型及其演变

（一）"改善型"与"生计型"

近代早期，英国城乡人口流动呈现不同的类型。英国人口史专家彼得·克拉克在分析肯特郡城镇移民模式时，提出了"改善型"与"生计型"两种移民，这两种移民类型大体上也适用于其他地区，还有一些移民兼具两种特征，存在着上升为"改善型"或下降为"生计型"两种倾向。相对而言，前者流动距离短，经过一定筹划，属于主动性流动；后者流动距离

[①] 英国著名历史学者麦克法兰即将"地理上的流动性"视为16、17世纪英国已不是"农民社会"的标志之一，并将其回溯至13世纪。[英] 艾伦·麦克法兰：《英国个人主义的起源——家庭、财产权和社会转型》，管可秾译，商务印书馆2008年版，第82—105页。

第三章 近代早期英国乡村人口流动（下）：非"标准"模式

远，更多是被迫无奈之举。不过这两类流动人口在构成上并非泾渭分明，前者常常来自乡村，也不乏一些小城镇向大中城市迁移市民；后者在16世纪下半叶有相当大比例农村居民，但也包括一部分城市贫困居民在各城市之间内部移民。①

不同阶层的流动也展示出各自的特征，同以往时期相比较，这两种人口流动类型都体现出了一种历史继承性与延续性，不过延续之中也有变化。社会下层尤其是茅舍农、无地劳工流动是最为频繁的，农场主、约曼和农夫流动性次之。茅舍农群体四处打工、"循环流动"，补充微薄的土地收入以养家糊口，他们的经济动机居于首位，其中部分人口跨越数郡，在城市之间反复流动，基本上可以同"长距离"流动画等号。除东部地区外，英格兰中部地区人口流动也呈现出同样特征，譬如伍斯特郡的博韦克（Powick）、埃塞克斯郡的科尔维顿-伊斯特夫（Kelvedon Easterford）居民中，绅士、农场主阶层稳定性最高，社会地位与地域流动性成反比关系，扣除自然死亡后家庭更迭比例最高的依然是劳工阶层。什罗普郡的米德尔和埃塞克斯郡的特林村的阶层流动情况也大体相同，社会各阶层流动程度不同，流动目标也有显著差异。一般而言，约曼、农场主阶层的流动追求更高的发展目标，"短距离"流动为主要形式，包括他们送其子女去外地做佣工、学徒，都属于"改善型"流动，目的地大多为附近乡村或城镇；而劳工阶层则多属于"生计型"流动，虽不乏各村各庄之间的"短距离"频繁流动，但也存在一些居民长途迁移城市，寻求更好的生计。

在16世纪、17世纪早期，这两种类型不仅存在城市居民中，同样也存在广大乡村地区，只不过"生计型"移民有时通过不同的流动方式体现出来。譬如，16世纪90年代谷物连续歉收，肯特郡富裕的教会堂区奇丁

---

① P. Clark, "The Migration in Kentish Towns 1580–1640", in P. Clark and P. Slack(eds.), *Crisis and Order in English Towns 1500–1700: Essays in Urban History*, London: Routledge & K.Paul, 1972, pp.134–138.

顿（Chiddington）和绍尼（Shorne）济贫税拖欠数额一直占总额的 10%—15%，有些乡村居民无法负担济贫费用，以至于为躲避济贫税而迁移出走。17 世纪初年经济危机蔓延，拒付济贫税的地域较以往更多，平原区的圣马丁斯（St Martins-in-the-Fields）在 1633 年、1635 年、1638 年连续数年拒绝评估缴税，南部一些港口城市也名列其中，典型如朴次茅斯。这类情形甚至波及伦敦附近郡乡。米德尔塞克斯郡依灵（Ealing）的地方官员抱怨"有些教会堂区居民迁移出走，为的是逃避济贫税评估"。柴郡的大陪审团在 1626 年也诉苦："根本没有人为他们几个堂区的穷人提供救济品。"[①] 面对如此窘况，巡回法官们不得不采取扣押财产、威胁处以监禁于感化院等措施以征收济贫税，这大概是造成一些村民选择迁移出走的理由。

实际上，乡村大部分下层居民的人口流动无不直接或间接与生计相关联，即便是前往北美大陆的清教徒移民，除躲避宗教迫害而外迁的动机之外，也不乏有前往新世界寻求土地与财富的想法。近代乡村的人口流动模式一定程度上是中世纪以来的一种延续。当然，在中世纪也存在活跃的劳工阶层，四处流动打工。不过，在中世纪人口流动模式中，还有相当一部分流动人口包括逃亡农奴属于"半资产者"，从扣押的大牲畜、谷物及羊毛可以证实这一点，他们逃亡是为了追求城市"自由的空气"，从而摆脱低下的农奴地位。这显然不是一种物质追求，与近代早期以来的乡村下层人口流动还是有区别的，后者更多的是出于生计与经济改善目的而流动。所以，近代早期城乡人口流动背后的经济动机非常鲜明，这也是近代城市化的重要动力机制之一。

对大多数民众而言，近代早期，尤其在 17 世纪中叶之前，英国经济是一种"生计经济"或"糊口经济"。这种"糊口经济"在遭遇庄稼歉收时更

---

① 由于灾荒与危机原因，各地济贫税征收大幅上升，有的高达平时的 2 倍或 3 倍，最典型的是北安普敦郡与格洛斯特郡。Steve Hindle, *The State and Social Change in Modern England, 1550–1640*, New York: Palgrave Publishing, 2002, pp.168–169.

第三章　近代早期英国乡村人口流动（下）：非"标准"模式

加脆弱，决定了人口流动成员的"糊口"特征。不难理解，近代早期，尤其是16世纪的英国城乡居民中生活在贫困线上的比例很高，许多郡乡都在30%—40%，个别地区甚或接近一半，可见小农或雇工的"黄金时代"早已一去不返。所以近代早期英国人口流动构成中的一个重要特征是贫困人口数量大为增加，① 即"生计型"移民在流动人口大军中占据主导地位。这种情形不仅超出了传统济贫机构的赈济能力，而且威胁到了都铎王朝及后来斯图亚特王朝统治秩序的稳定。为了消除贫困人口流动带来的威胁，爱德华六世时期（1547—1553年），萨默赛特公爵摄政，一改亨利八世时期红衣主教沃尔西"向贫困开战"（war on the poverty）的做法，提出"向贫困的制造者开战"（war on the poor makers）。显然，这是认为圈地是造成穷人数量上升的一个重要原因。为此，公爵领导下的摄政政府积极向圈地者施压，对羊毛征税、恢复圈地委员会，调查乡村因圈地发生的骚乱，惩治一些圈地者等，希望以此减缓乡村社会正在涌起的土地变革，减少乡村失去土地的流民发生。

但是，政府以维护社会稳定为意图的反圈地法令难以贯彻执行，收效甚微，因为圈地者主观上并非社会秩序的"破坏者"、动乱分子，恰恰相反，他们都是各地乡绅、约曼乃至家境殷实的农人。一言以蔽之，他们是这个社会的主要支柱和依靠力量。这些人之所以圈地，其动力主要来自整合地块、提高土地产出从而获得大量市场利润。所以，圈地实际上是"提高土地生产率或利润率的一种方法"，其本质上是农业生产力提高的重要表现。② 研究都铎史的英国著名史家埃尔顿认为，圈地是英格兰农村发生的一

---

① 一系列因素促成了贫困人口大量出现，譬如1542—1551年，通货膨胀因货币贬值而恶化；庄稼在1545年、1549—1551年、1555—1556年连续歉收，鼠疫也在1543年、1544—1546年、1549—1551年频繁暴发，1549年和1554年的国内叛乱及对苏格兰战争更是雪上加霜；加之，1551年开始的呢绒业衰退及修道院解散，造成了全国500多所济贫机构有近一半关闭。Paul A. Fideler, *Social Welfare in Pre-industrial England*, New York: Palgrave Macmillan, 2006, p.80.
② Joan Thirsk, "Tudor Enclosures", in *The Rural Economy of England Collected Essays*, the Hambledon Press, 1984, p.71.

场土地所有权和生产方式的革命,是一场"真正的农业革命"。①历史的复杂性在于,一场进步性质的社会运动带来的不全是积极影响,也会带来一些消极的、负面的后果,譬如大量农民流离失所。或许,这就是社会变革所付出的代价。

当时的人正是站在道德家的立场上抨击圈地运动的,维护敞田制度,就是在维护传统的社会价值观,也是在维护传统的经济伦理。所以,敞田制代表的就不仅仅是生产落后、效率低下,还有进步的一面,这就是当时人们所称道的平均、"公平"与和谐。唯有如此,才能理解一种效率低下的农业耕作制度竟然绵延了千年之久,因为它维持了乡村社会里绝大多数居民心中渴望的社会效益——公平。②看来,不患寡而患不均,是任何社会里大多数民众所共同承认的一种价值取向。

不过,在新的利益追求下,传统价值观的堤坝开始崩塌了。天下熙熙,皆为利来,天下攘攘,皆为利往。领主、乡绅、约曼、大农等都卷入了整合土地、侵占荒地公地的圈地狂潮,巨额的羊毛利润、农业利润正在催生新的耕作制度,正在塑造新的经济伦理与价值标准。归根结底,是大幅提高的农业生产率最终击败了政府的政策法令,也摧毁了传统卫道士的道德说教。正如火车头和蒸汽机后来碾碎印度纺织工的手纺车一般,圈地后的大农场和专业化生产也击溃了分散条田的庄园敞田制,小块土地低效、无利润,迫使小屋农和小佃农不得不卖掉土地加入流浪者大军。16世纪四五十年代不利的气候因素也加速了小农阶层的破产进程。③据记载,这是16世纪谷物歉收最频

---

① G. R. Elton, *England under Tudors,* New York: Routledge, 1991, p.231.
② Carl J. Dahlman, *The Open Field System and Beyond, A Property Right Analysis of An Economic Institution*, Cambridge University Press, 2008, p.30.
③ 在气候史学者看来,欧洲在16、17世纪进入"小冰河"时代,气候复杂多变,极端天气频发,整体温度偏湿冷,严重影响农作物生长周期,谷物歉收及饥馑是在此背景之下出现的。[美]布莱恩·费根:《小冰河时代:气候如何改变历史(1300—1850)》,苏静涛译,浙江大学出版社2013年版,第99、107、113页。

繁的一段时期，1549—1551年、1554—1556年连年谷物歉收大大恶化了中下层民众的生存环境，即便是农场主，也"仅有40%的年份获得好收成"。显而易见，爱德华六世的摄政政府未能消除"贫困"的"制造者"，"血腥女王"玛丽一世也未能阻挡滚滚向前的圈地大潮。因此，城乡贫困人口，尤其是乡村失去土地的农民未见减少反而逐年增加。

（二）伊丽莎白时代及17世纪早期的社会管控与人口流动

伊丽莎白时代是英国贫困人口最多的时期之一，也是流民问题最严重的时期。17世纪上半叶的经济危机很大程度上延续并恶化了流民和贫困问题，大部分居民生活水平显著下降，因而大量关于流民与济贫法令也涌现于这一时期。

在伊丽莎白时代，政府及议会强化了社会管控政策，关注重点转向流民本身，意图阻止"生计型"流动人口传导给城市的财政压力效应，所以颁布的法令多为强制流民返回原教区，限制无证乞丐、乡民自由流动，但收效依然有限。譬如，1562—1563年的济贫法和工匠法规定：乞丐必须持有所在基层教会堂区官员开具的书面"证明文件"，佣工在佣期结束后也"不得离开城市或堂区去另一地"，也不得"离开最后服佣之郡"，除非他们拥有"盖着城市或法人城镇印章的证明……该城两名诚实户主担保证明……宣布他是合法离开的"。①

从这里可以看出，城乡人口流动的合法性取决于是否拥有一纸文书——"证明"，而"证明"需要堂区官员出具，离开城市则需要城市法人机构盖章证明。开具这类证明显然并不容易，堂区官员、城市法人机构都会详加询问，甚至责难斥责，考虑到他们没有薪资，完全可能借此机会敲诈申请者一笔钱财。显然，大部分"生计型"流动人口是付不起这笔

---

① Ian W. Archer and F. Douglas Price, *English Historical Documents 1558–1603, Vol. V(A)*, London and New York: Routledge, 2011, p.70.

"证明"费用的,所以他们只能是"无证"移民,悄悄地迁移出堂区或不经允许而离开城市,变成了政府各级部门追捕堵截的流民。

根据 1562 年的济贫法规定:证明文件需要在雇主所在堂区登记;对于不能出具证明文件的佣工,雇主不得接纳留用,还要将其处于监禁直到其获得证明文件,期限为 21 天;上述佣工倘若在期限内未能获得证明,则被处以鞭打,按照流民处理;对于收留这类流动人员的雇主,则每次处以 5 英镑罚款……①

显而易见,伊丽莎白时代的济贫法对人口流动管控是相当严格的,不仅针对流动人口本身,对接纳流动人口的雇主也有相应约束条款,罚款的数额之大足以对其形成威慑效应。

除中央政府与议会颁布的法令外,英国各地也制定了详细的法规条例。譬如,1598 年,康斯坦丁教区委员会(Constantine vestry)强迫所有地主自己承担"供养寄宿者及其家庭"的费用;1608 年,萨福克郡的博克斯福德(Boxford)教区委员会规定,寄宿者只有先得到 6 名主要居民同意,并签署补偿契约而后方能得到允许;17 世纪 30 年代,诺森伯兰郡赫克瑟姆(Hexham)教区委员会坚持驱逐那些"被收容者"(inmates),防止他们损害城镇利益;1642 年,北约克郡的贝德尔(Bedale)当局要求,"陌生人"被收留的 14 天之前,需要向教区委员会发布通知;1654 年,林肯郡的弗兰姆普敦(Frampton)规定,任何居民户主未经教区委员会委员许可,擅自接受寄宿者,处以罚金 20 英镑;东约克郡的霍姆普敦(Holmpton)当地警官一直严格执行"驱逐法令",另一地西格尔斯绍恩(Sigglesthorne)则将驱逐令执行到了 1700 年;18 世纪初,伯克郡的科尔斯希尔(Coleshill)教区委员会命令,雇工如若不是本区居民,不能加以雇用,对违犯的雇主

---

① Ian W. Archer and F. Douglas Price, *English Historical Documents 1558–1603, Vol. V(A)*, London and New York: Routledge, 2011, p.71.

第三章　近代早期英国乡村人口流动（下）：非"标准"模式

处以罚金；1630 年，兰开夏郡的奥顿（Aughton）堂区禁止居民"接受单身怀孕女性"为寄宿者；某些堂区几乎不近人情，如利松（Lytham）将禁令扩大到堂区自身的居民群体，即便是父母亲也不能"给未婚有孕的女儿"提供房间。①

以上列举的细节足以说明中央政府及地方当局对流动人口管控之严格，禁止随意接受外来"陌生者"乃至打工者。对于寻衅滋事的流民，则处以各种刑事惩罚，直至死刑。譬如，16 世纪 90 年代，谷物连续歉收，1594 年歉收造成粮价飙升，剑桥、牛津和诺丁汉三郡粮价是上一年的 2 倍；1596—1597 年，粮价达到英国有史以来最高点，并引发了饥荒。从地理上看，饥荒在西部、北部地区尤其严重。典型如 16 世纪 90 年代和 17 世纪 20 年代的粮食歉收造成的饥荒，使得死亡率大大高出平常，乡村移民"像洪水一般涌向城镇"②，有些流民借机偷盗、抢劫、勒索当地居民，巡回法官采用了死刑，以儆效尤，其中 1598 年在德文有 74 人被判处死刑。③血腥程度由此可见一斑。

伴随谷物歉收、饥荒而来的不仅是饥民，贫困、"生计型"人口流动性增加，还有令人恐怖的煽动性流言。譬如埃塞克斯郡在 16 世纪 80—90 年代就流传着"西班牙国王"和"长期被流放的威斯特摩兰伯爵"，将要率领流浪者的"复仇军队"来解救英格兰的"穷人"。这种流言令统治阶层感到恐慌，更刺激着穷人失望、愤怒而又脆弱的神经。显然，因饥荒而出现的各种骚乱侵蚀动摇着统治者的权威，血腥立法、暴力镇压流民，遂成为都

---

① Alexander Shepard and Phil Withington, *Communities in Early Modern England: Networks, Place, Rhetoric*, Manchester University Press, 2000, p.102.
② 当地死亡率是平时的 2—3 倍，相对而言，南部和东南部则很少看到如此严重的饥荒。R. M. Smith, "Geographical Aspects of Population Change in England 1500–1730", in R. A. Dodgshon and R. A. Butlin (eds.), *An Historical Geography of England and Wales*, London: Academic Press Limited, 1990, p.158.
③ Susan Brigden, *New Worlds, Lost Worlds: the Rule of the Tudors 1485–1603*, Penguin Books, Penguin Press, 2001, p.298.

铎王朝维护其统治的主要手段。但是，如果不能为流民、失业半失业人口提供就业与生计，那么单纯的暴力显然不会从根本上解决问题，"生计型"人口被迫的流动现象也就不可能消失，所以可以理解上述法令、法规在16世纪下半叶、17世纪上半叶并未取得预期效果。

在推进济贫法的同时，英国还颁布了一部关于学徒执业、佣工和雇主遵守相关行业规定的法律，这就是1563年的工匠法。关于工匠法的影响，有学者认为阻碍了乡村工业的发展，譬如英国著名史家C.希尔（C. Hill）即持此观点，其重要理由是该法令与学徒有关的条款，规定学徒制仅适用于年收入净值不低于40先令的自由持有农的儿子，从而将乡村3/4人口排斥在学徒制之外，这意味着大部分乡村居民不能合法从事呢绒业的生产活动。① 细细考究之后，可以看到这在某种程度上是对工匠法令的误解。该法令对于大多数手工业必需的"学徒制"施加了财产资格门槛，无疑会降低从业人员规模，限制手工业生产的扩大，但也会相对保障从业者的高素质，促进呢绒纺织行业转变增长方式，即由"量"的粗放扩张转向"质"的内涵式提高，从而推动城乡呢绒业更健康、持续发展。

另外，1563年工匠法的法令虽然设定财产资格，禁止穷人单独执业或开业，但并不反对"既未受训于学徒制也无适宜农地者"去打工、出卖劳动力，相反，认为他们不应该"拒绝服佣"，同时制定了佣工、雇工受雇的各项条件，如工资须符合法令规定、出具合法"证明"，不得提前退佣等。所以，单纯认为工匠法令限制乡民从事手工业生产是不准确的，也是不全面的。工匠法令除限定了学徒的财产资格（40先令的地产年收入、动产价值达10英镑）外，还对雇主施以详细规定，如学徒契约或佣期不得少于一整年，雇主在佣期结束前不得提前解雇学徒佣工，学徒佣工亦不得提前离开主人；以及佣期工资、工作时间、休息细节的相关规定，对于雇主、学

---

① Christopher Hill, *The Century of Revolution 1603–1714*, London and New York: Routledge, 2002, p.25.

第三章 近代早期英国乡村人口流动（下）：非"标准"模式

徒佣工违反规定者，视其严重程度分别处以罚没 40 先令、5 英镑、10 英镑不等和监禁 10 天、21 天等处罚。①

透过 1563 年工匠法的详细条款，可以充分看出政府对手工业生产活动的干预、限制，事无巨细，管控之严令人望而生畏。这不禁令人想起了法国年鉴派史学家布罗代尔的名言："国家是 16 世纪最大的企业家。"② 结论虽是出自对地中海世界的研究，但显然也适用于西欧和英格兰王国，政企不分似乎是资本主义发展初期的典型特征。不过，有时政府的管制显然滞后，而有时在执行时又依靠能力不一、良莠不齐的地方官吏执行，低薪甚至无薪的官吏们遂借此中饱私囊。所以，济贫法、工匠法等法令不仅遭到广大乡村居民的抵制，各地乡绅、治安法官等也消极对待，没有严格执行，尤其是在纺织业比较发达的几个地区。据报告，1622 年萨福克郡纺织业受雇从业者中的 2/3 都没有经历过学徒制培训阶段，而约克郡和兰开夏郡比例更高，主要原因即是治安法官不愿意执行工匠法相关条款。

当然，除防范流民之外，16 世纪下半叶，英国政府限制人口流动也有其他方面的意图。近代早期瘟疫频发，其中在 1578—1646 年，规模较大的瘟疫即有 9 次之多，小的传染病则难以计数。政府部门为此召开"瘟疫救灾"（Plague Relief）会议，发布命令指示"地方官员要全力投入……听取关于瘟疫蔓延的报告"，控制疫情传播，监管教会堂区官吏的活动，对感染瘟疫家庭实施"强制隔离"，"将房屋四周钉上木板"，同时防止瘟疫区居民因流动迁移造成疫情扩大。譬如，德比郡在 1587 年强制执行防疫措施，格洛斯特郡于 1592 年，约克郡西区于 1598 年，柴郡、德文郡、汉普郡及肯特郡相继于 1603—1604 年执行防疫措施，并在得到议会法令授权后，在

---

① 关于伊丽莎白时期 1563 年工匠法的详细内容，可参见 Ian W. Archer and F. Douglas Price, *English Historical Documents 1558–1603, Vol. V(A)*, London and New York: Routledge, 2011, pp.68-70; *Statutes of the Realm, Vol. 4*, University of London, Presented by the Worshipful Company of Goldsmiths, 1903, pp.414-422.
② [法] 费尔南·布罗代尔：《菲利普二世时代的地中海和地中海世界》上卷，唐家龙、曾培耿等译，吴模信校，商务印书馆 1998 年版，第 642 页。

英格兰乡村全面推行。①

这些防疫措施无疑在一定程度上限制了城乡人口流动，有些措施被讥讽为"反人道""反基督"，因而遭到许多民众反对，像1627年索尔兹伯雷、1631年科尔切斯特的隔离院被烧毁就充分体现了部分民众的激烈反抗心理。所以，上述防疫措施对人口流动的限制并未取得如期效果。这也同地方基层管理机构不够完善、资金及人力缺乏密切相关。总之，都铎时期抑制流民的法令没有取得预期效果。乡村的各种移民、城市之间的流民充斥于这一时期人们的各种著述之中，当局和大众对此深感恐惧，不断采取各种措施遏制这种对社会秩序造成威胁的人口流动。斯图亚特王朝初期延续了伊丽莎白时代晚期的经济与流民政策，不过，直至17世纪上半叶，流民问题仍未缓解，城乡各地济贫压力也未得到根本改观。

（三）17世纪下半叶人口流动概况

17世纪中叶后，尤其是60年代后，乡村社会人口流动，不论是"改善型"还是"生计型"都出现一些变化，最突出的特征是人口流动规模、频率都显著降低。近代人口史、婚姻史专家劳伦斯·斯通在论及近代早期婚姻问题时，发现"17世纪中叶后，社会流动量大幅缩小"以及"有产阶级的流动性在1660年后下降"。② 英国著名农民史专家彼得·拉斯莱特在考察近代人口问题时，也发现17世纪60年代以前人口流动频率保持在1.2‰—2.16‰，而30年后则降到0.79‰，整个18世纪直到19世纪初（1811年），人口流动性始终在0.8‰上下浮动。③ 整体社会流动性的下降是显而易见的。不过，需要注意的是，在移民流动性整体降低的情形下，不同阶层的人口流动出现了不同分化走向。

---

① Steve Hindle, *The State and Social Change in Modern England, 1550–1640*, New York: Palgrave Publishing, 2002, pp.181-182.
② [英]劳伦斯·斯通：《英国的家庭、性与婚姻：1500—1800》，刁筱华译，商务印书馆2011年版，第89、424页。
③ Peter Laslett, *The World We Have Lost: Further Explored*, London: Taylor & Francis E-Library, 2001, p.108.

第三章　近代早期英国乡村人口流动（下）：非"标准"模式

一方面，乡村社会里的绅士、职业人士等地位较高者的移民活动，流动次数明显增多，多是超越经济目标而谋求更高的社会地位，遗憾的是，这些人的流动频率尚无法证明，但流动里程往往超过下层劳工和雇工、约曼等群体。这意味着"改善型"的"短距离"流动出现向"长距离"演化的趋势，尽管实际上仅仅数十英里，但它反映了这一群体的社会交往空间的扩大，地方乡绅似乎正在跨越狭隘的乡土观，更大范围的"国家"意识正在形成之中。总的来看，流动人口年轻化的特点依然存在，绝大多数流动人口年龄为 11—30 岁，整体上呈年轻化状态，其中相当部分年轻人是前往城市接受学徒制培训，各城市正是通过该制度补充劳动力人口。

另一方面，1660 年斯图亚特王朝复辟后，英国"生计型"人口流动在乡村依然存在，但长途流动迁移的情况则大大减少，这意味着"生计型"的"长距离"流动在向"短距离"转变，城市流民问题在很大程度上得到解决。因而，乡村社会下层居民流动距离普遍变得较短。中上层流动距离明显大于下层，其中 2/3 的职业群体流动里程为 10—25 英里。乡村两种移民类型某种程度上出现"趋同"趋势。与乡村相反，城市居民流动模式呈现出稍稍不同于乡村人口流动的特点。城市居民当中"改善型"移民数量及流动里程则显著上升，其中流动迁移最远的是一些专门职业人士，如律师、书记员、医生等，平均距离超过 60 英里；其次则是具有绅士地位的阶层，当然很多都是"伪绅士"，即靠工商业致富取得从骑士地位者，还有一些小土地所有者，他们平均流动里程也为 30 英里。城镇里另一个流动比较远的群体是售卖食品饮料的商贩们，主要从事国内贸易活动。相对而言，迁移里程比较短的是约曼和一些从事建筑、呢绒行业的居民。尽管上述群体存在这些差异，城乡"改善型"移民都存在着向"长距离"演化的趋向，但一个不容争辩的事实是，绝大部分职业群体成员平均迁移里程都在 20—35 英里之间，并没有跳出"短距离"流动范围，这仍然是一种"短距离"流动，只不过谈不上典型而已。这在某种程度上似乎在印证随着流动性降低，社会各阶层心态及社会秩序正在趋于稳定。

比较一下伦敦商人及学徒的来源也能看出这一变化。商人遗嘱和学徒档案表明，在15世纪伦敦和周边诸郡仅仅提供了25%—30%的商人及其学徒，绝大部分来自更远的其他地区，而到1690年时，通过学徒制获得在城市开业权利的比例上升到49%，[①]这一比例表明伦敦市人口来源越来越多集中在周边数郡范围里，人口流动明显呈现出"地方化"趋向。首都尚且如此，其他城市的人口迁移里程可想而知，后者的"拉力"或吸引力远逊于首都，不难推测城乡人口"短距离"流动现象日益增加、人口流动"地方化"已经是一重要趋势，甚至是乞丐流动迁移也变得"地方化"。这表明无论城乡居民，尤其是贫穷人口在内战前的"长距离"流动迁移已经成为历史，"短距离"流动正成为占据主要地位的人口流动模式。

此外，17世纪中叶后，城乡人口的"季节性"流动模式也发生了一定变化。当然，在中世纪时期、近代早期的16世纪及17世纪上半叶，英国同样也存在乡民"季节性"流动打工，也存在追求经济、生存目的的迁徙流动现象，不过直到17世纪中叶以前，这类"季节性"人口流动作为人口流动的"日常、常规"形式之一，既没有那样显著，也没有获得人们的广泛关注。但是，此后情形则发生了显著转变，农忙收获季节作为城乡居民能够"合法"流动的一个重要时间节点，变为人口流动的集中高发期。这种转变显然同英国政府对流动人口的管控密切相关。

由于济贫法规体系日渐完善，定居法等在遏制人口无序流动方面取得重要成果，人口流动，尤其是乞丐、流民等贫困人口流动性大为降低。虽然不带教会堂区开具的居住证明，城乡人口随意迁移流动属于非法行为，要受到流民法规的惩处，但是完全禁止人口流动既不现实也不符合经济发展要求。17世纪晚期的定居法及其修正法案相继允许城乡居民在农业"收

[①] D. C. Coleman, *The Economy of England 1450–1750*, Oxford University Press, 1977, p.99.

第三章　近代早期英国乡村人口流动（下）：非"标准"模式

获季节"流动打工，"鉴于农忙季节劳动人手严重不足……可以合法流动"，于是，农忙收获季节成为城乡居民集中流动的一个高峰时期，从南到北，规模浩荡，"高地地区居民流入东盎格利亚和中南部地区收割庄稼，伦敦人每年夏天前往附近各郡采摘啤酒花和收割庄稼"，如此等等。季节性人口流动成为补充和调节乡村社会劳动人手的一个重要途径，一直持续到18世纪晚期，其重要性已远非早期可比。

（四）定居法与人口流动模式演变

17世纪下半叶以来，英国社会政治、经济危机逐步缓解，尤其在斯图亚特王朝复辟之后进入一个新的发展阶段。[①]在此背景下，城乡人口流动模式出现变化，最突出的莫过于长距离流动现象大幅降低，"生计型"流动里程明显缩短。造成这种变化的原因是多方面的，其中之一同1662年定居法密切相关，有必要稍事展开分析。[②]该法令共有25条，此处仅简述其大意。

"鉴于王国内穷人乞丐数量日益增加，频繁往来于城乡各地，给各教区民众带来沉重济贫负担。为修正上述弊端，本法令规定，各郡治安法官有权将此类流浪者、乞丐遣送回原籍，或送至济贫院强制劳动；适用对象除了流浪者之外，对于教区内居住于小屋价值每年在10英镑以下的外来人，有可能对教区构成负担的陌生人等，都在遣送范围之内。"[③]

具体程序：首先，由教区执事或管理员在40日内向治安法官提起申诉，多数教区规定，两名治安法官就有合法权力遣送流民，而某些地区规定一名法官就达到法定人数，有权遣送流民（假如即将被遣送的流民在40

[①] 有学者称，英国自1660年开始了一场持续百年的"商业革命"，也有学者认为"1660年是英国经济增长和工业扩张的转折点"。H. C. Darby, *A New Historical Geography of England after 1600*, Cambridge University Press, 2011, p.53, p.79.

[②] 该法令在《大不列颠王国法令集》中标题为"完善王国贫民救济的法令"，另一名称为《1662年济贫法修正案》，见于安德鲁·布朗宁的《英国历史文献（1660—1714）》。定居法为学界既定译法，此处沿用旧称。

[③] 关于定居法的详细内容，可参见 Andrew Browning, *English Historical Documents, 1660-1714*, Eyre & Spottiswoode, 1953, pp.464-466; *Statutes of the Realm, Vol.5*, University of London, Presented by the Worshipful Company of Goldsmiths, 1903, pp.401-405.

日之内未能向教区提供无负担之保证）。其他具体条款不再逐条陈述。

该法案无疑对17世纪下半叶人口流动产生了重要影响。一定程度上，这是英国17世纪的一部"户籍法"，将教区居民相对固定于当地，限制教区居民的自由流动，尤其是贫穷居民的自由流动。实际上，这一过程从17世纪初年就已经开始了。许多城镇蓄意建立各种障碍，防止乞丐迁徙流动，济贫支出虽然增加了，但市政慈善救济不再像以往一样不加区别地对待各色人员，济贫法人组织（the Corporations of the Poor）日益凸显城市济贫更加严苛的一面，取消了户外的小额赈济品，新建的工房不过是改头换面的"教化院"（the House of Correction）。为了避免触犯定居法，教区居民即便在"收割季节"外出农忙打工，也要"随身携带教区执事或监督员出具的一份证明"，以证明自己在该教区有住房及妻小，属于合法居民，防止被当作流民对待；但在工作结束后需及时返回本教区，不得长期逗留在外地，否则依然会有被按照流民法案惩处——送往"教化院"的风险。有的教区还规定，雇主不能雇用本教区之外的劳工，否则对违反规定者处以罚款，这意味着居民迁移到其他教区有可能面临失业风险，如此等等。这类法令规定无疑使得下层居民尤其是贫民的长途迁移活动受到了严格限制。

1662年法令及随后1691年、1697年的补充法案，在全国范围内建立了处置流民的管理架构，将城镇行政长官同郡各级地方政府的职能协调统一，将管理流民与人口流动的责任"分包"给城市、地方政府及教区，各自发挥"驱除"、监管及赈济等功能；与此同时，继续强化"反流民立法"，此类措施在1714年、1740年及1744年相继汇编成国家法律，地方性的大量羁縻措施则不胜枚举，如诺福克郡规定，每抓住一个流民给予2先令奖金，沃里克郡为"遣送流民承包人"提供薪水，北安普敦郡对流民遣返回原籍前确保施以鞭刑、烙印等。这样，以1662年定居法为标志，英国社会在济贫与反流民问题上进入一个新阶段，城乡联动，多管齐下，奖

第三章　近代早期英国乡村人口流动（下）：非"标准"模式

励与惩罚、救济措施并举，从而在很大程度上消除了贫民长距离迁移流动的概率。所以，曾经有学者认为定居法"阻碍了劳动力流动"，是一种很通用的"压制工具"。

不过现在看来，严格地说，定居法的限制性措施对人口流动是一种"选择性"的，即限制"非生产性"的人口流动，容忍或者鼓励寻求工作的"生产性"的劳动力流动，或如济贫法专家彼得·索拉尔（Peter Solar）所言，定居法实际上有利于劳动力高效配置，是英国济贫条款中的一块"基石"。对定居法的评价可谓相当之高！也正因为如此，同欧洲大陆的国家相比较，英国"以定居为基础"的济贫法能够"更好地应对人口流动的挑战"，管理手段更为灵活，也赋予了地方政府在自治管理方面更多的权限。在这一点上，大陆只有低地国家南部地区与英格兰存在一定相似性。①

当然，各地执行济贫、反流民及定居法的情形不尽相同，这反映了英国地方政府存在着相当大的自由裁量权限，也是各地人口流动迁移模式呈现地区差异的一个主要因素。由于没有中央政府的刚性具体指示，所以各地政府自行解释与执行上述法令，教区委员会和监督员的态度更是固化了各教区之间的差异。譬如，"开放"的教区对于人口流动与外来移民管控比较松懈，而"封闭"的教区里，一小撮地主掌控着教区委员会，十分警惕外来人口流入，严格执行上述法令，如此则造成了各地移民水平及流动方向上的显著差异。不过，整体而言，社会各阶层之间人口流动的差异是在缩小。前文述及，内战前中上层社会人士多以"改善型""短距离"流动为主，下层居民多为"生计型"的"长距离"迁移，而17世纪60年代以后，即1662年的定居法颁布实施以来，城乡居民的"长距离"流动都不再是常

---

① 近年来，越来越多学者强调以定居法为基础的济贫法律体系，对于英国早期经济发展与走向工业化做出了重要贡献。Anne Winter and Thijs Lambrecht, "Migration, Poor Relief and Local Autonomy: Settlement Policies in England and the Southern Low Countries in the Eighteenth Century", *Past & Present*, No. 218 (February 2013), pp. 91-126.

见形式了，更不再是社会下层贫困人口流动的"标签"；相反，社会上层群体绅士、商人及其他专业人士流动的地理距离平均里程超过了社会下层成员，他们追求一种时尚、休闲的"高雅生活"（high life），时常到远离大都市的小城镇或疗养地度假，像巴斯（Bath）、坦布里奇韦尔斯（Tunbridge Wells）、埃普索姆韦尔斯（Epsom Wells）、什鲁斯伯里（Shrewsbury）都发展成为接待上层社会成员旅游观光的"休闲城市"。[①] 这样到1700年，"长距离"迁移活动即便还残存着，也主要限于几个特殊群体。像苏格兰人、爱尔兰人及吉普赛人，还有一些流动商贩和杂耍艺人，也不再被人们视为洪水猛兽了。

下层民众"长距离"迁移活动显著减少是多方面原因造成的，譬如17世纪下半叶人口增长放缓、农业生产持续扩张都在相当程度上缓解了人口流动的压力。最典型的是高地地区，在1660年后很少发生大规模的"生计危机"，而在16世纪90年代和17世纪20年代，谷物歉收和饥荒曾经一度席卷北部部分地区，迫使高地地区居民在革命前的数十年间一批批不断地涌入南部城镇与村庄。而17世纪后期，这种大范围饥荒情况很少发生，譬如在约克郡西区的沃夫达尔河流域中部地区（mid-Wharfedale），婴儿出生受洗率和死亡葬礼比例在17世纪晚期相当稳定，在坎伯兰和威斯特摩兰，当地居民结婚率比较低、婚龄也相对晚一些，这意味着16世纪晚期、17世纪上半叶以来的人口增长压力在逐渐减弱，相应地，当地社会驱动人口外流的"推力"也在降低。

17世纪下半叶，贫困现象在英国西部、北部虽然是一个广受社会关注的问题，但是处在可控范围之内，没有大规模饥荒现象出现。这里也可看出农业获得巨大进步的影子。当地贫困人口依然四处流动打工，不过北部

[①] A. McInnes, "The Emergence of A Leisure Town: Shrewsbury 1660–1760", *Past & Present*, No. 120 (August 1988), pp. 53–87.

第三章　近代早期英国乡村人口流动（下）：非"标准"模式

和西部崛起的一些城镇提供了就业机会，所以当地居民流动方向不是沿着南—北大路迁移，他们更多受到西北部和约克郡新兴纺织城镇、金属加工城镇的吸引，如伯明翰、利兹、利物浦、曼彻斯特、诺丁汉、设菲尔德等城镇，人口流动范围明显"地方化"了；此外，许多牧区的村庄兴起了各种工业生产，提供的兼职打工机会也在很大程度上缓解了贫困问题，而各地教区济贫举措也进一步加大对当地流动人口的"拉力"。

除按照定居法等相关法律限制居民流动以外，各地教区不断增加对本地居民主要是贫困人口的救济，确保提供足够的"生活费用"；"季审法庭"定期受理济贫案件，还接待要求救济的各种请愿活动，如德比郡、约克郡西区等地；倘若教区未能提供法定救济，季审法庭还对教区济贫监管员处以罚金 1 英镑/月，严重者还被处以监禁。罚金额度与监禁处罚在当时可谓相当严厉，这从一个侧面反映出地方政府对于济贫与穷人安置问题高度重视，执行力度空前强化。大学和城镇的关系也在一定程度上说明近代早期流民问题的严重性。众所周知，西方大学从建立以来，同当地市民矛盾纠纷不断。英国大学也未能逃脱这一模式，其中剑桥大学就是一典型例子。罗兰德·帕克（Roland Parker）曾经阐述过两者的关系，称其为"700 年的战争"。但是，双方在流民和济贫问题上捐弃前嫌，展开广泛合作，自 16 世纪 80 年代以来，外地移民大量涌入剑桥，到 1620 年该市人口已经增长 3 倍，人口"过度拥挤"（overcrowding）构成了城市的严重问题。剑桥大学和城市当局联手安置城市的贫穷移民，定期调查"所收留的移民数量、城内宅基地的分割及用茅草盖屋顶的情形"，市长和大学的副校长（vice-chancellor）还举行每周的法庭"起诉犯禁者"，并发布联合命令等。[①] 由此可见流民问题的严重性，也说明地方当局高度重视流民问题，通力合作，

[①] Alexander Shepard and Phil Withington, *Communities in Early Modern England: Networks, Place, Rhetoric*, Manchester University Press, 2000, pp.223-224.

这也是流民问题逐渐得以缓解并解决的基础条件。

此外，这一时期驱赶流民的"遣送命令"或"驱除命令"（Removal orders）还伴随着下达给教区官员的相应指示，即要给这些贫穷流民提供住处，所以授权他们可以为穷人建立小屋，或者提供承租之房。早在伊丽莎白女王时期，政府于1589年曾经颁布法令规定，每个新建小屋须有4英亩的附带土地，1598年的济贫法也一度要求为穷人建造小屋，但在17世纪中叶之前，各地城乡官吏普遍对此采取敌视态度，应者寥寥。这种情况与当时社会舆论观念有关，中上阶级普遍认为懒惰、闲散是流民贫困的根源，所以穷人需要的不是面包而是皮鞭和强制劳动；另外，大概也是受到财力掣肘之故，从中央到地方的各级政府未能采取经济救助为主的积极的流民对策。

16世纪的英国社会延续了中世纪的风气，中上阶级热衷于炫耀性消费以提高家族声望，都铎政府曾一再颁布"抑奢法"限制此种行为，但奢侈之风依然不止。究其原委，政策制定者本身未能严格执行法令，典型如伊丽莎白一世本身热衷于各种大型宫廷舞会、宴会、时尚服装盛会，受此影响，许多贵族效仿宫廷，结果不仅造成王室财政亏空，也连带许多贵族之家借贷、破产而致衰落消失。英国著名历史学家劳伦斯·斯通曾论述了这一现象。[①]17世纪初继承英国王位的斯图亚特王室也承袭了伊丽莎白一世留下的巨大债务，王室财政危机直到查理一世时期也未能扭转局面。[②]就王室财政如何增收、摆脱债务问题，斯图亚特王室同下议院为代表的议会多次产生冲突，这也是查理一世与议会矛盾激化、乃至内战爆发的主要原因。就流民问题而言，财政亏空当然不是主要原因，但显然是政府没有采取积

---

① [英]劳伦斯·斯通：《贵族的危机：1558—1641年》，于民、王俊芳译，上海人民出版社2011年版，第247—265页。
② 1618年，詹姆士一世时期英国王室债务累计高达90万英镑。据悉，这是英国历史上和平时期最大的一笔债务。而11年后，1629年，查理一世时期王室债务已经达到200万英镑。Mark Kishlansky, *A Monarchy Transformed, Britain 1603-1714*, Penguin Books, 1997, p.88, p.119.

第三章 近代早期英国乡村人口流动（下）：非"标准"模式

极济贫政策的制约因素之一。①

17 世纪中叶后，社会大环境发生变化。因受到内战造成的动荡、混乱所困，一种"道德恐慌"（moral panic）情绪在有产阶级和上层政治精英人士中蔓延，这些有产阶级非常恐惧内战时的"无政府"式的社会动荡再度发生。大动荡之后渴望社会安定，这大概是 17 世纪内战留给世人最持久的遗产之一。② 上流社会精英人士对于流民现象及人口频繁流动担忧日甚，地方政府也逐渐转变此前的冷漠立场，积极应对人口流动及其流民安置问题。

正是在这样的社会舆论环境下，中央政府在济贫问题上更加积极，③ 许多治安法官开始赞同建立小屋的各种举措，并制定详细规定，发布命令要求教会堂区必须帮助穷人建立房屋，费用由堂区支付，必要时还要出钱修缮、维护这些房屋，租住期限可以"安全保有 3 年、7 年或终生"，而居住者仅需要支付少量租金或免租金。安置小屋的社会福利与保障性质由此可见一斑，当然会受到社区穷人的普遍欢迎，同时也遭到堂区居民的消极抵制。为了推进小屋建设，地方政府授权治安法官，对于有抵触行为的教会堂区施以征缴 2 倍或 3 倍济贫税，直至房屋竣工建成。从相应的小屋安置条款可以看出，英国政府的济贫思路正在发生转变，由对前期流动人口的堵、控、遣返及惩治等强制手段转向了以安置、补贴为主的经济措施，这无疑对遏制人口流动、减少流民现象发挥了更有效的作用。

---

① 关于斯图亚特王朝早期出现的财政危机，由此而来的"包税""卖官鬻爵""出售专利权""强行借贷"及"王室官吏贪腐"问题，严重激化了社会矛盾。详细情况可参见 David Thomas, "Financial and Administrative Developments", in Howard Tomlinson, *Before the English Civil War: Essays on Early Stuart Politics and Government*, London: Macmillan Press, 1983, pp.103-122。
② 实际上，内战期间社会秩序大体稳定，尽管局部地区出现一定动荡，但总体而言，复辟之后的社会精英人士对社会失序的恐惧与想象成分远远高于实际情形。Anthony Fletcher and John Stevenson, *Order and Disorder in Early Modern England*, Cambridge University Press, 2007, p.137, p.165.
③ 查理二世可谓是"关注社会福利"的典型代表，著名的基督和切尔西济贫院（Christ's and Chelsea Hospitals），都是他倡议并资助建立的。"对于不确定的慈善"用于贫困人士，慈善的公益理念在这一时期广为传播，对于社会济贫问题解决显然大有助益。[英] 加雷思·琼斯：《慈善法史：1532—1827》，吕鑫译，社会科学文献出版社 2017 年版，第 96—97 页。

我们当然不能盲目乐观，认为小屋安置法令就解决了所有贫民、流民的住房等生计问题，不过，应该看到官方对待穷人与流民政策正在不断完善与改进，譬如1662年定居法就已经意识到流民问题周而复始发生，许多人定居返"流"现象普遍而又突出，究其主要原因，除贫民数量巨大之外，还同既定济贫法律本身的缺陷有关——没有在法律上要求各地教会堂区建立充足的救助措施等相应规定。所以，许多流民返回堂区后，发现"所在定居之教会堂区没有提供工作及足够的救济品"，二次乃至多次返"流"现象发生也就毫不奇怪了。① 可见，官方已经看到流民问题症结之所在，遂不再是单纯依靠法律法规等手段"强制"束缚贫民于堂区，而是从实际出发为穷人提供最低的生活保障。

无疑，有住房、有生活救济的教会堂区已不再是冷冰冰的陌生环境，贫民及鳏寡无助者似乎看到了昔日乡村共同体的温情重现。这里虽没有牧场土地和公地权利，但作为替代品，有"免费小屋"和生活赈济品及现金补助，② 对于受到圈地运动影响波及的大多数下层居民而言，这不啻是一个新的共同体！最具代表性的是宗教史家和文化史家观点，他们认为村社并没有消亡，也不是"简单残存下来"，而是演变成教会堂区，而且"蓬勃发展"地进入了一个"黄金时代"。③ 事实上，在庄园与村社瓦解之后，一个个以教会堂区为核心的新共同体正在形成之中。

不过，新共同体既不是中世纪农村公社的延续，也不是对教会堂区的简单继承，而是在社会变革"大熔炉中重铸"产生的。一方面，传统的一些价值观在新共同体内得以保持甚至复苏，如团结互助、救助贫弱等，居

---

① Andrew Browning, *English Historical Documents, 1660–1714*, Eyre & Spottiswoode, 1953, p.464.
② 到17世纪和18世纪之交，领取补助金者大约有12.3万人，加上其家人，约占人口的4.4%，补助金的现金价值提高了50%。Paul Fideler, *Social Welfare in Pre-industrial England*, Palgrave Macmillan, 2006, p.132.
③ Christopher Dyer, *An Age of Transition? Economy and Society in England in the Later Middle Ages*, Oxford Clarendon Press, 2005, p.76.

第三章　近代早期英国乡村人口流动（下）：非"标准"模式

民们缴纳济贫税来帮扶本区鳏寡穷苦者；另一方面，新共同体内部的分化依然存在，阶层意识、身份意识更加突出，堂区里"经济条件更好的一类人"（the better sort），如堂区官员、教区委员（vestrymen）等，他们往往视自己为"共同体代表"、公共福利的"立法者"乃至共同体本身。① 尽管如此，教会堂区还是披上了新共同体的外衣。伴随着对本地贫困居民的帮扶济贫，教会堂区作为基层行政单位的性质日渐明晰，其组织与功能日趋完善。因而，17世纪中叶后，尤其是定居法及其补充条款规定执行后，新社区凝聚力在不断增强，堂区居民对新共同体的情感认同也在上升，从而有效阻止了贫困人口向外迁移流动的步伐。

三、"短距离"人口流动现象分析

（一）参与阶层广泛

近代早期，"短距离"流动的参与者涉及社会各个阶层，不过，乡村不同阶层的流动性各不相同，广泛参与地理流动的群体中以社会中下层居民为主，也不乏有上流社会的人士。从阶层上讲，尤其是在16世纪以及17世纪上半叶，这些阶层彼此之间差别很大。一般而言，等级越高，其流动性越差，地理上的稳定性与政治权力之间存在某种重要关联，像绅士阶层不仅流动距离短，而且流动频率低，构成了乡村社会中一个比较稳定的人口"内核"，而大量单身无地人口则构成了一个流动性的社会群体。因此，近代英国乡村在人口结构上近似一个二元社会。实际上不只是英国，前资本主义时期的乡村大多如此。②

---

① 所以，尽管得到救济，但贫穷掘地者、日工等从道德到经济上都被排除在共同体之外。Alexander Shepard and Phil Withington, *Communities in Early Modern England: Networks, Place, Rhetoric*, Manchester University Press, 2000, p.98.
② 有学者就近代早期乡村人口流动问题提出了"双重社会"或"两个乡村社会"理论，一个是稳定的社会，一个是不稳定社会，虽是出自研究法国乡村人口流动问题，但对英国也有一定启示意义。James B. Collins, "Geographic and Social Mobility in Early-Modern France", *Journal of Social History*, Vol. 24, No. 3 (Spring 1991), p. 565.

流动性群体中社会地位比较高的当属约曼、农场主阶层。理查德·高夫（R. Gough）1700年时是什罗普郡一名约曼，在其66岁时开始撰写米德尔（Myddle）教区的历史，勾勒了当地的社会分层乡绅、小屋农，看得出他非常熟悉社区的制度、地形等方方面面，有着强烈的地方主义和乡土情感。不过，他的视野远远超出了地方乡土层面，除了教区的600名居民和7个镇（township）之外，显然他还有很多跨越教区之间的交往活动，还了解国家层面的一些事情和热点问题。高夫的视野表明其交往与活动范围虽以教区为主，但其地理流动空间超越后者，一定程度上是其约曼阶层的一个缩影。

其他群体的地理流动范围也不局限于狭小的地方共同体，其中学徒就是一个具有较大流动性的群体。罗杰·洛（Roger Lowe）是兰开夏郡的一名学徒，在17世纪60年代的日记里生动描述了他同艾什顿（Ashton-in-Makerfield）当地居民的关系，还写道，做学徒期间曾经游走于兰开夏郡南部很多城镇和村庄之间。罗杰这样的学徒并不是一个特例，他代表的社会阶层不限于平民，也包括一些绅士、约曼和律师、医生等职业群体。即便是普通村民的流动性也不容忽视。据记载，埃塞克斯郡特林村（Terling），也同外部拥有经济上、婚姻亲友等各种广泛联系，资料显示他们同伦敦、肯特郡、赫里福德郡、剑桥郡、诺福克郡和萨福克郡等地居民都有交往联系，而在本郡有联系的村庄和城镇则多达108个。[①] 虽然村民们的日常流动范围大多在10英里之内，但其社会交往空间远不止于此，显然要比这大得多。这样的一个小村庄就是人口流入、输出的微型中转站，乡村居民的生产生活以此为中心向外延伸扩散，流动性最高的当属各种佣工（servant）和依靠工资生活的农牧业雇工（labor）。

"servant"类似于中文语境里的"长工"。因为该群体与主人之间签

---

① Keith Wrightson and David Levine, *Poverty and Piety in an English Village: Terling, 1525-1700*, Clarendon Press, Oxford University Press, 2001, p.76.

第三章　近代早期英国乡村人口流动（下）：非"标准"模式

署契约或合同，主要为经济雇佣关系，雇佣期限一般为1年，由雇主家供给衣食，比较稳定，但薪资较低，以学习某种技艺、技能为主，年龄多为14—23岁的未婚年轻人，且劳动场所不限于家内，亦见于田野，故而本书译为农业"佣工"，以区别于专门以家内服务为主要内容的家庭"仆人"、以天数为劳动单位的短期农业"雇工"（labor）。也有学者译为"用工"或"生活周期用工"，譬如研究英国人口婚姻问题的专家俞金尧研究员就是如此。[1]"servant"这一词语在英国社会环境里应用很广泛，除农牧工商各领域外，还应用于科学实验研究领域，这里的"servant"显然不宜译为"佣工"，而是相当于科学家的实验"助手"。17世纪的英国思想家洛克对这类人也有自己的认识，认为他们"承担服务而换取工资"，是"出卖自己劳动力的自由人"。[2]由佣工在社会各领域使用的普遍性，可知"劳动力成为商品"这一事实在英国已出现很久。早在资本主义制度在英国确立之前，佣工作为人口流动大军的重要群体就出现在农庄、牧场及手工业作坊里，出现于城乡各地。

"labor"相当于旧中国社会里的为雇主家打工的"短工"或"日工"，同"佣工"之间的主要区别有二：一是工期较短，没有保障；二是多为经过学徒期或佣工期的成年人，薪资较高，日工资最高可达1先令。两者都是近代英国乡村里流动性很强的一个阶层。多伦多大学库斯莫考察了近代英国东部与南部地区畜牧业中广泛采用的佣工，发现近代早期佣工群体约占所调查63个教区居民数量的13.4%，其中60%年龄分布区间为15—24岁，由此可见这个流动性很强的群体在人口结构上具有突出的年龄优势。他们通常在约定的米迦勒节、圣马丁节和五月节同雇主在"条例法庭"

---

[1] 学界关于"servant"存在多种译法，还有译为"仆人""仆农""生活周期仆从"及"雇工"等，参见俞金尧：《西欧婚姻、家庭与人口史研究》，现代出版社2014年版，第344—349页。
[2] ［英］史蒂文·夏平：《真理的社会史——17世纪英国的文明与科学》，赵万里等译，江西教育出版社2002年版，第398页。

（Statute Session）签订佣工协议，期限多为1年，合同期满后绝大部分佣工都另觅工作，迁往他地。从这点看，他们又是一个有规律、定期流动的阶层。

当然，这些佣工的流动目的地不限于农村，也常常流入各类城镇市民家庭，从事各种家内服务型劳动。由于佣工大多在佣期间居住于雇主家中，主人除供给衣食外，在法律上有义务监护佣工言行，形式上颇似雇主家庭成员，这构成了近代早期英国"大家庭"独特的外观形式。有学者称其为"扩展型家庭"（extended family），即是强调其家庭规模较大，数代家庭成员共居一处。在这种家庭里，部分成员之间并无血缘关系，有的正是"寄宿"或"入住"的佣工和学徒。然而究其实质，这不过是披着大家庭外衣的一种"核心家庭"。① 在这种家庭模式下，佣工、学徒等婚龄都比较晚，结果是婚育率比较低，这成为英国尤其是城市人口增长缓慢的一个重要原因。一定程度上，乡村年轻人流动越频繁，这种"扩展型家庭"形成越多，分布愈加普遍。

人口史学者们普遍认为，男性佣工一般在二十四五岁退出佣工阶段，女性则在二十二三岁开始结婚成家，有的地区男女双方婚龄还要再晚两三岁。相比于东方国家，这是一种典型的晚婚模式，不可避免地造成了初婚晚、育龄晚、生育周期短。需要说明的是，这里的"生活周期佣工"主要是来自社会中下层家庭的成员，社会上层较少，但即便如此，这一阶层已

---

① 有学者认为，这是近代以前"家庭"含义不同于现代"家庭"概念而造成的误解。实际上，前者是一种"户"的概念，是一种血缘加契约构成的集体共居形式，只是外观上很像大家庭，佣工、学徒等人属于寄住在主人家里，同其他家庭成员之间并没有血缘联系。小型的核心家庭在近代早期英国，无论城市还是乡村都已经占据主导地位，一定意义上，年轻人流动性越大，"扩展型"的伪大家庭就越多，真正以血缘为纽带的大家庭形成的概率就越低。当然，大家庭形式并未绝迹，在社会不同层面都有所保留。相对而言，社会中上层成员中"扩展型"大家庭保留比例高一些，而穷人阶层比例最低。譬如彼得·拉斯莱特的研究成果表明，绅士、约曼和穷人三个不同群体的大家庭比例分别为27.6%、17%和7.9%。P. Laslett, "Mean Household Size in England since the Sixteenth Century", in P. Laslett and R. Wall(eds.), *Household and Family in Past Time*, Cambridge University Press, 1972, p.146.

第三章　近代早期英国乡村人口流动（下）：非"标准"模式

经扩及非常广泛的社会群体，譬如经济条件较好的约曼、农场主，还包括城市里的商人、律师、医生、工匠等职业人士，他们也常常将家庭中的长子以外的其他子女送至同侪那里做学徒、佣工，视其为正式踏入社会、独立生活之前的"职业教育"。C. 布鲁克斯（C. Brooks）认为，"如何使下一代立足"，这是一个他们共同关心的问题，而且是"势在必行、压倒一切的要务"。① 这表明中等阶级特别关注其孩子的"教育和未来"，送出去做学徒、佣工正是对从事农业劳动和家政事务（housewifery）的一种"职业准备"，表明了近代早期父母对其子女的切实关爱。布鲁克斯的认识在很大程度上挑战了"家庭亲缘淡漠、生疏"的正统观点。②

无论是做佣工还是做学徒，这一阶层的地域流动本身包含着社会流动的内涵，后者借助于前者得以实现，尤其是那些谋求改善社会地位、超出糊口经济目的的地域流动，其社会流动动机更为鲜明。做佣工、学徒的年轻人通常都是家庭中的长子之外的其他子女，在广泛实行长子继承制或一子继承制的英国社会，③ 他们对家族的财产、爵位等都没有权利份额，这意味着他们绝大多数人在成年之后极有可能沦为无产者或各种形式的流民，而学徒、佣工期间的学习历练是他们预防社会地位下滑的一种手段，更是保持身份地位、向上流动的一种途径。所以，布鲁克斯在关注中等阶层社会流动问题时，驳斥了那些主要关注"通过购买土地转变为土地阶层"的社会流动研究，认为这种研究是"本末倒置"，布鲁克斯形象地称其为"将车套在了马前面"。④ 换言之，布鲁克斯认为先有这种孩童青年期的地域流

---

① J. Barry et al. (eds.), *The Middling Sort of People*, Macmillan Publishers Limited, 1994, p.52.
② 认为近代早期夫妻、亲子关系淡漠的典型代表是劳伦斯·斯通，在他看来，人口的高度流动性是原因之一，人口流动还带来了乡村共同体意识衰微、性观念松弛等现象。[英]劳伦斯·斯通：《英国的家庭、性与婚姻：1500—1800》，刁筱华译，商务印书馆2011年版，第69、98、302页。
③ 尽管英国有部分地区实行诸子均分制，但仅限于东盎格利亚地区，有学者称其为"伪可分割制"，实则是一种变相的一子或一女继承制。参见谷延方：《英国农村劳动力转移与城市化——中世纪盛期及近代早期》，中央编译出版社2011年版，第70页。
④ J. Barry et al. (eds.), *The Middling Sort of People*, Macmillan Publishers Limited, 1994, p.53.

动,才会有后来的职业、地位上的社会流动,正是在地域流动中积累的资金、技术和经验为后来的社会流动铺平道路。可见,水平的地理流动同社会垂直流动是密切联系在一起的,两种流动现象虽有不同的表现形式,却不是截然可分的。

此外,布鲁克斯对做学徒或佣工流动现象研究的见解也包含着对近代早期家庭观念的新认识。传统观念认为父母们经常漠视子女教育,仅仅是利用他们打工挣钱。布鲁克斯则认为恰恰相反,大部分父母都是非常关心乃至"焦虑"子女的成家立业问题,视其为"压倒一切的要务",为此也要负担一笔不小的支出。因为在签订学徒契约时是要缴纳一笔数额不菲的学费的,各行业额度不等,最火爆的行业如金匠行业、丝绸商行业要向每个学徒收取100英镑"附加费"(premium)。这笔费用当然都由学徒的父母亲承担,而学徒期间得到的报酬却是微乎其微,常常是象征性的小礼物而已。[①]对比之下,送子女做学徒的目的已经不言自明,正是为了使子女能够立足社会而接受一种职业学习和专业培训。当然,学徒制也保护了工匠、作坊主阶层的利益。布鲁克斯的研究在一定程度上突破了传统认识。由于学徒、佣工基数较大,所以这一群体的晚婚行为显然对英国城乡人口尤其是城市人口快速恢复与增长构成一定制约。[②]这也是城市适婚人口比例看似

---

① Liza Picard, *Restoration London, Everyday Life in London 1660-1770*, London: Phoenix Orion Books Ltd., 2004, p.174.
② 虽然没有关于生活周期佣工的全国范围内具体数据,但根据学者们对一些乡村及城镇个案研究可知,拥有佣工的家庭占10%—30%,视各地情形而有所不同。还有学者认为,佣工加上劳工群体,其数量超过任何一个群体。麦克法兰则认为,在斯图亚特时代的英格兰,约有1/4到1/3的家庭雇用了佣工。参见[英]艾伦·麦克法兰:《英国个人主义的起源——家庭、财产权和社会转型》,管可秾译,商务印书馆2008年版,第104页;Barry Coward, *Social Change and Continuity in Early Modern England, 1550-1750*, New York: Longman Group, 1988, pp.19-20. 至于学徒数量,有时包含于佣工类型里,不过,总的来说,依据学徒档案得来的数据常常是被低估的。出于各种原因,有些学徒没有登记,或是城镇官员疏忽,或是雇主不愿缴纳费用,典型如诺里奇,许多穷学徒都没有将其学徒契约登记,现有档案数据严重倾向于那些更体面富有的行业。这意味着学徒实际数量比依据现有资料估算得来的还要多一些。Peter Clark, "Migration in England during the Late Seventeenth and Early Eighteenth Centuries", *Past & Present*, No. 83(May 1979), pp.61-62.

数量巨大而婚育率低、人口增长缓慢的重要原因之一。

(二) 流动人口的性别结构比较均衡

近代早期，英国人口流动在性别方面不存在显著差异，女性同男性一样具有较大流动性。根据牛津大学人口史专家彼得·克拉克对坎特伯雷大主教区教会法庭汇编的证人证词材料所作的分析，可以发现英国东南部肯特郡所在地区人口流动水平很高，坎特伯雷、法弗舍姆和梅德斯通 3 个城市中男性证人分别有 69.5%、80.8%、61.8% 来自外地——城外和郡外其他地区，女性证人情况大体相类似，平均外来人口比例达到 60%。[1] 由于坎特伯雷大主教区所辖教会堂区范围不限于肯特郡，还包括诺福克郡、萨福克郡和伦敦周边诸郡一部分地区，某种程度上代表了英格兰东南地区的人口流动性，具有一定典型性。所以，由上述外地证人比例可以看出东南部地区人口流动水平之高。

从证词提供的数据来看，近代早期女性流动性似乎稍逊于男性，但由于法庭证人更倾向于选择男性，所以证词材料本身带有一定倾向和局限性。考虑到这一点，至少可以认为女性流动性不低于男性，或同男性一样，在向城市移民时具有大致相同水平的流动性。这意味着，在各种形式移民到城市的流动人口大军中，大约有一半是女性，比例之高出乎人们的想象。[2] 谋求发展，抑或生计所迫，无论哪种原因都表明英国女性的流动性在近代早期已经进入公众视野，开始在父权制下展露出各种形象。不过与此相伴

---

[1] P. Clark and P. Slack(eds.), *Crisis and Order in English Towns 1500–1700: Essays in Urban History*, London: Routledge & K.Paul, 1972, pp.122–123.

[2] 如果说 16 世纪上半叶移民结构中男性比例还占有某种优势的话，那么该世纪晚期之后女性比例则逐渐升高，乃至在 17 世纪期间出现了逆转，即女性移民数量超过男性移民，这种变化对婚姻市场产生了直接影响，女性独身者、寡妇数量日益增多。格里高利·金认为 17 世纪 90 年代总人口中男女比例为 10∶13，"老姑娘多于单身汉，寡妇多于鳏夫"。寡妇再婚比例也随之下降，从 16 世纪早期的 48% 降低到 18 世纪初年的 25%。R. M. Smith, "Geographical Aspects of Population Change in England 1500–1730", in R. A. Dodgshon and R. A. Butlin (eds.), *An Historical Geography of England and Wales*, London: Academic Press Limited, 1990, p.171.

而来的，不仅是女性社会地位获得一定提升，还有传统男权社会对她们的抵制与歧视。近代早期英国"猎巫"运动就是对女性的一种迫害。

近代早期，巨大的社会流动性威胁了英国社会的传统秩序。如果说英国统治阶层防止下层男性成员流动的主要做法是，指其为"流民"而后惩处、遣返，限制其随意流动迁移，那么针对下层女性的则是诬蔑其为"巫婆""女妖"，继而进行"猎巫"迫害。17世纪40年代英国内战时期，既是人口流动性最强的一个时期，也是"猎巫"、迫害妇女最狂热的时期。人口流动性水平最高的东南地区——东盎格利亚、肯特及埃塞克斯郡等地，也是猎巫者所发现、确认的女巫活动的最大集中地，其中1645年埃塞克斯郡切姆斯福德（Chelmsford）一次就绞死了19名妇女，成为英格兰有史以来一次处决女巫数量最多的著名案例。[①]可见，平民女性被指为"女巫""女妖"而遭到迫害，既掺杂了男权社会对女性的压制色彩，也存在诬陷贫穷妇女为"异教、不敬神"，故而堂而皇之地拒绝施舍、救济的社会大众心理因素。"猎巫"某种程度上是对下层妇女流动性的一种抵制。

当然，肯特郡等英国东南地区城乡各地居民的高流动性有其独特原因。英格兰东南地区城市密布，经济发达，犹如磁场一般吸引了来自全国各地的移民，肯特郡是伦敦之外的最大人口流入地区。相对而言，西部和北部地区的移民或外来人口比例则没有这样高，人口更多的是向外流出，人口外流局面直到16世纪下半叶之后才逐渐得以扭转。在一定意义上，人口流动方向是地区经济发展的一个风向标，这是受到不以人的主观意志为转移的经济规律的支配。实际上，在工业革命之前，英国人口流动方向在全国范围内正是由西北流向东南地区，毗邻伦敦的肯特郡接收了大量移民劳动力及其资金、技术，包括来自欧洲大陆的外国移民，由此成为英国最开放、

---

① 随着17世纪中叶后济贫法令的逐步实施，人口流动性显著降低，迫害女巫案件也大幅减少。Ronald H. Fritze and William B. Robison, *Historical Dictionary of Stuart England, 1603–1689*, London: Greenwood Press, 1996, pp.552–554.

第三章 近代早期英国乡村人口流动（下）：非"标准"模式

最发达的地区之一。

比较而言，乡村地区"短距离"流动者男性居多，以从事农业雇工为主，而在由乡村迁移到城市的流动人口中则是女性比例更大，男女比例至少在 90：100 左右，多受雇为家庭女佣工。当然，这一性别失衡现象是逐步形成的。在 16 世纪初年，迁往伦敦的移民还是男性居于显著多数，流民当中也以男性为主。随着时间推移，女性移民数量逐渐增多，最后追上乃至超越男性移民。移民性别比例显然对城市人口结构也产生了相应影响，造成许多前工业城市里成年女性多于男性。据记载，1695 年伦敦 40 个教区里女性与男性人口比例为 100：87，里奇菲尔德比例为 100：83，布里斯托尔仅为 100：80。①18 世纪初年，即便是一个普通的市场小镇拉德洛（Ludlow），依然延续了半个世纪前的人口模式，女男比例为 10：7，其他城市的男女比例或许没有达到如此失衡程度，但在不同程度上同样反映出女多男少的严峻现实。

据研究，迁入首都伦敦的女性移民数量就同男性相差无几，大多是十几、二十几岁的年轻女性，即便在"流浪的穷人"（vagrant poor）当中也占到了 1/3 比例，在各郡则达到 50% 左右。②这些适龄女性中，有许多从事家内佣工、女仆等服务行业，服佣期间多为单身未婚；此外，由于瘟疫频繁，男性死亡率较高，所以很多大中城市里还存在一个数量不低的"寡妇"群体，没有再婚。前文已述，这种女性独身现象某种程度上正是人口流动性别结构变动的产物之一。她们构成了城市慈善救济活动中一道独特景观。牛津大学基布尔学院（Keble college）的伊恩·W. 阿彻（Ian W. Archer）研究伦敦孀居女性留下的 600 份遗嘱，发现伦敦寡妇不仅是城市慈善救助对象，同时也是施赈者、救济品发放者。譬如在富裕的圣玛格丽

---

① ［英］彼得·克拉克、保罗·斯莱克：《过渡期的英国城市：1500—1700 年》，薛国中译，刘景华校，武汉大学出版社 1992 年版，第 89 页。
② Anne Laurence, *Women in England, 1500–1760, A Social History*, Phoenix Press, 2002, p.37.

特-洛斯伯里（St. Margaret Lothbury）堂区，在1629年，有11%家庭户主是寡妇，而另一位于伦敦南部萨瑟克（Southwark）的贫穷的伯勒赛德区（Boroughside，市郊或镇边之意），15.6%的家庭户主是女性，由此可见单身女性，尤其是寡妇在城市人口结构中所占据的大致比例。①

在16世纪中叶左右，她们在施赈对象上没有性别偏好，通常男女比例大体同等，男女各6人或12人，经常在遗嘱人的葬礼上发放一些物品，或遗嘱规定"一俟身死即刻发放小额现金"，或在"死后5天之内执行"；而在17世纪之后，伦敦寡妇的慈善对象更倾向于贫穷女性，尤其是穷寡妇群体，赈济品中频频出现各类衣物，尤其是"女性长袍、礼服"，男女接受衣物比例由469 : 509转变为66 : 2757，由此可见女性成为服装救济品的主要接受对象。②大概是感同身受、更了解女性对服装的需求，也深知单身女性生活不易之故吧。不同的女性遗嘱人遗赠给穷人的物品、金钱数额不等，但不论是遗赠给堂区、感化院还是监狱，绝大部分赈济品——从72%到93%都是为这些地区的女性而专门设定的。

无疑，城市高死亡率为女性提供了流动机遇，同样也是造成大量女性孀居的原因。女性再婚通常会受到继承习俗的制约，"寡妇产"既为中下层妇女生存提供了一定保障，同时也为女性再婚设置了障碍。由于担心失去"寡妇产"，所以近代早期英国城乡许多寡妇都选择了独身生活，而不是再婚。③显然，无论是出于经济方面的考虑，还是人口流动性别结构变化，这

---

① Norman L. Jones and Daniel Woolf, *Local Identities in Late Medieval and Early Modern England*, Palgrave Macmillan, 2007, p.178, p.200.
② Norman L. Jones and Daniel Woolf, *Local Identities in Late Medieval and Early Modern England*, Palgrave Macmillan, 2007, p.191.
③ 这一现象当然不限于伦敦，譬如1596年，枢密院对英国内陆城镇征收"船税"时，就专门提及"城镇中孀居贵妇人（gentlewomen widdowes）"要为女王陛下承担税额，可见其普遍性与重要性。R. H. Tawney, Eileen Power, *Tudor Economic Documents, Being Select Documents Illustrating the Economic and Social History of Tudor England, Volume Two, Commerce, Finance and the Poor Law*, London: Longmans, 1953, pp.128-129.

第三章 近代早期英国乡村人口流动（下）：非"标准"模式

些都造成了近代早期英国城市人口增长缓慢以及独特的婚育模式出现。当然，这种现象不仅反映了城乡人口中女性比例较高的现实，同时也表明城市在职业结构上为女性提供了流动空间，女性在迁移、就业，甚至财产继承及社会管理等方面获得了一定的社会认可。这正是女性流动程度丝毫不低于男性的重要原因。另外，也可以看出，大多数女性在城市中从事的都是"地位低下"的服务行业，专业技能含量低，所得报酬有限，这也是造成城市中下层女性生活贫困和从事"不道德行业"的重要原因之一。

不过，同东方国家女性的相对封闭状态相比，近代早期英国女性活跃的流动性依然是社会进步的重要表征，与中世纪时期对女性流动的限制状况相比，也是一种明显进步。[1] 各种迹象表明，近代早期英国劳动力市场正在初步形成。

（三）人口流动的地区差异显著

比较而言，近代早期英国人口流动性在西部地区是最低的，典型如牛津郡、格洛斯特郡、威尔特郡、多塞特郡等地，人口地域流动性都远低于其他地区，其中格洛斯特郡是流动性最差地之一。据英国著名历史地理学家H.C.达比（H.C.Darby）研究，上述诸郡同时也是西部地区人口密度最低的郡区，显然经济落后、缺乏吸引力和人口稀少在当地已经形成了因果循环，而周边毗邻的萨默塞特郡和德文郡则是西南诸郡中较为富裕者，其发达的牧业经济使之成为西南部人口密度最高的地区，最典型的是汤顿-迪恩（Taunton Deane）河谷，因其富产"小麦、大麦、燕麦及乳制品"，在1607年被约翰·诺顿（John Norden）描述为"英格兰的天堂"[2]。相形之

---

[1] 女性迁移流动在中世纪时期受到诸多限制，由此成为城市非法移民而见诸教区法庭档案的情况非常普遍，大概同城市为女性提供的合法就业机会较少有关，很多人被迫从事非法交易活动（如卖淫），所以往往因为"名声不好"而遭到驱逐，即便在小城镇这样的场所也是如此。Richard Holt and Gervase Rosser, *The English Medieval Town, A Reader in English Urban History: 1200–1540*, London and New York: Longman, 2001, pp.82–83.

[2] 约翰·诺顿是17世纪英国著名地形学者、地理测量员和郡地图制作者。H. C. Darby, *A New Historical Geography of England Before 1600*, Cambridge University Press, 2011, p.252, p.262.

下，东部地区人口流动性则要高得多，尤其是肯特郡和萨福克郡。这里可以清晰看到经济活跃度同人口流动性存在密切的正相关关系，西部、北部地区人口流动性低实际上正是当地经济落后、不发达的一种体现。① 17世纪之后，随着人口压力增大，畜产品价格上涨，这些地区才逐渐吸引了越来越多的乡村居民，畜牧业和各种乡村工业日渐繁荣。

与此相应，近代早期人口流动的"地方化"特征在西部同样很明显，流动距离较短，超过40英里的流动很少，而这种流动现象在东部更为频繁一些，如在萨福克郡较为典型，不过肯特郡、诺福克郡的"长距离"流动现象很低，这说明在同一地区内部还存在着亚一级的人口流动模式。根据克拉克教授对诺福克郡教区法庭男性证词所做的分析可以看到，诺福克郡内存在两种主要"农业区"：农-牧混合区（sheep-corn country）和林-牧区，不同区域的居民流动方向、水平都存在显著差异；② 前者居民主要向北、西方向流动，后者则流向南、东两个方向；此外，林-牧区男性居民倾向于迁移到其他林-牧区村落定居，在调查样本中比例高达41%，而迁到农-牧混合区的比例只有8.4%；由农-牧混合区迁出的居民主要优先选择两个目的地——附近城市和其他林-牧区，不过也有相当数量居民流动到其他同一类型农业区生活，这部分农-牧混合区移民比例是19.6%，远高于林-牧区迁来的移民比例8.4%。③

---

① 以北部达勒姆为例，它是一中等规模的市镇，人口仅数千人，大部分市民主要依靠为主教和修道院及其慕"圣卡斯伯特陵墓"（St. Cuthbert）之名而来的香客提供服务为生，生产贸易活动规模很小，吸引的外地移民数量有限。Margaret Bonney, *Lordship and the Urban Community: Durham and Its Overlords, 1250–1540*, Cambridge University Press, 2005, p.35, p.180.
② 所谓人口流动的地区差异类型，是相对而言的，并非绝对的，即便人口流动活跃的东盎格利亚地区，也存流动性很低的村落。譬如，希里亚·法因斯（Celia Fiennes）在萨福克郡旅行某地时发现，当地村民提供"糟糕的指导"，因为他们只知道离家"3英里远的地方"。H. E. S. Fisher and A. R. J. Jurica, *Documents in English Economic History, England from 1000 to 1760*, London: G. Bell & Sons Ltd., 1977, p.66.
③ Peter Clark, "Migration in England during the Late Seventeenth and Early Eighteenth Centuries", *Past & Present*, No. 83(May 1979), p.78.

第三章　近代早期英国乡村人口流动（下）：非"标准"模式

诺福克郡居民地域流动"偏好"的例子反映出17世纪下半叶农业低迷、畜牧业产品价格坚挺的经济分化形势，不论是当地居民，还是郡外人口流动趋向，迁往林-牧区的村庄或城镇成为一种共同的选择。在这里，大量小农场主专门饲养牲畜和从事乳制品生产，产品主要销往伦敦市场，日渐发展成为首都居民生活日用品来源的基地之一。另外，诺福克郡农-牧区居民流动模式也表明，人口流动虽然在地域空间上变化较大，但在行业流动上存在着职业上的"延续"，在新的迁入地"延续"从事以往的生产行业者比例较高，跨行业转入其他生产部门的比例较低，可见旧有的生产技能及经营经验在行业流动过程中有着一定导向性，对于跨行业流动具有一定制约作用。

整体来说，尽管内部存在差异，但是东部及东南部地区城乡人口流动活跃度普遍较高，样本中只有20%左右的居民未曾流动过，短距离、"地方化"流动占据主导地位。这样高水平的地域流动性是同当地较好的道路交通情形密切相关的，罗马时期修建的大道、公路还保留着，加上河流与海岸运输，显然便利了人口流动和物资交流。更重要的是，肯特郡所在的东南地区拥有毗邻首都伦敦的巨大优势。法庭证词证据揭示出"离开大都市的那些人，其中很多都迁往并定居于附近郡县"，最明显的是，"有相当数量伦敦人流出，迁往东盎格利亚和肯特郡"，迁往西部诸郡的则可以忽略不计。在首都人口外溢效应影响下，这一地区成为英国城市化水平最高的地区，当地城镇密度也远高于西部、北部，[①]活跃的城市商贸经济促进了腹地乡村农业人口及城市之间的人口流动往来，使得该地区人口流动性远高于全国平均水平，这一特点在17世纪40年代英国内战前尤其突出。

---

① 据哈佛大学城市史专家简·德·弗里斯（Jan De Vries）教授研究，发现英格兰东南部地区在1500—1700年，城市人口比例大约从8%或9%增长到40%左右，成为工业革命前英国城市化水平最高的地区，而其他地区城市发展非常缓慢，尤其是西部与北部地区城市人口增幅很小，有的甚至处于停滞状态。Jan De Vries, *European Urbanization 1500–1800*, Harvard University Press, 1984, p.152.

相形之下，中西部、北部地区显然不具备上述优势条件，相反还是"17世纪危机"的"重灾区"。与东南部地区相比，"17世纪危机"对中西部地区影响更为持久严重，格洛斯特郡等地城市经济长期萧条，17世纪二三十年代的经济衰退曾经重创了内陆城乡贸易活动，40年代内战造成的破坏进一步延缓了当地经济复苏步伐。因此，中西部大部分地区衰退延续至该世纪下半叶，部分地区经济持续低迷至18世纪20年代，在此期间该地区小城镇数量减少了接近一半，作为经济指向标之一的人口流动与劳动力转移现象，也随之大为减少。

值得一提的是苏格兰这一时期的人口流动情形。近代早期的苏格兰基本上是处于一种生计经济或糊口经济水平，"17世纪危机"令原本脆弱的经济雪上加霜，人口外流现象十分突出。1610年后，据估算至少有9万人离开了苏格兰，大约有2万人移民到了爱尔兰北部地区阿尔斯特（Ulster），其中大部分是来自苏格兰西南地区的小佃农和茅舍农。[①]"生计型"移民特征非常突出。还有相当一部分人口流向了斯堪的纳维亚半岛和波兰（Poland），有从事小生意的货郎和商人，更多则是成为雇佣军士兵，参加了欧洲三十年战争。在1625—1642年，苏格兰政府批准征募的士兵就达到4.7万人，当然绝大多数是青年男性。这一海外移民规模某种程度上超过了17世纪下半叶苏格兰国内男性人口的自然增长。

（四）流动人口年轻化

近代早期英国人口之所以具有如此之大的流动性，还同这一时期的人口结构存在一定的关系。根据人口史家E.A.里格利和斯科菲尔德估计，1600年英国大约有40%人口年龄在21岁以下；罗宾·布里格的估算也大致相同，英国35%的人口年龄在15岁以下，54%的人口年龄在25岁以

---

① Keith Wrightson, *Earthly Necessities, Economic Lives in Early Modern Britain, 1470–1750*, Yale University Press, Penguin Books, 2002, p.221.

第三章　近代早期英国乡村人口流动（下）：非"标准"模式

下。①还有学者估算，大约40%的人口在15岁以下。不论数据有何细微差别，都指向一个共同的事实，即年轻人的比例相当高。这样年轻化的人口结构显然大大有利于人口流动迁徙，年轻人的生理优势与精神状态赋予了近代早期英国社会以更大活力与流动性。

由于疫病频繁发生、城乡人口更替频率很高，结果人口预期寿命都在40岁以下，16世纪晚期、17世纪初在38岁左右，此后随死亡率上升而不断降低。其中1681—1690年的10年间，英国人口出现了负增长。17世纪晚期、18世纪初年，居民平均寿命预期降低到了33岁。②虽然不排除某些地区人口实际寿命稍高一些，但总体而言，"人到七十古来稀"的情形不仅适用于古代东方，在西方社会也是近代早期各地普遍存在的社会现实。这意味着近代早期英国社会是一个"相对年轻化的社会"，青少年群体在社会中占据了"相当高的比例"，这一特征在城乡各种形式的流动人口的年龄结构中也体现得十分鲜明。

因此，通过分析流动人口的年龄结构，可以发现近代早期流动的英国人是一个年轻的群体，十几岁即离家打工、做学徒，学习职业技能、积累独立成家立业的资本；更有甚者，漂洋过海迁移到美洲大陆殖民创业，可见新教——清教徒精神已经浸染了英吉利民族，塑造了英国人勤劳、节俭的民族性格。新教精神在何种程度上影响了英国民众，仁者见仁。马克斯·韦伯曾经提出了著名的"新教伦理与资本主义精神"起源的著名论断，影响了几代学者，后有R. H. 托尼等学者继续高举"清教运动与资本主义"存在密切关系的旗帜，都认为16世纪宗教改革之后的新教促进了勤俭民族

---

① 据克莱曼估计，这一时期15岁以下的青少年和婴幼儿约占人口的38%。张奎勤：《近代早期英国青少年问题与社会控制》，见向荣主编：《中世纪晚期 & 近代早期欧洲社会转型研究论集》，人民出版社2012年版，第237、239页。
② Keith Wrightson, *Earthly Necessities, Economic Lives in Early Modern Britain, 1470–1750*, Yale University Press, Penguin Books, 2002, p.229.

性格形成，也促进了英国资本主义的发展。①

现在看来，似乎不宜夸大新教伦理对英吉利民族性格的塑造，因为直到工业革命时期广大农民还不适应工厂下的紧张工作节奏，丹尼尔·笛福在1724年时"欣喜于英国有管理佣工的法律"，各地治安法官时常被授权，可以采取"强制手段"，迫使"懒散的农民、工人接受工作"，不仅强制要求穷孩子离家"接受学徒制"训练，还明确规定工作的"空间和地点"。②笛福的《不列颠旅行游记》中处处流露着对下层劳动者的指责与不满，因为这些农业佣工、建筑工匠和短工"满足于一年仅仅工作半年或几个月"，余下的时间里则喝酒混日子、不思进取。③这里一方面揭示了这些工人收入提高、生活水平提高，另一方面显示出英吉利民族此时闲散懒惰、不再勤劳了。在18世纪，新教历经200年后已然扎根，其蕴含的"伦理"与激发的"勤俭"精神反而消失了。是什么原因造成这种变化？是新教本身发生了变化，还是这种勤俭的资本主义精神同新教没有必然联系？这些疑问驱使着我们进一步探究近代早期——16、17世纪英国人勤劳俭朴的真实原因。

不过，对于这种勤劳俭朴的年轻人进行分析后，我们就会发现在这种四处流动打工的活力背后，承载着社会和个体家庭的双重重担，让人感到忧虑重重。有学者曾将其归于一种"勤劳"、"简朴"和禁欲的清教徒精神，是一种"新教伦理"的体现。在笔者看来，二者或许有一定关系，毕

---

① 参见[德]马克斯·韦伯：《新教伦理与资本主义精神》，于晓、陈维纲等译，生活·读书·新知三联书店1992年版，第二、四、五章等相关内容；[英]R.H.托尼：《宗教与资本主义的兴起》，赵月瑟、夏镇平译，上海译文出版社2013年版，第四章"清教运动"内容。

② Steve Hindle, "Labour Discipline, Agricultural Service and the Households of the Poor in Rural England, c. 1640-1730", in J. McEwan et al. (eds.), *Accommodating Poverty*, Palgrave Macmillan, a division of Macmillan Publishers Limited, 2011, p.169.

③ 赖特森举了赫尔城的例子，供养一个五口之家，收入最高的建筑工匠一年工作125天就可以，收入较低的建筑劳工工作251天即可。其他地区、不同职业或有不同劳动天数，不过上述数字已足以说明17世纪晚期以来至18世纪三四十年代，英国普通民众有比较充足的休息、闲暇时间。Keith Wrightson, *Earthly Necessities, Economic Lives in Early Modern Britain, 1470–1750*, Yale University Press, Penguin Books, 2002, p.231.

第三章　近代早期英国乡村人口流动（下）：非"标准"模式

竟 16、17 世纪是新教兴起、清教徒纵横历史舞台的时期，清教徒思想必然也渗透到经济领域。据说开拓北美殖民地的清教徒在前往美洲大陆时，很多人在随身携带的有限物品中就有一本英语版的"钦定"《圣经》。但是，如果置身于历史情境之中，我们就会发现上述认识仅仅反映了部分历史事实，距离全部历史真相还有相当距离。

近代早期，在当时人看来，十几岁的年轻人（实际上还是孩子，以今天的眼光来看）做学徒、佣工，并不是出于勤奋，也不是通过阅读《圣经》文本而对上帝更加虔诚，更多是出于一种无奈，是为了谋生这一最简单、最基本的人生目的。这是严酷的社会环境造成的。据研究，如果将 17 世纪的英格兰国家同 20 世纪以来的第三世界不发达国家相比较，就会发现两者在人口年龄结构上非常相似，即 15 岁以下的人口占比都在 40% 左右，而发达国家青年人占比仅为 20% 多一点，仅稍稍高出。可见，未成年人比例偏高，这样的人口结构不利于生产及财富积累，同时也会带来因供养大量孩童及老人而造成的贫困问题。对社会如此，对个体家庭也同样如此，也会造成沉重经济负担，高比例贫困家庭存在本身已经说明消费性人口远远多于生产性成员，年龄稍长的儿童为父母分担家庭重负似乎已成为一种必然选择。

17 世纪英国的人口年龄结构正是同 20 世纪以来的不发达国家相似，带来的社会问题也相似。英国著名经济史家科尔曼考察了里奇菲尔德市（Lichfield）的人口与社会状况，发现该市乞丐人数并不多，仅占城镇人口的 5.3%，但实际上这大部分指的是被列为户主的人口，正常情况下，"乞丐"户主的家庭成员无疑也属于"乞丐"类人口，两者加在一起则上升到 16.8%。这些人大体相当于被格里高利·金明确划为"乞丐和小屋农"当中的"乞丐"（pauper）部分，而从年龄结构上看，其中将近一半（47.3%）都是 15 岁以下的孩童。[①] 需要救济的"乞丐"人口，加上没有能力缴纳税

[①] D. C. Coleman, "Labor in the English Economy of the Seventeenth Century", *The Economic History Review*, New Series, Vol.8, No.3(1956), pp.280–295.

负的居民，其比例则占到全国人口一半以上。可见，贫困不仅仅是居民个体家庭供养孩子的生计问题，也是整个社会正在面临的稳定秩序、更新社会治理等棘手问题。

另据格里高利·金关于1691年人头税的统计，英国全国范围内55%的居民被列为"免税或破产"，其中24%接受救济或无须缴纳济贫税，剩下的31%绝大多数是上述两类人家中16岁以下的青年儿童。当时人口的预期寿命仅为35岁左右，15岁之后的工作劳动时间只有20年左右，因而大约有31%的人仅仅活到预期寿命。这意味着一个十几岁的孩子很可能已经失去了父亲或母亲或双亲，变成了孤儿，这大概不是非常罕见的现象。"孤儿法庭"机构的设立本身已经说明这一现象的普遍性。① 在如此背景环境之下，十几岁的孩子流动打工，做佣工、学徒，其身上体现的恐怕不是那种"勤俭节约"的新教徒伦理或资本主义精神，而是家庭生计、社会严酷环境的双重制约使然。更何况这种勤俭节约的新教伦理与资本主义精神也没有必然的因果关联。② 因此，近代早期英国人口年轻化与活力背后透露的是对生活艰辛、生命短暂或许还有丧亲之痛的一种无奈。

流民问题的解决同17世纪下半叶后城市人口危机的缓解也存在一定关系。在贫困地区"拉力"增强、"推力"因素减弱的同时，城市本身的"拉力"也在发生变化。众所周知，近代早期城市人口高死亡率、低出生率，瘟疫、饥荒频频带来人口的巨大损失。这种人口失衡与大比例更替现象在

---

① 除孤儿法庭之外，近代早期还出现过专业化的"孤儿银行"（Orphans' Bank），1694年由威廉·帕特森筹资建立，也在很大程度上说明了孤儿现象普遍存在与社会承担抚养责任的必要性。Ronald H. Fritze and William B. Robison, *Historical Dictionary of Stuart England, 1603–1689*, London: Greenwood Press, 1996, p.108.
② 因为许多天主教国家，尤其是资本主义起源地——意大利更是天主教一统天下的地区，后来也都相继进入资本主义阶段。可见新教伦理与资本主义精神没有必然的因果关系。实际上勤俭禁欲也未必是资本主义的精神动力，中国古代农民一向勤俭，但却没有产生资本主义。13世纪的托钵僧团体，像圣多明我修会、法兰西斯修会也同样禁欲苦行，如果这些是资本主义的精神因子，那么资本主义的种子早就由这些修士在13世纪时洒遍西欧各地了。资本主义精神应该是随着资本主义起源、发展、确立而逐步形成的，还应包括殖民、侵略、扩张和杀戮等。王加丰：《超越新教伦理：重揭早期现代化的精神动力》，《中国社会科学报》2012年5月16日。

第三章　近代早期英国乡村人口流动（下）：非"标准"模式

17世纪40年代之前尤其突出，客观上在破坏城市社会的同时也给乡村人口大量流入提供了难得机会，像前文述及的16世纪90年代和17世纪20年代，都是乡村移民大量涌入的节点。不过，这种情形在17世纪下半叶得到很大缓解。虽然很多大城镇人口依然是"人口赤字"——出生率低于死亡率，但是很少发生大规模的"人口死亡"危机，也就不需要在短期内更替大量城市人口。这一变化显然对乡村人口迁移城市产生负面效应，乡村移民迁移城市的规模、频率不再依托于瘟疫与饥荒，更多的取决于城市自身经济活动扩张与衰退周期，在制造业生产兴旺时涌入附近大城市小城镇，而"一俟城市商业活动衰退，大部分移民都返回附近的村庄"。人口流动的机制正在发生微妙变化。

值得注意的是，城乡居民在17世纪下半叶之后"长距离"迁移大幅减少之后，其他形式的人口流动现象显著上升，海外移民即是其中之一。海外移民固然已经不属于国内人口流动范畴，但从迁移流动距离而言，更是一种名副其实的"长距离"流动。从这个角度来讲，"长距离"流动现象并未消失，只不过改头换面，以另一种形式出现，取代了以前国内"长距离"流动罢了。海外移民当然不是一种新现象，17世纪初年即已出现并有了相当规模。1608年，英国人将北美最早的一块殖民地命名为"弗吉尼亚"，以此纪念他们忠诚爱戴的伊丽莎白一世。如果说16世纪、17世纪上半叶的海外移民夹杂了较浓厚的宗教色彩——逃避宗教迫害，那么，17世纪下半叶以来则更多体现了一种经济动机——异域谋生创业，许多移民都是作为"契约佣工"身份漂洋出海的。据估算，跨越大西洋的英国人从1660年的7万人上升到1700年的20余万人。精确的海外移民数量已很难统计，不过海外迁移人口的主体成分及其呈现的动机却与近代早期国内的"长距离""生计型"移民惊人相似。①

---

① 有学者认为，海外移民实际上是英格兰内部移民活动的一种"延伸"或扩大。近代人口史专家大卫·索登（David Souden）即持此种观点，其关键性证据之一是"契约佣工"一半以上来自城镇。David B. Mock, "Migration and Society in Early Modern England by Peter Clark, David Souden, A Review", *The Sixteenth Century Journal*, Vol. 21, No. 2(Summer 1990), pp.300-302.

其实任何时期人口流动形式、动机都是复杂多样而非单一的，近代早期虽已显示出新时代特征，鲜明的经济动机在人口流动中呈现出日益占据主导地位的迹象，但在许多方面依然与中世纪存在千丝万缕的继承关系。流动大军中的佣工和劳工群体就体现出了新旧两个时代交织的特点。这两个群体在中世纪城乡经济生活中都曾经广泛存在，但受到封建依附关系的各种制约，不是完全受市场力量支配的自由劳动力。在近代早期，权力对劳动力市场的干预色彩正在逐步褪去，不过这是一个缓慢的过程，权力开始以另一种形式介入经济生活。[1] 在上述关于"流民"的济贫法令包括定居法中，我们依然可以清晰看到市场之上的"政府之手"。纯粹的市场经济在现实生活中是不存在的，无论近代还是现在，宏观调控和政府干预是经济生活中不可或缺的重要手段，在市场经济初期——近代早期尤为频繁而显著。

近代早期人口流动形式一直延续到工业革命之后。譬如查理斯·狄更斯等人考察了19世纪的乡民流动迁移情况发现，近代早期的人口流动模式依然保持未变，"循环的，村庄之间、小城镇之间、大城镇返回小城镇和乡村的回程移民都是非常频繁的……"[2] 这种情形决不仅仅限于英国，欧洲大陆也是如此。有学者估算了近代早期法国乡村社会，认为此前学者的研究成果夸大了法国社会的稳定性，以波尔多、布列塔尼和勃艮第等地为例，这些乡村人口每年因人口流动造成的更替率大多在5%上下，[3] 这意味着大约10年村庄原居民将有近一半消失。还有学者考察了德意志近代早期移民

---

[1] 近代早期，政府为共同体之利益而对经济和社会事务进行干预，被认为是"自然的"，也是"受人们欢迎的"，这同现代市场经济下的国家角色定位有一定距离。C. Clay, *Economic Expansion and Social Change: England 1500–1700, Volume II , Industry, Trade and Government*, Cambridge University Press, 2005, p.203.

[2] David Siddle, *Migration, Mobility and Modernization*, Liverpool University Press, 2017, pp. 186–214.

[3] James B. Collins, "Geographic and Social Mobility in Early-Modern France", *Journal of Social History*, Vol. 24, No. 3 (Spring 1991), p. 565.

第三章 近代早期英国乡村人口流动（下）：非"标准"模式

问题，发现循环移民也非常普遍，尤其是"当地市民"的子女，不论是做学徒还是已出师，也有到其他城镇或乡村的习惯，那种"没有离家去工作一段时期"的情形是非常罕见的。[①] 这种定期的人口流动具有重要影响，多数年轻人在秋季离开、春季返回，在婚姻和出生率上都留下了印记。

总之，近代早期英国人口流动不仅存在而且是多形式、多样态的，在地域上也不仅仅限于乡村地区，城镇、城市之间广泛发生着人口流动、"回流"现象。这一现象也非英国所独有，同期欧洲大陆国家亦有之，可见具有一定普遍性。无论作为一种生产生活习俗，还是一种浸淫已久的社会结构，人口流动必然会对英国城市及乡村造成重要影响。

---

① Steve Hochstadt, "Migration in Preindustrial Germany", *Central European History*, Vol.16, No.3(Sep. 1983), pp.195–224.

第四章

近代早期城市人口"回流"现象

学界关于前工业城市问题有过相当精深研究者，典型如 G. 肖伯格（G. Sjoberg），他考察了近东、两河流域、地中海世界、欧洲等世界范围内工业革命之前各地区城市概况，勾勒了前工业城市社会共有的人口结构、社会组织、经济功能、政治结构和宗教与教育等方面的五个城市特征。遗憾的是，肖氏理解的"前工业时期"指的是工业革命以前的数千年，与学者们通常所指的"工业革命之前的两个半世纪"，即"16、17 世纪和 18 世纪上半叶"，在研究时限上有着明显差别。当然，最大的问题是，无论在"前工业城市的扩张模式"，还是在"转型中的前工业城市"目节（此处指章节之下的二级和三级标题）中，肖伯格都很少提及前工业城市与乡村之间的人口互动关系，也没有提及城市人口"回流"乡村问题。

不过，肖氏敏锐地发现了同为前工业城市，伦敦具有许多不同的特质，具有一种"现代性"（modernity），并没有将伦敦与其他城市混为一谈，而是将其排除在"经典类型"之外。此外，他对于工业城市化时期伦敦城市及英国社会状态的描述也很有价值，譬如，肖氏认为，"小型家庭必然是一个具有广泛社会流动、空间流动性的社会的主导形式"[①]，这样就将人口"流动性"与家庭形式联系在一起，对我们研究人口流动现象提供了有益启示。

---

① 学界目前已有肖氏该作中译本，不过对于作者译名不一，此处沿用旧称；肖氏关于前工业时限不同于学界既定认识，参见 [瑞典] 伊德翁·舍贝里：《前工业城市：过去与现在》，高乾等译，社会科学文献出版社 2013 年版，第 26、46、286 页。

第四章 近代早期城市人口"回流"现象

由前文可知，近代早期——16、17世纪的英国社会也具有高度的地理流动性、社会流动性，那么是否可以推论：这一时期的英国也拥有同样的小型家庭，核心家庭是否某种程度上就是人口流动性的产物。这些推测无疑有利于拓宽人口流动问题的研究视野与思路。

除肖伯格之外，英国学者钱伯斯、里格利、乔纳森、克拉克等人关于近代早期英国城市的人口婚姻模式、经济和社会、流民问题、危机和秩序等研究，[1] 对于进一步探究人口流动与社会转型问题，都很有启发意义。

一、"回流"现象是否存在

在近代早期，一个简单的事实是，城市人口相对于乡村人口而言，仍然是相当少、微不足道的，在整个17、18世纪也未发生根本改观。在所有出生在乡村的人口中，只有3%—4%永久地迁到了城市，即死在城里，而其他大部分移民都是暂时性移民，后来还会迁回农村的。[2] 有学者将其称为城市游民，或城市"漂浮者"（floaters），颇有类于今天大城市里的"北漂""漂族"群体。可以确定，城市人口"回流"现象是存在的。

（一）城市人口结构与人口流动

"回流"现象与城市自身人口构成有关，也同城市当局自身对外部移民的敌视密不可分，其市民权资格门槛日益提高，限制外来人口进入，在城市无法立足的外地移民自然会选择返回家乡或出生地。可见，城市近代早期以来的排外态度是造成乡村移民回流的重要原因。实际上，城市的"拉

---

[1] J.D. Chambers, *Population, Economy, and Society in Pre-industrial England,* Oxford University Press, 1972; E. A. Wrigley, *People, Cities and Wealth: The Transformation of Traditional Society,* Blackwell, 1992; P. Clark and P. Slack (eds.), *Crisis and Order in English Towns 1500–1700: Essays in Urban History*, London:Routledge & K.Paul, 1972; Jonathan Barry (ed.), *The Tudor and Stuart Town, A Reader in English Urban History 1530–1688*, London and New York: Longman, 1990; Robert Tittler, *The Reformation and The Towns in England, Politics and Political Culture, c.1540–1640*, Oxford: Clarendon Press, 1998.

[2] ［美］简·德·弗里斯：《欧洲的城市化：1500—1800》，朱明译，商务印书馆2015年版，第221页。

力"同样显著,城市的繁华依然吸引着源源不断的乡村移民到来,他们构成了城市里的"漂族",是流动性外壳的主要群体,熙熙攘攘,来而复归。正是由于城市推力与拉力同时存在,人口回流才成为近代人口流动的一种常态现象。

城市居民的流动性是与城市人口结构密切相关的。城市各阶层的社会流动性具有显著差别。同乡村一样,城市社会上层流动性也低于下层民众。人口学家艾伦·沙林认为,城市居民大体上可以分为两组:永久性居民和暂时性移民,显然后者水平流动或"回流"乡村可能性大得多。另一位人口学者戴维·瑞格罗斯(David Ringrose)认为,城市人口中存在着一个稳定的内核和一个流动性的外壳……内核核心的组成部分是永久性居住的家庭,外壳的组成部分是城市边缘人口,主要是移民、临时工和不熟练工人等。这种二元结构至少从17世纪持续到19世纪中叶。[①] 这两部分人口的婚姻模式、生育率、死亡率都存在重要差别,显而易见,作为"稳定内核"的永久性居民,他们脱离了同乡村的直接联系,而"暂时性移民"和"流动性的外壳"则对乡村的影响更为直接,因为他们后来大多返回了乡村或周期性流动于城乡之间,"循环流动"和"回流"乡村显然是近代早期城市人口流动的一种重要趋向。

回到乡村后,这些流动人口或作为季节性劳动人手受雇于各种农场,或借助于当地各种资源从事乡村工业,所以有学者说,乡村工业是这些贫困人口最后的一根"救命稻草",尽管有时收益不大,只是一个"二等救世主"[②]。当地域流动无法满足其生存或发展要求时,向农业之外的非农领域转移就成为必然选择。这一领域对城乡居民来说并不陌生,它建立在中世纪"茅屋工业"基础之上,许多城市也参与呢绒生产的主要技术工序,某种程

[①] [美]简·德·弗里斯:《欧洲的城市化:1500—1800》,朱明译,商务印书馆2015年版,第196页。
[②] [法]费尔南·布罗代尔:《15至18世纪的物质文明、经济和资本主义》第2卷,顾良译,施康强校,生活·读书·新知三联书店1996年版,第322页。

度上也是同乡村呢绒或羊毛行业有着密切关系的，当然已远远超越了后者。在回流人口的推动下，乡村工业无论从规模还是生产组织形式、跨地区贸易影响诸方面，都在"茅屋工业"基础上获得了巨大发展，是前者所无法比拟的，由此近代早期乡村工业获得了"工业化前的工业化""原工业化"等称谓，① 实际上是城乡居民通力合作的一个产物。

因此，城市"流动性外壳"也助推了乡村居民向非农领域转移。跨出农业种植业、畜牧业，转入工业、手工业等生产活动，体现了近代早期乡村居民的一种行业转移或流动。如果说地域流动具有显著的时空分离特征，那么行业流动则往往是合二为一，即许多乡民没有离开乡村、生产作坊与居家陋室合在一处，纺织业尤其如此。据研究，这些工业化村庄为大量乡民提供了生计，由此显著降低了人口流动性，有学者估算大约减少了50%。该比例也许会因地区不同而有所差异，不过同其他农业村庄相比较，其空间地域流动性显著降低则是毫无疑问的，而且它本身还变成了一个吸引移民的"接受地"，更凸显了人口行业流动给乡村带来的角色转变。所以，一般而言，这些工业村庄人口增长往往快于农业村庄，甚至在人口婚姻模式上也不同于后者的晚婚模式，一种新型聚落出现了。

（二）城市人口"回流"的普遍性

关于近代早期英国城市的"回流"问题，达比等学者早就关注过，在考察英格兰财富在中世纪和近代早期之间发生的地理变化时，他们发现有些市民居住在城市之外的乡村，这种流动"在近代早期大规模发生"，"许多城镇商人都在乡村持有财产"。② 最典型的当然是伦敦商人、市民向近

---

① Peter Kriedte, *Industrialization Before Industrialization: Rural Industry in the Genesis of Capitalism*, Cambridge University Press, 1981, p.142.
② 达比等学者通过研究1524—1525年俗人补助金或俗人税发现，城市人口流入乡村的一个后果是，造成难以区分纳税人的财产是"城市抑或乡村财产"，反之亦然。H. C. Darby, R. E. Glasscock, J. Sheail and G. R. Vresey, "The Changing Geographical Distribution of Wealth in England: 1086-1334-1525", *Journal of Historical Geography*, Vol.5, No.3 (July 1979), pp.256-257.

畿诸郡外迁，北部约克郡商人、手工业者外迁，促成了西部呢绒生产新中心出现，"尽管约克、贝弗利（Beverley）依然是重要的呢绒中心"，但是西区由于水力资源丰富，"适于漂洗磨坊"，哈利法克斯、哈德斯菲尔德（Huddersfield）和韦克菲尔德等地开始成为呢绒生产重镇。可以认为，这不是伦敦、约克的孤例个案，凡是行会管理僵化、入会或开业成本高昂的城市，都出现了这种人口外流情形。

当然，这不是不列颠岛国所独有的一种现象，而是欧洲多数国家城市居民普遍存在的一种共性。像尼德兰的城市工业在中世纪晚期经济萧条后，城市各种手工业"重返乡村"；意大利城市工业在16世纪末也开始衰落，工业逐渐迁往"二等城市、小城市、集镇和村镇"，只是威尼斯恢复乡村手工业的努力，"未能完全成功"；西班牙工业在16世纪下半叶一蹶不振，也开始向乡村转移，尽管最后也未能在乡村最后立足。这一方面证明了近代早期欧洲城市人口"回流"现象具有普遍性，是欧洲城市经济发展到一定阶段的产物，城市当局与行会的管理制度、高昂的劳动力成本等因素限制了工业发展，造成了城市人口、资金及技术"回流"乡村现象的出现。

另一方面也说明城市资本、技术"回流"乡村仅仅是乡村工业获得大发展的因素之一，而不是乡村工业成长为原工业的充要条件，尼德兰、威尼斯、西班牙乡村工业夭折事例证明了这一点。所以，乡村工业成长为原工业还需要乡村地区的"内生"条件——地方固有的生产传统、手工业基础、劳动力资源及原材料等因素，上述事例从反面证明了英国乡村地区存在着雄厚的工业传统与手工业基础，乡村工业正是踏在传统"茅屋工业"的基础之上而走向原工业的。历史在这里显示出了渐进性与连续性的统一。

（三）城市人口"回流"规模推测

由于近代早期缺乏直接的人口统计数据资料，城市居民数量大多是根据炉灶税税册、补助金税册、城市学徒卷宗、获得市民权利的自治市卷宗等推测而来，关于乡村移民数量同样是根据城市人口死亡率及流民惩治法

第四章 近代早期城市人口"回流"现象

庭卷宗等推算而来的,对于城市人口"回流"乡村更是缺乏精确统计。尽管如此,学者们还是作了相关记载,可为窥见"回流"人口规模做一蠡测。

英国著名人口史家 E.A. 里格利在论及"向伦敦流动的人口规模"时,推算在 17 世纪末首都每年净移民数量为 8000—10000 人,但是"初到伦敦者实际数量大得多",因为"有相当多的回流人口"返回到乡镇(country towns)和乡村地区,不过没有提到具体数据,只是用了"considerable return"这样的词,难以确定回流人口数量。[1] 另外,经济史家 C. 克莱研究"1500—1700 年英国经济扩张和社会变革",阐述了近代早期人口环境发生巨大变化,16、17 世纪人口不断增长,"见证了各种类型的移民",其中就提到"城镇逆流人口",大量流出城镇返回乡村,这是大多数城镇"人口构成不断变化"的重要原因。至于城镇"逆流人口"数量,克莱则没有提及,同样使用了"相当多的反向"流动人口(considerable reverse)这样的词汇,令人遗憾的是也没有给出确切人数。[2] 彼得·克拉克在考察近代早期英国城镇移民问题时,以东南地区肯特郡 3 个城镇为样本,由于该地区是英国人口最稠密、城镇分布最广的地区之一,移民所带来的社会问题在这里暴露相对充分,所以代表了城市最发达一端所呈现的人口流动问题。他发现,该地区城镇存在"高水平"(at a high level)的人口外流情形,即便刨除因营养不良、地方传染病等因素而造成的人员减额,依然可以发现人口外流现象非常显著。

由此可见,城市人口"回流"乡村地区的具体数字很难确定,回流方式或日期同样模糊不清,有的移民数月后返回,有的则定居数年后"衣锦还乡",还有的默默无闻回到乡村,如一些普通雇工。埃塞克斯郡特林村约翰逊家就是这样的人口流动案例。因教区对约翰逊婚姻合法性有所怀疑,

---

[1] E.A. Wrigley, "A Simple Model of London's Importance in Changing English Society and Economy 1650-1750", *Past & Present*, No.37 (Jul. 1967), pp.44-70.

[2] C. Clay, *Economic Expansion and Social Change: England 1500-1700, Volume I, People, Land and Towns*, Cambridge University Press, 1984, p.190.

进行了相关调查，才得知其流动经历。倘非如此，村民们根本不可能想象约翰逊夫妻曾经在伦敦打工生活过。因此，对伦敦等大城市"回流"人口，这里只能估测一个大概规模。仍以伦敦为例，17世纪末人口达到57万人，而流动人口有数十万之多，这些流动人口大部分是要返回乡村或其他城镇的，其规模或稍逊于首都现有常住居民，大致为75∶100。[①]

还有学者推算每年流入伦敦人口约为3万人，按照伦敦增长幅度来看，通常认为首都每年接受移民至少在8000人左右，这样看来移民中大部分都又从伦敦流出（约2万人），可见"回流"比例相当之高，这意味着回流人口规模很大程度上高于人口迁入数量。这一现象并不限于伦敦，其他城市也存在规模或程度不等的回流人口。当然，城市回流或流动人口未必都返回乡村，也会流向其他中等城市、小城镇，但回流乡村人口应该占很大比重。[②] 不过，本书意在强调城市"回流"是人口地域流动三大类型之一，没有具体区分"回流"乡村与"回流"小城镇之间的差别。考虑到近代早期很多小城镇人口增长缓慢或停滞，可以看出大城市"回流"小城镇的人口是比较少的。所以，这里城市人口"回流"乡村的规模估算不是一种定量分析，更多是指出一种流动类型与流动趋向强度。

值得注意的是，上述城镇外流人口的流动距离同移民迁入时非常相似，大多迁出定居于城镇如坎特伯雷、梅德斯通、法弗舍姆市之外十几英里的地方，"15英里左右""流动半径不到16英里"等等，无论外流者是出生于城镇还是乡村，这说明城市人口"外流"同样具有"地方化"的典型特点。区别在于，出生于乡村的居民在城镇居住若干年后（平均5年左右），

[①] 该比例为笔者估算而来。通常认为这一时期约有1/6人口在伦敦生活过，约为100万人，扣除常住居民后大部分为流动或回流人口。

[②] 据英国学者科尔曼研究，这一时期许多传统城镇规模保持在3000—6000人，如圣埃德蒙兹、林肯、格洛斯特、南安普敦等人口数量变化很小，尤其在16世纪下半叶和17世纪初年，有的中等城镇还出现衰落。由此推断，伦敦等大城市回流人口返回了乡村地区。D. C. Coleman, *The Economy of England 1450–1750*, Oxford University Press, 1977, p.98.

第四章 近代早期城市人口"回流"现象

迁出城市时表现出了很强的"乡村偏好",仅有 24% 的居民选择的定居地点是城镇,而城镇出生者约有 40% 选择城镇;至于籍贯属于外省的、那些跨郡流动或省外迁移者,在城市居住若干年后外流迁出时,超过 50% 以上选择城镇。①

虽然肯特郡样本提供的数据有限,适用的地域也有很大的局限性,主要覆盖东南部地区几个郡,但依然可以尝试得出一些结论,即当地城市居民在迁出流动时,如果其祖籍在乡村的,那么他们很多人会返回故乡,因为村庄就在城镇有限的半径区域内;如果是外省移民,那么他们从城镇迁出时下一个目的地很可能还是城市,流动里程不再限于当地狭小范围内。城镇人口外流时的这种差异,生动体现了当地人和外地人之间的不同选择,前者是回家,后者是继续迁移流动,其实一定程度上也有很大共性,即体现了乡村和城市社会之间共同的情感价值取向:故乡情结,家如果遥远,那就继续寻找天堂——下一个城镇。

二、城市人口"回流"的原因

关于城市人口"回流"乡村的原因固然是多种多样的,不过显然与城市自身的管理模式存在密不可分之关系,其中行会就是阻止乡村移民融入城市社会的重要组织。譬如,著名城市史专家芒福德就曾认为城市行会的严苛管理是造成手工业者向乡村迁移的重要原因。"中世纪城市里的风俗习惯制度和机构等最后终于流回到农村地区,产生了村子和集镇。……英国最好的一些村庄——伯福德(Burford)、拜伯里(Bybury)、奇平坎登②(Chipping Camden)——它们的最后形式是在 16—18 世纪中形成的……农村里村庄之所以能更新复兴,其理由也许……工艺技巧从过分

---

① P. Clark and P. Slack(eds.), *Crisis and Order in English Towns 1500–1700: Essays in Urban History*, London: Routledge & K.Paul, 1972, pp.132−133.
② 此为原出处的表述。"Chipping Camden"还可译为"奇平卡姆登"。

保护、控制甚严的自治市逐渐流到农村里来。"①

（一）行会限制

美国著名城市问题专家芒福德从城市管理角度分析了城市人口"回流"乡村的重要原因，实际上含有对行会批评的意味。他认为城市当局的行业管理法规阻碍了城市工业扩大生产，尤其是基尔特行会的开业资格规定、学徒期、会费缴纳及居住年限等，束缚了各种制造业的发展空间。的确，在近代早期，城市基尔特行业管理的消极影响日益凸显，早期的进步作用已然消失，顽固执拗地排斥外来移民、垄断部门利益的做法，最终也损害了行业自身利益。城市这种封闭、排外政策由来已久，并非始自近代早期。②

近代早期英国市政当局对乡村移民的排斥态度，是中世纪晚期以来城市人口政策的一种继续。据学者们研究，在黑死病之后，城市对乡村人口日渐排斥，市民资格门槛日渐提高，市民权利已经成为外来移民，尤其是乡村移民的不可企及的目标。③我国著名历史学家马克垚先生研究发现，这种排斥主要针对的是乡村贫穷移民，因为他们大多是城市的负担，在城市上缴给封建主或王室的"年度税"（fee farm）中分担的税额很少，在议会

---

① ［美］刘易斯·芒福德：《城市发展史——起源、演变和前景》，宋俊岭等译，中国建筑工业出版社2011年版，第348页。
② 城市的封闭、排外特性由近代早期上溯自中世纪晚期，还可以向前延伸到13世纪。在爱德华一世时期，英国城镇市政当局就是独立、排外的。在这里，"foreigner"这个词的含义不是"外国人"，而是一直用来指"城镇的外来人"，无论他们是"外国人抑或是来自其他地方的英国人"，对该城镇而言他们都是"外来人"。诺里奇商人在剑桥附近的斯陶尔布里奇市集（Stourbridge Fair）进行贸易时，其地位同来自欧洲大陆低地国家的城市布鲁日或法国鲁昂的商人相比，是大体相同的。William Cunningham, Ellen A McArthur, *Outlines of English Industrial History,* London: Macmillan, 1898, p.57. 应该说，13世纪时的英国还是典型的封建社会，没有什么民族或国家的概念，王室、教会、封建领主乃至城市都是一个个相对独立的利益中心，所以排斥乡村移民是城市当局及其市民再正常不过的反应，丝毫不令人觉得奇怪。从本质上讲，这也是封建制度意识形态在城市领域内的一种反映。
③ 马克垚：《西欧封建城市初论》，《历史研究》1985年第1期；刘景华：《城市转型与英国的勃兴》，中国纺织出版社1994年版，第53—67页；刘景华：《西欧中世纪城市新论》，湖南人民出版社2000年版，相关章节；R. H. Hilton, *The English Peasantry in Later Middle Ages*, Oxford:Oxford University, 1976, p.76。

第四章 近代早期城市人口"回流"现象

确定的"动产税"中承担的税负也很有限,基本上属于免征人群,所以在城市居民看来,乡村移民是享受了城市的"自由"却没有承担相应的义务,是不受人欢迎的。

中世纪城市史专家刘景华也曾有过相关研究,不同的是考察时段为"15、16世纪",这一时期城市劳动力和城市资本向农村转移,是城市冲击农村的"第二次高潮",主要源于资本主义生产力同"封建性行会"之间的矛盾运动,转移的结果促进了乡村工业发展和向资本主义经济的过渡。① 这一时段作为"中世纪晚期"显然同20世纪80年代关于世界中世纪史下限的认识有关,不过它恰恰表明城市人口"回流"乡村从中世纪晚期到近代早期是一脉相承的,让我们再次看到历史演进像一条连绵不断的河流。

近代早期,英国多数城市当局延续了中世纪晚期以来这一移民政策,以减少市内从业人员竞争,维护本市生产者利益。到1600年,考文垂、坎特伯雷、林肯、莱斯特、阿宾顿等大中城市都采取了限制措施,最典型的就是禁止外来商人在城内交易、禁止雇用非自由人,提高外来人晋身自由人或特权市民(freeman)的费用等。通常认为,流民或贫穷移民是城市面临的主要问题,实际上,流民仅仅是移民问题的"一部分",体面、有身份的移民同样也给城市带来了困扰,移民商贩同城市内原有从事贸易的居民"在大范围内"产生竞争。1598年,法弗舍姆(Favesham)的鞋匠们抱怨"外来移民开业抢走了他们的工作",并放言"如果行业没落了,我们就去乞讨、就去偷窃";乡绅们以所居房屋安全性差"恐吓城镇法人团体"。②1596年,组织坎特伯雷市民们骚乱的罗杰·劳诺德(Roger Fennold),是一名律师的书记员,本身就是一名"受挫"的"改善型"

---

① 刘景华:《十五、十六世纪英国城市劳动者和城市资本向农村的转移》,《世界历史》1986年第7期;刘景华:《论中世纪西欧城市冲击农村的第二次高潮》,《长沙水电师院学报(社会科学版)》1993年第3期。
② P. Clark and P. Slack(eds.), *Crisis and Order in English Towns 1500–1700: Essays in Urban History*, London: Routledge & K.Paul, 1972, p.150.

移民。

17世纪初年，肯特郡城市寡头政治所遭到的攻击，主要也是来自这些外来的"体面的"移民所领导的暴动。有的暴动甚至颠覆了城市当局的既有管理秩序。譬如，1619年，法弗舍姆市长和市政官掌控的基尔特就被起义的市民们所推翻，起义的三个主要人物博伊斯·奥厄（Boys Ower）、托马斯·纳普尔顿（Thomas Napleton）和爱德华·黑尔斯（Edward Hales）都是外来移民，前两人是约曼，分别来自城镇附近的奥斯普林兹村（Ospringe）和贝蒂桑格村（Bettshanger），后一人来自奇勒姆村（Chilham）；在此之前，1617年的骚乱也是由一个外来移民领导的。[①]这些人长期被排斥在城镇权力范围之外，或因外来身份受到限制不能跻身于城镇上层圈子，因而产生了深深的政治挫败感，往往借助于城镇下层民众对城镇寡头政治的不满而起事，试图以此改变自身处境。所以，近代早期城市当局面临的是一个"二元"移民问题，而不仅仅是贫穷移民给城市带来的财政压力，还要应对富有的移民抢夺或分享政治管理权力的威胁。在这个意义上，"生计型"移民和"改善型"移民各自在不同层面对城市权威、城市秩序提出了挑战。

在此背景下，城镇当局驱逐外来流动人口的举措，针对的就不仅仅是流民和穷人。毫不奇怪，这种敌视态度常常扩大到体面而有教养的移民身上。例如在坎特伯雷、罗彻斯特、梅德斯通等肯特郡城镇，当局试图降低特权市民数量，规定他们必须缴纳一大笔费用以获取"特权"（freedom，这里指特权市民拥有的权利），实际上就是一张从业许可证，但在16世纪晚期、17世纪早期，这笔费用急剧提高，阻止外来移民开业的意图暴露无疑。此外，城市行会还组织了几次市民抗议活动，全然否认外来移民在本市开设作坊、经营店铺。这种现象在整个欧洲（不包括东欧）具有一定普

[①] P. Clark and P. Slack(eds.), *Crisis and Order in English Towns 1500–1700: Essays in Urban History*, London: Routledge & K.Paul, 1972, p.152.

遍性，除英国外，法国、意大利的城市也出台了类似规定。除缴纳相关费用外，居住年限也成为外来人口一道难以逾越的鸿沟。①

16世纪是人口恢复、经济复苏的世纪，同时也是一个"价格革命"时代。据记载，到16世纪50年代，农产品主要是小麦、燕麦、黑麦等谷物价格上涨了250%乃至更高，广大乡村居民获得价格革命的"红利"。但与此同时，城市居民的生活水平在很大程度上受到了高物价的不利影响，尤其在16世纪晚期之后，英格兰发生多次谷物歉收，几乎平均5年发生一场严重饥荒。②饥荒更是助长了物价疯涨。除了出台限价法令外，为稳定市场与社会秩序，城市当局还将食品短缺、物价上涨归咎于"外来移民过多"，认为移民造成了"住房紧张，食品匮乏，还抢走了他们的工作与生意"。在这样的背景下，排斥、打击外来移民成为城市当局推卸责任的不二法门，流入城市的乡村移民，尤其是贫民成为价格高涨时代的牺牲品和替罪羊。严格说，这不是人口或移民政策，而是城市当局的一种狭隘的地方保护主义政策，反映了城市市民恐惧外来竞争的脆弱心态，封闭、排外并不能真正解决城市面临的各种问题，但这种敌视态度显然是许多乡村移民来而复返的重要原因之一。

（二）生产、生活成本高昂

寻求降低生产成本也是城市企业向乡村转移的重要原因，城市郊区及广大乡村低廉密集的劳动人口吸引着城市工匠和手工业者外迁。最典型的是伦敦城的纺织业，在中世纪时曾经是首都最重要的经济行业之一，但呢绒纺织业——纺线、织布、漂洗、起绒、修剪、染色等工序，需要庞大数

---

① 譬如，在16世纪法国马赛，市民权利仅授予那些在城镇里生活10年的移民，而意大利托斯坎尼的城市则要求移民居住时间长达30年之久。David Nicholas, *Urban Europe, 1100–1700*, Basingstoke: Palgrave Macmillan, 2003, pp.120–121.

② Barry Coward, *Social Change and Continuity in Early Modern England, 1550–1750*, New York: Longman Group, 1988, p.11.

量的劳动人手，属于典型的"劳动力密集型"企业。① 劳动力成本造成呢绒等纺织业产品价格居高不下，为降低生产成本，这些行业也被迫迁往城市边缘地区与乡村。到 1600 年，伦敦呢绒纺织业几乎消失了，后来在 17 世纪时呢绒业仅剩下了最后的工序环节还留在首都，其他行业都外迁了，其中袜类用品生产企业迁到诺丁汉郡，鞋类用品生产迁到了北安普敦郡，捻丝行业迁往北埃塞克斯。其他城市工业也存在类似情形。这些地区的低廉工资显然对呢绒商等工场主具有较大吸引力，毗邻伦敦变成了这些企业发展的不利因素。直到 1700 年，在北部乡村和米德兰西部地区，乡村工业区工人的工资还比东部与南部低许多。

正因为劳动力成本高昂是上述劳动力密集型企业向外转移的重要原因，所以那些较少需要人手或劳动力成本低的行业因不存在这样的压力（如奢侈品行业），也就没有受到人口波动与劳动力工资上涨的不利影响，始终保持在市区经营发展。

除企业的生产成本上升外，伦敦市民们的生活成本也很高，除负担日常开销之外，还要承担名目繁多的税负，譬如济贫税，此处不再赘述，还有其他因"排水、街道维护、清理垃圾及饮水供给"等产生的费用，成为城市居民无法摆脱的沉重负担。近代早期乡村移民的大量涌入，给原有的市政管理系统带来巨大压力，除原有的"伦敦平民议事会法庭"（the Court of Common Council）之外，从 1585 年开始，伦敦又增设了"威斯敏斯特市民法庭"（the Court of Burgesses），② 主要负责伦敦城墙之外、威斯敏斯特市周边地区治安、防火、排水、福利及医护教育等诸项事务，后来还陆续

---

① 以肯特郡的宽幅呢绒行业为例，一架单个织布机（a single loom）可以为总数 45 人提供工作，金属制造行业所需人手稍少一些，但劳动力依然是总成本中最大的一部分，诺里奇直到 18 世纪初年制造业成本的 5/6 还是人工成本。C. Clay, *Economic Expansion and Social Change: England 1500–1700, Volume II, Industry, Trade and Government*, Cambridge University Press, 2005, p.88.

② Rosemary Weinstein, "New Urban Demands in Early Modern London", *Medical History*, Vol.35, Supplement No. 11(1991), p.29.

设立了各种专门机构以处理具体问题。

在伦敦大火之前的1654年,平民议事会法庭曾经试图统一处理全城街道卫生以及居民的生活垃圾,当时同一个叫约翰·拉尼恩(John Lanyon)的人签订合同,由他自备手推车、带领其麾下工人负责清理垃圾事宜,这些工作以前是由伦敦各区安排的大约400名拾荒者、清道夫完成的。大火之后,全城统一的垃圾清运工作受阻,原先签订的合同无法继续推行。1683年,伦敦各城区单独签订自己的合同,各自选举本区垃圾清运工。由于伦敦市政没有提供薪资,法庭遂要求市民缴纳相应费用,于是这些委员会的官员及下属勤杂工等都变成了"收费员"或税吏(rate-collectors),有权向城内居民住户征收"任何合理的税负"。[①] 其他诸如城市下水排污、饮水供应等各种委员会亦是如此。

正是在城市卫生、排污、供水等委员会的治理下,伦敦自17世纪末之后逐渐展示出现代城市的一些风貌——宽阔平整的街道、优良的饮水……成为当时欧洲大陆国家效仿的典范。据称,伦敦已经成为当时世界上最健康的城市!这是约翰·伍德沃德——伦敦格雷沙姆学院物理系讲师的由衷赞美。尽管这种溢美之词含有一定虚夸成分,但也反映出相当程度的历史事实。这一城市建设成就是伦敦普通市民共同参与的结果,通过缴纳各种费用,维持了各种委员会的运作。当然,这种费用支出也对部分市民家庭构成了一定负担。当时伦敦相当一部分市民的本能反应就是逃离伦敦,因为"为此需要连续不断地评估征税,再估税……",尤其令伦敦市民难以接受的是,税负的摊派征收在伦敦城与城外郊区及米德尔塞克斯郡的教会堂区之间"极为不平等、不成比例"[②],无论是按住宅还是按个人地位,伦敦城

---

① 其他城市在清污方面大同小异,有的支付给拾荒者少量薪资,并对居民做出具体规定,配合清污工作,否则予以罚款,譬如韦茅斯(Weymouth)就对未尽责镇民每次罚款12便士。H. E. S. Fisher and A. R. J. Jurica, *Documents in English Economic History, England from 1000 to 1760*, London: G. Bell & Sons Ltd., 1977, p.446.

② Rosemary Weinstein, "New Urban Demands in Early Modern London", *Medical History*, Vol.35, Supplement No. 11(1991), p.40.

居民承担的税负比重明显高出郊区及米德尔塞克斯郡。这无疑加重了伦敦城市居民的生产生活成本，成为他们纷纷迁移郊区或回流乡村的动机之一。

（三）城市传统经济具有局限性

城市经济吸纳能力有限，旧式工业无法承载大量劳动力。近代早期人口流动大潮的形成与城市经济吸纳就业能力低下存在一定关系。16、17世纪，英国城市大多保持着传统经济管理模式，按照行会规定的质量标准、价格及时间要求生产经营，垄断街区或某一行业，对外地人尤其是农村居民异常排斥，控制从业者数量以降低生存竞争成本。此外，这种建立在小生产基础上的传统经济盈利能力有限，缺乏扩大再生产的资本与动力，吸收的就业人口更是有限，小规模手工业作坊，一个师傅外加两三个帮工学徒，即便是英国最发达的城市，即首都伦敦，也是这样的生产模式。有学者试图考察近代早期的伦敦经济是否发生了"变革"或转型，结果发现对伦敦的"工业部门"知之甚少，相形之下，关于伦敦在1500—1650年崛起成为呢绒出口垄断中心、消费中心的资料证据则不胜枚举。

16世纪，伦敦工业生产的扩展主要集中于皮革业、酿酒、肥皂生产、造船和船坞、抛丝、编织业等部门，通过对城内几个样本教区洗礼登记、葬礼记录的分析，可知受洗者父亲的职业及社会阶层、死者生前职业等情况，从而间接推断大部分工业部门保持着"小规模"格局，对外来移民的接收主要体现为"佣工和学徒"形式，雇用的劳动人手非常有限，就连规模较大的造船与船坞行业，直到17世纪60年代之前，增长的规模都不大，生产规模在和平时期"没有一家超过百人"的。所以，近代流民问题专家A. 贝耶尔在论及伊丽莎白时代的伦敦时，多次使用了"落后的经济""落后的经济制度"等这类字眼，认为伦敦的流民问题产生于"落后的经济社会制度"，没有能力吸收大量移民为"日常劳动力"（regular workforce）。[①]

[①] A. L. Beier, "Social Problem in Elizabethan London", in Jonathan Barry(ed.), *The Tudor and Stuart Town, A Reader in English Urban History 1530–1688*, London and New York: Longman, 1990, p.128, p.134.

这种典型的封建小生产模式在16世纪还未转变,显然是"落后"的,自然难以应付乡村兴起的汹涌的移民浪潮,只是简单地将绝大部分人拒之门外。这种经济特点一直持续到19世纪。① 看来,在近代早期,城市经济在英国社会转型与变革时期"落伍",没有跟上时代的步伐,至少在经济体制变革方面落在了乡村的后面。

城市手工业发展不仅受到行会的束缚与制约,也受到封建社会主流价值观的影响。自中世纪晚期开始,直至近代早期,城市工业没有得到广大市民阶级热心投资。富有的市民、城市贵族最热衷的莫过于"购买土地与爵位",变成食利阶层,转化成"贵族",最终融入统治阶级行列。② 城市资本没有流入,或者说大部分没有流入制造业,而是转化为土地等不动产,严格来讲"投资大部分都是非生产性的",伦敦人在"农业改良"与"工业投资"方面都没有发挥重要作用。显然,中世纪城市在解构、瓦解封建制度的同时,也受到后者的侵蚀浸染,以至于接受封建社会的主流价值观念和意识形态,因而失去了早期的活力、开创性和生产性。法国著名史家布罗代尔不无遗憾地说道,在工业革命来临时,主要城市是作为"旁观者"存在的。③ 彼得·克拉克等人也称伦敦在近代早期"很多时候不是经济变革的发起者",主要是"寄生性"的等等。因为一些城镇商人建立垄断性的贸易组织,不仅垄断了城镇里的谷物交易市场,还往往垄断了附近乡村和城市腹地的谷物贸易,往往"牺牲了农业耕作者"的利益,所以当代人常常将大城镇诬蔑为"乡村的寄生虫"。④ 贬义的称呼中无疑也包含着一定合理

---

① 据记载,近代早期英国大约有五六百个城镇,其中大多数都属于这种小生产模式,由此可见其吸收乡民就业能力确实非常有限,大量乡村移民来而复返,重回乡村就成为一种无奈的选择。
② [美] 泰格、利维:《法律与资本主义的兴起》,纪琨译,学林出版社1996年版,第138页。
③ [法] 费尔南·布罗代尔:《15至18世纪的物质文明、经济和资本主义》第1卷,顾良、施康强译,生活·读书·新知三联书店1996年版,第664页。
④ Peter Clark, *The Cambridge Urban History of Britain, 1540–1840, Volume II,* Cambridge University Press, 2000, p.175.

成分，反映了部分事实。

当然，这些评价或许有些过低，在笔者看来，城市即便没有发挥"火车头"的引擎作用，在英国社会发展过程中也依然扮演了重要角色。不过布氏等人的评价确实令人深思，因为他们揭示出城市在近代早期社会发展中的一个特征——滞后性，这种滞后性部分源于封建体制施加给它的影响、对它的浸染。当然城市在许多方面引领了向现代社会的变革，市民阶级作为资产阶级前身，成长为封建制度的"掘墓人"，以伦敦为代表的城市资产阶级站在反封建王权斗争的前列等，这些都是不容否认的。但是倘若由此推论城市在一切方面都是进步的，显然也是不客观的。

近代早期城市经济的滞后性在面对乡村社会变革时变得尤为醒目，由于生产规模、效率都未能相应升级扩大，移民的到来使得"城市里人满为患"，所以除了在城市人口危机造成的劳动力匮乏情况下接受大量乡村移民之外，在正常的和平时期，当局能够做的仅是提供很少量的就业机会与救济贫民，更多的措施是对大量乡村移民采取了简单的遣返、惩罚等粗暴手段，其结果便是被逐出此城后迁往彼城，在各城市之间往返迁移，造成大量移民在城市无法容身、谋生后不得不转而返回乡村，形成一种城乡之间的"循环"流动。不论是乡村人口向城市的流动，还是从城市迁出返回的移民"回流"，都属于近代早期人口流动大潮的组成部分，就人口"回流"而言，更多的原因显然应归结于城市经济本身的历史局限性。

（四）农业生产的"季节性"要求

农业"季节性"劳动需求是城市人口"回流"乡村的又一原因，当然这种回流是暂时的，长则月余，短则十数天，同前文提到的"回流"存在显著不同。鉴于这种特殊形式的城市人口"回流"在沟通、揭示城乡关系方面的重要性，故此处单辟一节予以考察。一般而言，谷物收获的夏秋季节是乡村广大地区最为忙碌的时刻，城市人口"季节性"回流也于此时启动。即便是在严格限制人口流动的都铎王朝时期，议会法令也对参加"谷

第四章　近代早期城市人口"回流"现象

物或干草收割"生产活动网开一面。据记载，1563年工匠法中列有专门条款，其中第16条款规定，对于"已经习惯于去其他郡参加收割生产的居民、本城或本郡没有足够收割工作的居民"，只要随身携带一份由1名治安法官或镇区邑长的"手写盖章证明"，就可以前往其他地区从事谷物收割工作……① 这一条款的出现，本身就说明在夏秋农忙季节跨郡、跨地区的流动者是非常普遍的，也证明了农忙季节收割生产活动的重要性之高。

所以，不难理解，有的城市明确规定市民须赶往乡下帮助农民收割谷物。譬如诺里奇城市当局规定织工在秋收季节从8月15日始停工一个月，以防止乡下谷物收割期间劳动人手短缺；② 有的地方甚至规定每年8月煤矿矿工也离开坑道，参加秋收；而在1595年，巴恩斯特普尔（Barnstaple）市民因埃克塞特主教来到城里而无法下乡收割，"遗憾失去了一个晴朗的收割日"。城镇"麦客"（harvester）③ 每年夏天返回附近不远的出生村庄已经成为一个"共同特点"。譬如，托马斯·伯勒尔（Thomas Burrell）1598年居住于坎特伯雷市北门（Northgate）的圣玛丽教区，是一名农夫。在来坎特伯雷之前，他曾经在萨尔（Sarre）居住生活长达20年之久，该村距离城市大约8英里远；随后，他在坎特伯雷生活了30年，大多数情况下"几乎每年回萨尔参加麦收"。④ 30年来年年如此，这已经成为这位老人的生活惯例，回乡下劳动恐怕不只是为了一份打工收入，更成为回乡省亲的一种方式。

回乡参加麦收当然并不局限于男性，城市女性也同样积极参与其中。埃德娜（Edna）和另外两位妇女在某一个圣巴塞洛谬节期间（Bartholomew

---

① Ian W. Archer and F. Douglas Price, *English Historical Documents 1558–1603, Vol. V(A)*, London and New York: Routledge, 2011, p.73; *Statutes of the Realm, Vol.5*, University of London, Presented by the Worshipful Company of Goldsmiths, 1903, p.419.

② L.F. Salzmann, *English Industries of the Middle Ages, Being An Introduction to the Industrial History of Medieval England*, London: Constable and Company Ltd., 1913. p.151.

③ 此处借用解放前关陕地区麦收期间打工者的称谓，"麦客"意为参加麦收的外地人，也很适合近代早期英国城市居民赶赴乡下收割小麦、大麦及燕麦等粮食作物的情形。

④ P. Clark and P. Slack(eds.), *Crisis and Order in English Towns 1500–1700: Essays in Urban History*, London: Routledge & K.Paul, 1972, p.137.

tide），赶赴城外参加麦收，不过她出城后并未与她们同行，而是选择去了一个叫米尔顿（Milton）的村庄，因为该村毗邻着她最初曾经迁出的村庄，想来她此行不仅仅是去米尔顿村参加麦收，大概也要顺路回原先的村子探望亲属，或许还有双亲在家。可见，下乡收割已经成为城市居民生产生活的一个组成部分，在冬季来临之前，"麦收农忙季节"是城里人下乡打工的最好时机，可以借此提高家庭生存能力。当然，城市人口"回流"是应农业生产需要而产生的，是与乡村农业生产的"季节性"相一致的，呈现出鲜明的"季节性"。

除短距离返乡之外，也存在长距离流动的"麦客"。1558年，约翰·德雷（John Dray）住在罗姆尼湿地（Romney Marsh）附近，跋涉了大约40英里，前往塞讷特（Thanet），参加当地麦收。1600年，约翰·埃兰（John Ireland）从埃塞克斯郡出发，中途取道伦敦前往肯特郡米尔顿，这位"麦客"的旅程更为遥远，令人猜想他参加麦收仅是其此行目的之一；倘若伦敦有适合他的工作，很可能就停下脚步，来年再继续他的"麦客"之行。伦敦市民当然也不乏参加麦收者，譬如16世纪90年代，有三个移民声称"他们三人都来自伦敦，到肯特郡寻找麦收工作"，而最远的"麦客"是"来自约克郡"的。[①] 实际上，由伦敦和埃塞克斯郡两地流入的"麦客"是肯特郡农忙时最重要的打工群体，这显然同当地居民流动迁移的主要地理范围有很大相关性。作为城市"回流"人口的形式之一，"麦客"的流动轨迹似乎是对当地人口流出的一种呼应，展示出城乡之间、郡郡之间的"循环"流动。

到17世纪早期，长途流动的"麦客"规模越来越大。1631年时，季审法庭曾经抱怨说"现在乡下到处都是麦客"。可见流动打工是英国人一种习以为常的生活方式，这一现象不限于乡村居民，城市居民同样如此。只不过城镇居民回乡参加麦收，显然是负有多重目的，除打工赚钱外，回乡

---

① P. Clark and P. Slack(eds.), *Crisis and Order in English Towns 1500–1700: Essays in Urban History*, London: Routledge & K.Paul, 1972, p.147.

第四章　近代早期城市人口"回流"现象

探亲、履行亲属义务等都是其中不可忽视的重要内容。这里显然看不到所谓的亲情淡漠，相反还流露出移民对故乡的各种怀旧依恋，亲情纽带只不过以另一种形式表达出来而已。总的来看，这种"回流"不仅可以增加城市居民的收入，同时客观上还强化了城乡之间的交往与联系，对于城市商人收购乡村粮食、城市当局稳定物价都有一定意义。

即便是欧洲大陆发达如佛罗伦萨亦不例外，17世纪初的商业信件提到"羊毛销售进入淡季……目前开工不足，工人短缺……"，不过这并不奇怪，因为"所有的人都已下乡"。① 呢绒行业的季节性特征十分显著，相同情况在博韦或安特卫普等城市反复出现。还有的城市则明确规定禁止工匠在秋收季节从事纺织品生产，以防耽搁农忙，违者将受到处罚。譬如在1376年，科茨沃尔德的纱线被禁止出口，原因之一是它在农忙季节从收割庄稼的农业地区招收了劳动力。② 这种情况一直延续到近代也未发生明显改变，封建社会农本经济对城市工业的"支配地位"表现得十分鲜明，既体现在生产习俗中，也体现在王国法令上。③ 可见，在近代早期，城市"季节性"回流是乡村农业生产"季节性"的一种产物，反映了许多城市工业生产活动缺少独立性，还没有完全摆脱农业经济的附庸地位的现实。

当然，随着工业活动的发展扩张，工业生产地位日渐提高，城市经济独立性增强，"不再被农活所打断"的情形越来越多，工人们不再离开织机下乡参加收割，因为继续生产呢绒能够得到更多的利润。这说明城市经济

---

① ［法］费尔南·布罗代尔：《15 至 18 世纪的物质文明、经济和资本主义》第 2 卷，顾良译，施康强校，生活·读书·新知三联书店 1996 年版，第 320 页。
② ［英］M.M. 波斯坦等主编：《剑桥欧洲经济史》第 3 卷，周荣国、张金秀译，杨伟国校订，经济科学出版社 2002 年版，第 273 页。
③ 城市居民参加乡下麦收的情况不仅仅是一种习俗，也是英格兰王国的法律规定。譬如，在伊丽莎白时代议会通过的 1562 年工匠法中，明确规定在干草或谷物收割季节，为避免损失，治安法官或镇区邑长可以要求所有的手艺人集合去劳动，按天打工，参加除草、收割、剪羊毛。上述人等不可以拒绝，违者处以戴手枷或足枷监禁两天一夜，如造成损失则还要罚没 40 先令。Ian W. Archer and F. Douglas Price, *English Historical Documents 1558–1603*, *Vol V(A)*, London and New York: Routledge, 2011, p.72; *Statutes of the Realm, Vol.5*, University of London, Presented by the Worshipful Company of Goldsmiths,1903, p.418.

已经摆脱了农业经济的附庸地位，"季节性"回流也就结束了历史使命。

城市人口"回流"乡村同社会主流价值观有重要关系。"生计型"人口流动主要目的是获得生活资料，供养家庭成员，衣食住等生理需要占据首要位置。而"改善型"移民显然需求更高一个层次，已经摆脱了生理需要，进而谋求更高的社会认可，获得主流社会承认的社会地位，"返回乡村，做一名地产绅士"，这就是"改善型"移民的最高目标。以肯特郡移民为例，西蒙·林奇（Simon Linch）来自肯特郡威尔德地区，在桑威奇（Sandwich）从事贸易活动，"经手大量商品买卖"，一度成为该市市政官和市长，然后退隐到距离桑威奇市几英里之外的伊尔梅斯通村（Elmestone），在当地拥有大量财富及地产，"像一个大绅士一样生活"。尽管林奇在一代人时间内完成财富积累的情形属于特殊情况，但这种成功移民家庭"像大马哈鱼一样的循环流动"很有普遍性，而且往往同原出生地保持密切联系，譬如林奇就在克兰布鲁克村（Cranbrook）参与成立了一所文法学校。这些都是"改善型"移民的"典型特征"。再如，威廉·里德（William Reade）是坎特伯雷的一名商人，来自福克斯顿（Folkestone），他的一应活动就"没有完全离开福克斯顿，而是经常返回那里，待在那里"。这些例子说明了成功移民家庭、家族对于家乡的情感依恋，这份依恋当中或许也有对于农业田园风光的眷恋。可见成功移民城市的乡村居民也还远未摆脱农业社会主流意识形态的影响。不过，"改善型"和"生计型"移民之间并非泾渭分明，而是可以相互转化，"生计型"移民满足生理需要后就向"改善型"转变，而"改善型"移民遭遇贸易危机、生意失败等情形，也会沦为"生计型"移民乃至乞丐流民都有可能。

三、城市人口"回流"的后果

城市人口"回流"不仅仅带走了城市的劳动力，也带走了一部分资金和相应行业的生产技术，尽管客观上会密切城市与乡村之间的经济社会联系，促进乡村社会经济发展和乡村产业结构升级完善，但在"劳动力是最重要的生产要素"的前工业时代，城市人口迁出本身对于城市而言更多的是一种"损失"。不过，对乡村而言，城市人口"回流"意味着发展机遇。①

（一）城市"生产性"功能弱化

"回流"人口离开城市，同时意味着资本、技术的离场，造成了城市制造业的"弱化"。城市的中世纪作坊式小生产格局依旧，虽然在技艺、产品质量方面保持优势地位，但无法实现生产扩大化，产品价格不菲，在与同类廉价乡村产品竞争中处于不利地位。随着人口"回流"乡村，部分资本、技术流失，进一步削弱了城市工业发展潜力，最终在"原工业化"面前败下阵来。只有一些需要较大投资、设备昂贵的生产工序保留在一些城市里，譬如布里斯托尔、考文垂、伍斯特等城市，呢绒生产的最后环节、金属复杂部件的加工制作等还集中在城镇里进行，制造业地位相对比较重要；当然还有一些纺织城镇的纺织业一枝独秀，生产性吸纳城市就业人口超过一半劳动力以上，如贝弗雷、纽伯林、雷丁、诺里奇等，但主要是在17世纪之后，这样的城市为数不多。

近代早期的16世纪，在大多数城市，尤其是数百个小城镇里，城市制造行业的规模及经济地位，远远不及为市民"衣食住行"提供产品的服务业与商业那样重要。人口多达3000余人的莱斯特是这类城市的代表。所以W.G.霍斯金斯和约翰·帕滕在提及该城时说"没有工业值得一提"，城市经济"没有专业化"，在"斯图亚特王朝和复辟时期同伊丽莎白女王时期一样"，等等。②实际上，绝大部分前工业城市都很少有"专业化生产行业"，主要从事的是衣食住这类基本服务业。衣食服务业是近代早期城市最重要、最具代表性的行业，吸纳从业人口占到城市居民的60%—70%。不过需要

---

① 对乡村的影响，详见本书第五章，本章主要考察对城市的影响。
② W. G. Hoskins, *Provincial England, Essays in Social and Economic History*, London: Macmillan & Co. Ltd., 1965, p.80, p.88.

注意的是，伦敦不仅是英国最大的商业中心，而且是国内最大的工业生产基地，所以人口"回流"与工业活动"外迁"并没有影响伦敦原有的工业地位。但其他城市则没有伦敦那样幸运，随着城市工匠与手工业者的外迁，大多数城市的工业成为"二流行业"（secondary industries）。①

因此，就整体而言，除伦敦及几个较大郡城之外，近代早期在英国绝大多数城镇居于中心地位的是商业、服务业，大部分经济活动都围绕着居民的衣食住行。譬如，莱斯特在1580—1603年从事食品加工、衣帽制作及家居生活用品等5个行业，从业人口占比为59.5%，其中衣食两项占比最大，合计高达41.5%；诺里奇16世纪从事大致相同行业的市民占比接近61%；埃克塞特在1620—1640年的这一比例为65%；约克在16世纪的这一比例为2/3，17世纪下半叶上升至70%。相形之下，工业从业人口比例在莱斯特与约克这两个城市很低，最重要的纺织业与皮革加工合起来在16世纪分别为16%、13%—14%，17世纪上半叶埃克塞特市民从事纺织业比例也只有16%。②这种情形显然同人口"外流"存在一定的因果关系，城镇转售与输出的大量纺织品主要出自周边腹地乡村地区的纺织村庄。

上述数字虽然不能代表各个城市主要行业从业人口的精准分布情况，但对近代早期各行业在城市中的发展状况及地位，依然具有重要参考价值，可以看出至少有一半城市居民，通常远远超出一半居民从事服务业与商业，为城市提供居民生活所需的基本必需品。大部分城市在制造业上始终没有取得较大发展，有些小城镇甚至根本没有工业生产活动。或许，在这个意

---

① 当然，学者们对于"专业化"性质有不同的理解，譬如 N. 古斯认为，大多数城市担负着内陆贸易的交换与分配中心的角色，这也是"专业化"，只不过是另一种意义上的"专业化"，还有些城镇拥有一种"双重"专业性。Nigel Goose, "English Pre-industrial Urban Economies", in Jonathan Barry(ed.), *The Tudor and Stuart Town, A Reader in English Urban History 1530–1688*, London and New York: Longman, 1990, p.68, p.72.

② 由于没有关于城市贫穷居民受雇于各种经济行业的确切数字，所以这里采用的是中上层居民从业数据，因为有城市档案卷宗记载他们拥有开业"自由"，相对而言，该数据对城市不同行业的地位及从业比例也有一定参考价值。

义上，可以理解法国年鉴史学大师布罗代尔对近代城市所作的负面评价。①

相形之下，工业革命时期涌现的城市恰恰是以"生产性"闻名的，许多工业城市本身即是从工业化村庄、原工业村庄成长起来的，这同近代早期城市形成鲜明对比。所以从这个角度来看，工业城市代表了城市发展史上的一种断裂，它并不是由近代城市发展而来的。历史的连续性和渐进性法则在这里并不适用。

（二）助长了中世纪晚期以来的"城市危机"

自中世纪晚期以来，黑死病及其他疫病频频暴发，14世纪60—70年代尤其严峻，英国城乡人口持续减少，较之中世纪盛期的人口已经削减了一半以上。据中世纪史专家、剑桥大学经济社会史教授J.哈彻研究，英国人口数量自15世纪后大致徘徊在225万—275万，其中15世纪中叶为人口最低点——230万左右。②随之而来的耕地撂荒、谷物价格低迷，使得英国进入了长达一个世纪之久的经济衰退期。在此背景之下，城市也出现了衰退迹象。除伦敦外，大部分城市人口与经济都出现了萎缩。③

近代早期城市人口"回流"现象，一定程度上助长了城市危机，延长了城市经济的萧条低迷状态。城市人口"回流"现象在中古晚期即已出现，彼时主要是逃避城市里的瘟疫，因为瘟疫在15世纪几乎成为"一种城市现象"，而在近代早期这一现象得以继续，瘟疫依然频频暴发于城镇。④ 不过，

---

① 详见[法]费尔南·布罗代尔：《15至18世纪的物质文明、经济和资本主义》第1卷，顾良、施康强译，生活·读书·新知三联书店1996年版，第664页。
② J. Hatcher, *Plague, Population and the English Economy, 1348-1530*, Macmillan Publishers LTD, 1984, pp.65-66.
③ 尽管部分学者认为东南部、西南部地区城市没有明显衰退，一定程度上还有所发展，但以利普森（Lipson）、道布森（Dobson）、菲西安-亚当斯（Phythian-Adams）等人为代表的主流观点依然认为，英国城市整体而言进入了衰退期。
④ 有学者认为，城市之所以死亡率高，除居住密集、公共卫生条件差之外，一个重要原因是同乡村移民活动密切相关。由于乡村居民对长期存在于城市里的时疫、流行病缺乏免疫力，所以城乡人口流动的后果至少在短期内是加重了染病死亡形势。R. M. Smith, "Geographical Aspects of Population Change in England 1500-1730", in R. A. Dodgshon and R. A. Butlin (eds.), *An Historical Geography of England and Wales*, London: Academic Press Limited, 1990, p.163.

如前所述，此时城市人口"回流"乡村则是出于多方面的原因，除瘟疫外，还有行会僵化的管理制度、高昂的生产成本等等。这种"回流"对城市而言，影响主要是负面的，削弱了城市经济的"生产性"功能，更重要的是将部分城市，尤其是中等规模的郡城引入"危机"境地。随着富有商人与手工业者从城镇"撤退"①，城市经济更加脆弱。其中，男性从业人员比例可以视为该行业景气程度的一个标识。

据近代城市问题学者N. R. 古斯（N. R. Goose）研究，剑桥、雷丁、科尔切斯特等城镇男性从业于纺织业比例均出现大幅下降。譬如，科尔切斯特由16世纪初的30%，下降到1540—1579年的18%，雷丁的呢绒商、绸布商及服装商由1500—1539年的39%下降至1540—1579年的17%……其他如考文垂、诺里奇和约克的纺织业也相继在16世纪中叶左右出现了困境。城镇当局试图采取措施维持呢绒生产水平，一度降低学徒期结束方能开业的门槛，如一名叫托马斯·肯德里克（Thomas Kendrick）的人被允许在城里"继续呢绒生产"，尽管他还没有完成"学徒期"职业培训，但因为"他和妻子生产精美呢绒，能够为城镇提供就业机会"，所以获得了呢绒从业的特许。1564年，伯克郡法官写信给纽伯雷和雷丁的呢绒商，敦促他们"继续他们的行业，即便近期呢绒缺乏销路"。租金和税收下降也是经济衰退的一个指标，每年向城镇缴纳的"羊毛束"（woolbeam）租金由1520年的33先令4便士，下降到1550年的13先令4便士，跌幅达到60%。②各种琐碎的证据及诸种情况表明，在15世纪的长期萧条之后，一些城市在1520—1570年遭遇了"严酷的城市危机"（菲西安-亚当斯语），有些此后逐渐缓慢复苏，而有的城市衰退持续进入17世纪，成为"17世纪危机"

---

① N. R. Goose, "In Search of the Urban Variable: Towns and the English Economy, 1500-1650", *The Economic History Review*, Vol.39, No.2(May 1986), p. 168.

② N. R. Goose, "In Search of the Urban Variable: Towns and the English Economy, 1500-1650", *The Economic History Review*, Vol.39, No.2(May 1986), pp. 175-185.

的组成部分。

（三）人口流动与大城市郊区发展

1500年以来，大城市郊区，尤其是伦敦郊区发展迅猛，人口增长率远远超过市区。伦敦在怀特查波尔（Whitechapel）、斯特普尼（Stepney）、沙德韦尔（Shadwell）以东的郊区，已经由人口稀疏的乡村发展成为"拥有纺织业与造船业"生产活动的城市，到1700年时人口高达20余万，东伦敦已经得到了"一个伟大城市的一切东西"。①威斯敏斯特以西地区也同样快速城市化。不同的是，西郊主要是贵族、政府官吏及富人们集中地区，东郊更多地居住着大量手工业者、海员及穷人。随着城市化发展，首都居民贫富分化日益加深，社会阶层与阶级分化呈现出鲜明的空间布局特征。1700年，伦敦郊区增设了16个市场，接受来自全国各地的谷物和牲畜等商品，以满足市民对各种生活物资尤其是食品的需要。

伦敦郊区的急速发展得益于乡村移民的到来。伦敦的传记作者彼得·阿克罗伊德将郊区称为"十字路口"，这里既是入口，也是出口，"它热情地招待新来者，接纳城里驱逐的人"。②一方面，来自乡村的流动人口首先在郊区立足，因为这里空间开阔，人口稀疏，城市当局干预较少。据时人记载，当地不严格执行"学徒制法令"（伊丽莎白一世于1562年颁布），各类手工业作坊规避"7年学徒期限"是很普遍的情况。囿于各种条件，市政官们也无意"将管辖权延伸到郊区"，大概是这里穷人太多，救济安置工作令人望而生畏。由此郊区就成为"教会堂区、庄园和郡当局"三方联合管理的薄弱区域。此外，这里生活成本也比市区低许多，所以郊区往往成为多数乡村居民迁往大城市的第一个落脚点。

---

① 这一时期东伦敦居民住房暴露出严重问题，有学者考察了东伦敦圣凯瑟琳、东斯密菲尔德、怀特查波尔等15个区的人口与房屋分布，密度高、不平衡、居住条件差等是其共同特征。P. Clark and P. Slack (eds.), *Crisis and Order in English Towns 1500–1700: Essays in Urban History*, London: Routledge & K.Paul, 1972, p.243.

② [英]彼得·阿克罗伊德：《伦敦传》，翁海贞等译，译林出版社2016年版，第110页。

据记载，到 17 世纪中叶，伦敦郊区居住人口已经接近或超过老城区，达到 30 万人，虽然没有精确统计数字，但根据葬礼和接受洗礼人数的推算，到"伦敦大火"发生时，人口天平已经确定无疑地向城市外部（包括威斯敏斯特城及其西部）教区倾斜，到 1700 年时伦敦城市人口约为 50 多万人，而到 1750 年时，大都市人口的 3/4 都已经定居于伦敦老城墙外面。可见，郊区自身不仅是伦敦城市扩张进程的组成部分，而且以其飞速发展为首都城市化做出巨大贡献。

另一方面，伦敦郊区的快速发展也同老城区人口外迁有密切关系。城市"回流"人口并不是直接流往乡村，许多人往往先迁到城郊，继而再迁往乡村地区。据记载，到 1619 年，大约有 3000 名皮革工人在城外工作，主要集中在泰晤士河以南的博蒙西（Bermondsey）、萨瑟克（Southwark）、兰贝斯（Lambeth）等地，总计约 80 家硝皮厂，而伦敦城内只剩下 40 人，可见皮革行业外迁郊区的过程已经基本完成。市区劳动力成本高昂是该行业外迁郊区的主要原因之一，这也是大多数劳动密集型企业向郊区、乡村迁移的重要动机。此外，一些行业外迁还同行业本身造成的污染、有害物体、噪声等有关，譬如金属制造业、屠宰业、烧窑业等，就激起了市民大量投诉与不满，被迫向城郊乃至更偏远地区转移。早在 1626 年，一个明矾工场将有害的浮渣污物排进泰晤士河，污染了酿酒用的河水，毒害了河中鱼类，就被勒令远远搬离伦敦城及郊区。17 世纪中叶后，伦敦空气污染问题日益引起当时有识之士的关注，著名建筑、园林专家约翰·伊夫林（John Evelyn）即是其中典型代表。[①] 当然，市区行业人口外迁也同行会的限制性政策密切相关。老城区管理严格、刻板，乡村移民难以在城市里开

---

① 17 世纪，英国对污染企业进行最严厉谴责的学者当属约翰·伊夫林。这位英国最著名的日记作家参与创建了英国皇家学会，认为海煤燃烧产生的浓烟和悬浮物严重损害伦敦市民生命健康，建议污染企业向泰晤士河下游至少迁离 6 英里。Rosemary Weinstein, "New Urban Demands in Early Modern London", *Medical History*, Vol.35, Supplement No. 11 (1991), p.32, p.39.

第四章　近代早期城市人口"回流"现象

业。这种行会限制外来人的行径甚至激起了"普通法律师的敌视",因为造成很多从业人员正在"抛弃城市",转而将作坊迁往郊区,这在一定程度上减少了城市居民就业机会,也降低了城市市区经济繁荣程度。

除手工业者、工匠之外,城市富人们也向郊区迁移,不同的是在外迁方向上同穷人相反,他们大多迁入"时尚的西郊"。不过在这一时期,整体来说,城区富人与穷人大体处于混居局面,在城中许多富人居住的教区里也有一些穷人,从1638年城市什一税征收清单可以看出,在93个教区里,其中86个教区约有1/10至1/3人口的估税标准低于全市平均水平,这些人显然是普通平民之家。[①]他们混居于城内各个教区里,可见无论穷人还是富人,都尚未形成自己阶层独立的居住街区,桑巴特笔下上流社会女性对丈夫的抱怨,诸如"煤烟损害孩子们身体健康"等描述也可以间接证实这一点。[②]总的来说,穷人与富人绝对分离的居住格局在17世纪上半叶还未形成,中世纪以来的居住模式依然还在延续着。

伦敦老城区外迁人口的精确数目不得而知,不过到17世纪末,伦敦郊区定居着"相当多"(considerable)居民,在从事各种经营活动,已然是确定无疑的事实了。市民外迁进程在"伦敦大火"之后明显加速。据记载,有些市民在火灾后临时借住于郊区朋友家,发现那里的条件比老城区更符合他们的"嗜好",因而乐于"定居在那里",尽管地租涨得很凶,房租原本"每年40英镑",现在则"一夜之间涨到150英镑"。为便于临时寄居郊区的市民对外通信联络,在邮政总局被大火烧毁后,政府当局在布鲁姆斯伯里(Bloomsbury)建立了一个"信息局"(information office),这样,邮件就可以"投递到市民们在郊区的新地址",以恢复"因大火造成的贸易

[①] Jonathan Barry, *The Tudor and Stuart Town, A Reader in English Urban History 1530–1688*, London and New York: Longman, 1990, p.146, p.151.
[②] [德]维尔纳·桑巴特:《奢侈与资本主义》,王燕平、侯小河译,刘北成校,上海人民出版社2000年版,第41页。

中断"。这样，郊区因伦敦大火而获得了大量外迁市民，也开始得到政府较多关注与建设。从表象来看，一切皆因 1666 年 9 月的大火而起。某种程度上，1666 年大火灾造成的社会后果具有一定的偶然性，但是，通过这场史无前例的大火灾，可以看到众多制造业向城市郊区转移的经济、人口等一系列其他原因，可见城市人口外流又蕴含着一定的必然性。在大火灾之前，这一迁移进程已经开始，火灾只是加速了人口"外流"、手工业行业"外迁"原有的自然进程。① 伦敦郊区因接收了数量不菲的资金、人口获得了发展动力，由此而成为大火灾的主要受益者。

此外，伦敦城市当局还鼓励外地人尤其是"建筑业劳动力"来伦敦参与城市恢复建设工作，为此暂缓执行那些"排外作坊"的各种规定，并许以诱人的高工资，吸引"一切愿意参与首都建设的人们"，带着"木材、砖瓦、石灰、石料、玻璃以及其他建筑材料"前往首都。② 除本国人外，也欢迎外国劳工到伦敦来，"将得以在 7 年间及接下来的时期……与城市其他同行和相同职业的自由公民一样，享有工作和安排工作的自由"。③ 在重建法令的鼓励与激励下，可以想象，来自英国城乡各地的移民大军已经整装待发。由于灾后老城区人口大量"外迁"，城区人口减少、劳动力不足，致使城市当局与伦敦市民的态度同此前相比发生了一百八十度大转弯，一改以往排外立场，鼓励乡村人口向首都移民。这里移民与灾后重建已经密切联系在一起，显然，伦敦大火之后的重建工作也吹响了乡村移民的新号角。

正是在这样的背景下，伦敦城迎来了改建和重建的历史契机。利用灾

---

① 具体数量难以确定，不过据研究伦敦重建的英国学者霍利斯估测，到 1673 年，已经有超过 8000 块地皮重建，但有 3500 栋新屋都空着，还有可建 1000 户房屋的无人认领地块，无人问津。这些空屋和无人认领地块显然同老城区外流人口有关，是大火灾后伦敦人口流失的重要表现。[英] 利奥·霍利斯:《伦敦的崛起：五个人重塑一座城》，宋美莹译，生活·读书·新知三联书店 2018 年版，第 189 页。
② 最具代表性的是，伦敦市政当局废除了石匠公会对建筑行业的垄断权利。Christopher Hill, *The Century of Revolution 1603–1714*, London and New York: Routledge, 2002, p.205.
③ [英] 利奥·霍利斯:《伦敦的崛起：五个人重塑一座城》，宋美莹译，生活·读书·新知三联书店 2018 年版，第 142 页。

第四章　近代早期城市人口"回流"现象

后重建这一契机,查理二世政府颁布"重建法令",承诺"建立一个更美丽的城市",重新制定了有关城市建筑物的一整套明确硬性标准,规定了楼层高度及不同种类房屋的高度①,"无论谁设计,市民或城市显要人物的府邸都不能超过统一的高度标准规定",所有建筑物的外墙"要砌上砖或石头",必须配有排水管、排水沟,建筑物的突出部分、窗户或其他此类构造禁止超出地基线等等。此外,政府还规定,新建房屋可以获得"7年免税"(炉灶税),而一块宅基地如果"空置3年",那么将被强制收回并"转卖"。②可见,火灾无形之中成为中世纪伦敦在城市规划与建筑布局方面走向现代的一个重要契机,从这个意义上讲,1666年大火构成了伦敦城市建筑发展史上的一个"分水岭",伦敦由此成为伊夫林口中"浴火重生的凤凰"。

当然不能过分夸大17世纪60年代伦敦重建取得的成绩,有些改良建议并未付诸实施。譬如查理二世在1666年10月发布公告,承诺重建伦敦,将工业区与居民生活区隔离开来,将那些"生产过程冒烟"的行业集中于某个区域,但实际上"重建法令"并没有严格执行,结果只是禁止上述行业在"正街和主街"开业生产,这意味着它们依然有权利在老城区其他街道开业。③可以想象这些行业向城市当局和政府施加了很大压力,最后取得相对自由的、在城里其他街区继续开设作坊的权利。不过,污染行业的这一胜利为后来的城市环境恶化埋下了种子,此后数个世纪之久首都民众都将承担巨大的代价。

---

① 法令规定了临街四类房屋建筑标准,细致到每一类房屋的屋檐格式、墙体高度及厚度,包括地下室和阁楼的尺寸。从中可以看出,王室及议会对此高度重视,这是伦敦城市规划建设现代化的开始。*Statutes of the Realm, Vol. 5,* University of London, Presented by the Worshipful Company of Goldsmiths, 1903, pp.603–607.

② Liza Picard, *Restoration London, Everyday Life in London 1660–1770*, London, 2004, p.28, p.31.

③ 重新规划后的伦敦只有6条"正街和主街",但是有214条"二类街道"(streets of note),其余都是"小巷"(by-lanes),这意味着污染行业有很大的生存与藏身空间。伦敦的环境污染问题当然不是始于16、17世纪,早在13世纪中叶,由于燃料木材紧缺、价格上涨,所以海煤被用于工业生产,随之造成了比较严重的空气污染。参见 William H. Te Brake, "Air Pollution and Fuel Crises in Preindustrial London, 1250–1650", *Technology and Culture*, Vol.16, No.3 (Jul. 1975), pp.337–359。

近代早期城市人口"回流"现象产生的原因是多方面的，有乡村移民数量过多的因素，更多则是源于城市经济自身的历史局限性；人口回流造成的影响是多方面的，削弱了许多城市的经济生产职能，是这些城市"经济危机"产生或延续的重要原因。不过对首都伦敦而言，人口外迁不仅没有削弱城市规模和影响力，反而促成了郊区的快速扩张，成为近代早期伦敦城市化取得重要发展的原因之一。

第五章

人口流动视角下的英国乡村变迁

近代早期英国人口流动与乡村变迁

近代早期英国乡村社会发生了巨大社会变化,从农业耕作制度到土地产权制度、从庄园体制到乡村社会教区治理,从农民个体职业身份、家庭婚姻模式到约曼农场主阶层崛起、小土地所有者消失等方面,无一不体现了社会转型中的时代特征。美国著名科学社会史家罗伯特·金·默顿有言,17世纪的英格兰近似于"灵活型"而不是"传统型"的社会。①

的确,17世纪的英国在政治上确立了君主立宪政体,在经济上进入了非农社会阶段,在宗教上是一个新教国家。各方面迹象都已显示出一个与欧洲大陆迥然不同的社会出现于地平线。这个新型社会不仅体现在城市社会加速发展上,也体现在乡村农业社会的变革上。16、17世纪的英国农村正在进行圈地运动,翻天覆地的变化正在发生,既带来了人口区域性乃至全国性的地理流动,也造成了社会各阶层的垂直流动——不同程度的升降沉浮,两者互为因果,推动着乡村社会的进一步变革:农业生产模式由农牧混合经济向农畜专业化方向转变,谷物粮食、畜产品(肉蛋奶)及乡村制造业等不同专业化生产区域逐渐形成,新的经济地理格局开始出现。

当然,这些变化并不意味着同传统社会的彻底决裂、完全新生,新社会、新制度的确立过程是漫长的,旧事物退出历史舞台也不是一蹴而就

---

① [美]罗伯特·金·默顿:《十七世纪英格兰的科学、技术与社会》,范岱年等译,商务印书馆2000年版,第282页。

的，因此社会变迁之中有延续，转型之中有继承。近代早期，促成英国乡村社会变革的原因涉及方方面面，政治的、经济的、社会结构、宗教文化的……我国学界在上述方面进行了较为全面的研究，最近的代表作有我国著名历史学家朱寰先生主编的《工业文明兴起的新视野》，考察了亚欧九国迈入近代社会的不同发展路径及其原因，对"率先迈入近代社会"之后的英国从经济变革、社会结构、政权组织形式及思想观念等方面进行阐述，认为在社会结构上英国等西欧国家存在多种"社会流动渠道"，如法定程序提升、通过财富购买、通过联姻腾达等，而对于"农民中的上层及城市里的早期资产者"而言，通过财富购买是"实现上升性流动"的主要渠道。① 当然这一时期的社会流动除上升性流动外，还存在下降性流动，主要表现在大量农民贫困化及少量贵族的没落。

英国社会转型问题一直是学者们研究关注的热点问题，陈曦文、侯建新、刘新成、赵文洪等都有专文论述。② 显而易见，有些变迁是多种因素"合力"促成的，因为社会现象之间密切相关，很少有单一因素在发挥作用，所以在本章论述的乡村社会变迁中，其中有些变革、变化并非人口流动单独造成的，也受到其他因素的影响，此处不再展开详细论述这些因素。此外，在任何社会中，人口流动都不是一种独立的社会现象或运动，本身也是由其他因素促成的，有时与其他因素互为因果，如圈地运动、农业革

---

① 社会流动主要包括垂直流动与水平流动两种方式。在由中古向近代过渡时期，社会的垂直流动明显，影响也大于水平流动，故主要考察社会的垂直流动。参见朱寰主编：《工业文明兴起的新视野：亚欧诸国由中古向近代过渡比较研究》上册，商务印书馆2015年版，第350、614—710页。
② 关于社会转型问题，国内较有代表性的观点有：侯建新从农民个体力量增长角度阐释西欧社会包括英国中世纪晚期以来转型的动因；赵文洪从私有财产权利体系形成视角考察资本主义起源；刘新成等从政治制度变革视角讨论英国社会转型；陈曦文、王乃耀等从经济变革、乡村工业方面考察社会变迁。国外学者如马克思就曾专门研究圈地运动与资本主义大农场兴起问题，认为促进了封建社会解体；马克斯·韦伯、托尼等人从宗教尤其是新教伦理方面考察了资本主义的兴起，影响颇大。其余关于社会转型问题的研究成果详见侯建新：《现代化第一基石——农民个人力量成长与中世纪晚期社会变迁》，天津社会科学院出版社1991年版，"绪论：问题的提出"；侯建新：《中国世界中世纪史研究40年》，《世界历史》2018年第4期。

命、农业生产的季节性等，但倘若"移民"或流动人口在发展演变进程中成为一种"显要的""突出的"社会现象，并对社会诸方面产生了不可忽视的重要影响，那么这些人口流动就进入了笔者研究视野，值得单独予以研究考察，是符合"研究范畴"的人口流动。也是在此意义上，本章关注这些人口流动现象或运动与乡村变迁之间的关系，以及其对乡村社会造成的诸种影响。

乡村地区的人口流动，包括地域流动和行业流动，同乡村社会的变革最为密切，息息相关；城市的"回流"人口，也给乡村社会带来了直接影响，这些人口流动是本章重点考察内容，其他形式的人口流动也会涉及，不再单独论述。

一、乡村人口地域流动与基层行政司法治理转型

（一）庄园、村邑并行

中世纪时期英国在乡村的基层行政区划和治理单位是"村邑"（villa）。由于许多土地分封给了各级封建主，他们在自己的领地上通常建立了大小不等的庄园，通过私人的庄园法庭或自由人法庭对领地的农业生产、生活纠纷和社会治安实施管理，所以庄园是同村邑并行的一级地方基层组织，也是乡村治理的基层管理单位，在很多时候还将村邑囊括其中。许多庄园里还存在着一个村民共同体——农村公社，它们先于庄园而存在，在乡村土地"庄园化"后融进了庄园法庭组织，一方面是领主统治剥削村民的工具，另一方面也维护村民们的利益，所以体现出一种"两重性"。[①] 因此，中世纪英国在地方的基层组织主要是庄园和村邑并行，有时二者就是一回事。

在乡村大量土地"庄园化"的情形下，大部分乡村居民包括自由民和

---

① 侯建新：《西欧中世纪乡村组织双重结构论》，《历史研究》2018年第3期。

依附程度不等的维兰主要接受庄园法庭管辖，自由民还有机会向地方上一级百户区法庭或郡法庭乃至王室法庭上诉，维兰等依附农则只能接受庄园法庭的裁决，因为在现实生活中他们虽然已经不是"主人之物"，但依然不是具备完全行使民事权利的独立个人，人身是依附于领主的，换言之是主人的"人"，所以不是法律上的"人"。[①] 领主当然不希望庄园人口流失，所以采取各种措施限制依附农民迁徙流动，维兰在极端情况下的逃亡意味着放弃在庄园里的一应财物，一无所有地奔向新天地。

从中世纪晚期开始，农奴的逃亡、村民的外出打工以及其他各种形式的人口流动，开始冲击着庄园的管理体制。黑死病之后虽然有过庄园劳役制的"短暂反动"时期，但由于劳动力人口锐减，劳动力价值上升，使得庄园农奴等乡村居民在生产乃至社会上的地位陡然提高，加之对"农奴制反动"的不断斗争，1381年农民大起义可谓一个鲜明例证，所以农奴制庄园在14世纪末日趋瓦解，广大农奴及其他依附农民实际上获得了"迁徙"流动的权利。他们或以货币"赎买自由血液"（马克思语），或通过斗争"争得自由"（希尔顿语）。到15世纪，随着人口自由流动、人身依附关系褪去，领主自营地与劳役制均无法维续，旧有的庄园体制在全国绝大部分地区基本瓦解了。可见，击败农奴制的不仅是农民的反抗运动，还有农民的日常迁移流动。[②] 从后一点来看，农奴制是被一种类似于市场驱动的经济力所摧毁的。[③]

[①] 马克垚：《西欧封建经济形态研究》，人民出版社1985年版，第200、206—207页；朱寰主编：《亚欧封建经济形态比较研究》，东北师范大学出版社1996年版，第157—159页。
[②] T. H. Aston and C. H. E. Philpin, *The Brenner Debate: Agrarian Class Structure and Economic Development in Pre-industrial Europe*, Cambridge University Press, 2002, p.272.
[③] 在这方面，布伦纳与沃勒斯坦等人观点高度契合，后者认为乡村人口大规模逃亡城镇，或者仅仅是威胁加上一点小规模的流动，就会迫使庄园主做出"严重削弱封建制度的让步"，就会改变仍旧留在庄园里的农奴的境遇。这里已经清晰地论及人口地域流动对地方庄园体制的冲击。参见[美]伊曼纽尔·沃勒斯坦：《现代世界体系》第1卷，尤来寅等译，黄席群等初校，罗荣渠审校，高等教育出版社1998年版，第54页。

(二) 教会堂区地位上升

中世纪晚期，随着乡村居民的分化，村社或农村共同体的凝聚力大不如前，组织生产、调节纠纷等职能也在下降。这样一来，原有的乡村基层组织处于瓦解与重建之中。什么样的组织能够承担新的基层治理单位的职责呢？从中世纪晚期到近代早期，新组织的面目轮廓逐渐清晰，这就是教会堂区（parish）。堂区原本是教会在地方的基层组织，是以教堂为中心，以常驻教士"parson"即堂区牧师为首，为附近信徒们举行圣礼、灵魂救赎等宗教活动的场所。① 由于国家公权力在地方机构简陋、职能不完善，故而堂区神父、助祭等神职人员常常承担地方部分行政管理职能，譬如教区法庭受理婚姻纠纷、异端告发、丧葬遗嘱、救济孤寡穷人等事务，这些职能在中世纪晚期以来没有消退弱化，反而不断得到加强。中世纪晚期以来，乡村依附人口同原有领主的人身依附关系弱化了，乡村共同体内部因经济发展也出现社会分化，但乡村绝大多数居民的宗教信仰没有变化，不论他们走到哪里，都依然是上帝的子民——尽管是一群懵懵懂懂的虔诚信徒。这就为教会堂区取代前两者成为一个具有向心力的新共同体，提供了精神家园和现成的组织形式。

实际上，中世纪英国乡村大部分村民流动的距离非常有限，基本上是在当地迁移流动。直至中古晚期，短距离的地域流动——迁移距离在方圆数英里之内，依然占据主导地位。流动人口中的绝大部分最远不会超出"流出地"20英里范围，多在10—20英里，譬如埃克塞特的移民半径是20英里，莱斯特、诺里奇和诺丁汉的移民来源也是如此，比它们大得多的约

---

① 英文"parish"一词对应拉丁文 parocia，源于希腊语，意为主教辖下一个地区。宗教改革前，教会堂区神职人员主要有神父，根据其圣俸等级，通常是教会堂区长（rector），他是常驻教士，此外还有神父代理（vicar）、神父助理（curate）、附属小教堂教士（chantry priest）、小教堂专职教士（chaplain）、领薪教士（stipendiary priest）、助祭（deacon）和副助祭（subdeacon）等。Abbot Gasquet, *Parish Life in Medieval England*, London: Methuen & Co., 1907, p.2, p.71.

第五章　人口流动视角下的英国乡村变迁

克市依然如此。① 这几个城市都是英国比较重要的地方郡城，社会影响与经济辐射都比较大，其移民来源尚且如此，其他小城镇或村庄的人口流动距离则更要短近一些。不过，这种"短距离"人口流动模式在16世纪和17世纪早期发生了一定变化。

近代早期，相当一部分乡村居民地理流动里程长，长途跋涉迁移至大城市，属于"生计型"长距离移民。当然，与此同时，乡村社会依然还有部分村民"短距离"频繁流动，人口流动虽然"地方化"，但却不限于原有庄园和村邑。这些流动人口，尤其是前者在很大程度上摆脱了同原先庄园、共同体的联系，不过他们还保留着教徒的身份，在迁入地区保持着旧有的习俗，如星期天到教堂做礼拜，结婚由教士给予证婚、给新生儿洗礼，接受教堂牧师的赈济品，同时也自愿捐赠小额钱物，在教区法庭上提起诉讼等。一言以蔽之，教会堂区的一应职能都得以保留下来，在庄园、村社弱化时其形象反而凸显高大起来，人口的频繁流动削弱了庄园，反而强化了堂区的某些既有职能。与此同时，堂区得到世俗政权尤其是地方政府的引导重视，后者赋予其越来越多的世俗职能权限，所以到近代早期，教会堂区已经由中世纪时期的教会的基层组织，演变成世俗政府在地方的基层组织，尽管依然保留着浓浓的宗教色彩，但其世俗性质已经愈益鲜明。

这样，到近代早期，英国的地方治理模式发生了变化，由中世纪时期的庄园、村邑并行，转变为以教会堂区为主的新的地方基层管理制度。② 堂区除神职人员之外，也有若干世俗管理人员，这为其转变为地方基层组织提供了现成的人事基础。最初主要的俗人官员是教会堂区执事（church warden），一般是两人，主要负责堂区的教堂设施维护、财物管理、济贫等

---

① David Nicholas, *Urban Europe, 1100–1700*, Palgrave Macmillan, 2003, p.43.
② 有学者译为"堂区"，有一定道理。参见陈立军：《社会转型时期英国乡村基层组织研究》，人民出版社2018年版，第65页。考虑到"教区"已沿用多年，广为学界接受，故本书中部分章节沿用既定译法。出于行文需要，有些章节译为"教会堂区"，以与世俗帮会所设的堂口、堂区相区别。

事宜，也是堂区教民的世俗代表；后来，从中世纪晚期开始，随着议会赋予其权力增多，管理人员日渐增多，除了堂区执事以外，还有具体负责专项事务的济贫监管员、公路检查员、陪审员及警员若干等人，具体管理机构则主要是有教会堂区居民代表组成的堂区委员会（parish vestry）。

1536 年，议会颁布法律，规定每个教会堂区都要接受治安法官的监督；1555 年，法律授权治安法官"管理堂区的道路"。因此，治安法官成为了堂区上级长官。当然，治安法官还掌管地方治安、济贫、工资物价、道路维护及司法审判等一应事宜，最后监督郡长而成为地方政府最高掌权者。教会堂区各级官吏主要来源于地方乡绅、约曼，许多教士也在地方管理中承担了多种职责，有的约曼本身就是堂区的教士，麦克法兰笔下埃塞克斯郡的厄尔斯克恩堂区的拉尔夫·乔斯林就是这样一个鲜明的例子。除日常的布道、圣礼职责外，一些教士担任了教会堂区低级官吏，如执事、各类监管员等，有的进入堂区委员会，参与堂区日常事务管理，还有的教士兼任了治安法官，扮演了堂区管理者、医生、行善者、道德捍卫者等多重社会角色。[①]

近代早期，教会堂区最重要的职能之一是济贫，包括征收济贫税、管理济贫机构、遣送安置流民等等。这一职能的强化是同近代早期人口流动的规模、构成及态势密切相关的，某种程度上也可以说是近代人口流动的直接产物。前文已述，16 世纪至 17 世纪上半叶，由于人口恢复增长、圈地运动发生以及贵族豢养的大量侍从解散、修道院的解体等多种原因，乡村各地涌动起人口流动大潮，其中相当一部分乡民属于贫民，在失去土地等生产资料后选择流向城市，尤其是大城市，"生计型"移民成为流动人口中最突出的一个特征。然而，此时的城市经济处于传统作坊式阶段，无法吸纳大量移民为其提供工作，于是很大一部分乡村移民变成了"流民"，成

---

① 姜德福、朱君杙：《多重身份、多种职责的"牧羊人"——论近代转型时期英国教区教士的多重社会角色》，《历史教学》2012 年第 18 期。

为近代早期英国城市化进程中的一块"顽疾"。

16世纪的流民队伍成分复杂,不仅仅是来自乡村的失地农民,还有上文提到的"被解散的贵族侍从",不完全是现代人所理解的贫困弱势群体。20世纪初年,英国学者弗兰克·艾德洛特(Frank Aydelotte)的描述有助于加深对这一群体的认识:"16世纪的流浪汉远非一个软弱无能、无害的阶层,他们代表了中世纪英格兰的坚实力量。其中有很多人来自富裕家庭,但在现代英国的经济组织中却找不到有用的位置。他们凶恶狡诈而胆大妄为,他们当中有政治、宗教、社会各方面的不满者和煽动者,因而在伊丽莎白时代的英国,他们不仅是有害的,而且是危险的。他们的存在足以使法律制定者……挖空心思去寻找一个对策……"①

艾德洛特的描述未必完全客观属实,言论中夹杂着当时统治阶层及普通民众对乡村移民乃至流民的一般成见。

无产阶级革命导师马克思对此也有一些相似的看法:"由于封建家臣的解散和土地陆陆续续遭到暴力剥夺而被驱逐的人……不可能像它诞生那样快地被新兴的工场手工业所吸收。另一方面,这些突然被抛出惯常生活轨道的人,也不可能一下子就适应新状态的纪律。他们大批地转化为乞丐、盗贼、流浪者……大多数是为环境所迫……15世纪末和整个16世纪,整个西欧都颁布了惩治流浪者的血腥法律。"② 显然,这些描述都有助于深化对这一群体复杂性的认识:流民不是一个同质的单一群体,也不是单纯贫困原因造成的,采用笼统的一种对策未必有效。

(三)教会堂区作为基层管理单位确立

如何应对乡村人口流动大潮、如何解决流民问题化解社会矛盾,考验着英国统治阶层的管理智慧和应对能力,教会堂区就是在这一过程中逐渐

---

① [美]伊曼纽尔·沃勒斯坦:《现代世界体系》第1卷,尤来寅等译,黄席群等初校,罗荣渠审校,高等教育出版社1998年版,第319页。
② 《马克思恩格斯文集》第5卷,人民出版社2009年版,第843页。

被赋以重任而走到历史前台的。

在早期阶段,政府及城市当局对流民问题的处理,以惩戒为主、救济为辅,但收效甚微,流民问题大有愈演愈重之势。16世纪70年代后,议会先后颁布1572年法令、1597年法令,济贫工作走上了救济为主、惩戒为辅的道路。在济贫政策转变过程中,议会及各地方政府不断颁布各种法律、法令,授予各地教会堂区以各种济贫职能,譬如1522年法令规定"每个堂区都要设立2名济贫监管员,对堂区居民征收济贫税";1531年法令授权堂区"遣返身强体壮者,给无劳动能力者颁发行乞证";1536年授权堂区"禁止贫困儿童流浪,强迫其工作学习手艺"。①

此后,约克郡、东盎格利亚等各地相继执行国家政策法令,纷纷出台地方法规,以教会堂区为济贫税征收基本单位,强制征收济贫税,授予堂区官吏以各种权力处置流民。近代济贫制度的特点逐渐显露出来——强制济贫,国家法律赋予了堂区强制征收济贫税的合法性,以及对懒怠者、蔑视者、抵触者予以制裁的权威性,这是中世纪的教会堂区无法企及的目标。近代教会堂区是一部由议会法律、地方法规、治安法官、堂区警员及堂区法庭、监狱等一系列暴力工具武装起来的国家基层组织。

正因为如此,中世纪英格兰教会堂区的传统职能发生了重要转向。② 近代早期,教会堂区的首要任务是以济贫为中心,围绕着流民遣送、安置和征收济贫税等问题而展开的。从堂区法庭处理的大量诉讼来看,90%以上

---

① 从颁布的法令来看,这一时期英国政府已经意识到"流民"存在不同类型,开始分而治之,如1572年法令、1576年法令及1597年法令,制定了针对"流浪者"、"穷人伤残者"和"强壮的乞丐"的不同措施,区别对待。R. H. Tawney, Eileen Power, *Tudor Economic Documents, Being Select Documents Illustrating the Economic and Social History of Tudor England, Volume Two, Commerce, Finance and the Poor Law*, London: Longmans, 1953, p.328, p.331, p.354.

② 中世纪教会堂区的主要职能是维修管理教堂设施、堂区道路和济贫,济贫仅是职能之一,最重要的似乎是道路维护。参见陈日华:《中古英格兰的教区行政》,《世界历史》2007年第1期。以上职能主要是世俗方面的。其实,中世纪英国教会堂区最重要的职能是在属灵服务方面,为教民提供福音、日常弥撒、布道、灵魂救赎,以及在宗教节日举行各种圣事活动。Abbot Gasquet, *Parish Life in Medieval England*, London: Methuen & Co., 1907, p.140, p.171, p.187.

都与救济贫民、安置流民有关，只有少部分涉及堂区道路维护、教堂修缮事宜。可以说，正是出于解决大量流民问题的需要，教会堂区才在16世纪30年代后走向地方基层组织的舞台中心，正式确立了作为国家政权组织的基层行政单元的法律地位。①

在这样的背景下，教会基层堂区组织不可避免地成长壮大起来。1600年，济贫税首先在全国大部分城镇中得以确立，此后在乡村堂区也日益普遍。17世纪20年代、30年代及40年代中数次危机，迫使各级政府加速实施济贫税制度。到1640年时，在查理一世"枢密院"（privy council）的强力监督推动下，济贫税成为许多教会堂区生活中一个"惯常的事实"（accustomed fact）。到17世纪50年代，济贫制度在英格兰大约有3000个教会堂区中全面运行，已经占到全国1万个教区的1/3。②到17世纪末，全国教会堂区中的80%开始履行职能，征收济贫税。在济贫问题上，中央政府逐步退居幕后，政策执行力主要依赖于地方基层组织，所以研究17世纪英国历史的著名历史学家希尔认为，中央政府强制解决"全国性"济贫问题的时期在资产阶级革命期间"终结"了，此后"每个堂区负责自己的失业问题"。③

教会堂区地位提高在英国政府颁布的法令文件中得到充分体现。伊丽莎白时代，1597年济贫法中明确规定教会堂区为济贫税征收、流民安置的基本单位，类似的济贫法令在数年后再次颁布，如1601年的济贫法继续规定教会堂区为实施济贫的基本单位，同时赋予堂区委员会及济贫监管员以首要职责，法令第一条即规定，"堂区每年选举堂区执事为济贫监管员……安排穷人孩子工作……救济年老、盲、瘸等残疾无能力者……执事及监管

---

① 当然各地情况有别，教会堂区地位确立时期并不一致。有学者认为，在中世纪后期，村邑作为国家基层行政单位就已经被教会堂区取代。Thomas Plucknett, *A Concise History of the Common Law*, Liberty Fund Inc., 2010, p.86.
② Keith Wrightson, *Earthly Necessities, Economic Lives in Early Modern Britain, 1470–1750*, Yale University Press, Penguin Books, 2002, p.3216.
③ Christopher Hill, *The Century of Revolution 1603–1714*, London and New York: Routledge, 2002, pp.152–153.

员在堂区教堂每月至少开会一次……在年终4天之内提交关于收到、征缴、支出全部钱款的真实完整账簿……对于玩忽懈怠者处以罚金20先令"。

如果说以上条款仅仅是规定了教会堂区各级官吏的职责义务，那么接下来的条款则规定了堂区官员的权力，如"堂区执事和济贫监管员可以征收济贫税款，可以扣押出售未缴纳者的货物……可以在荒地上为穷人残疾者建造适宜的住房"等等。①

这些条款无疑清楚地表明教会堂区官员所具有的广泛权力，已经超越了教会神职人员管理的范畴，具有鲜明的世俗政权的行政管理色彩。

当济贫方面的职能权限同其他职能部门发生冲突时，教会堂区的独特地位体现得更为突出。对于某些地跨两郡的堂区，或教会堂区部分延伸进城市、城镇或其他法人机构的管辖地域的情况，法令专门规定：各郡治安法官、城市或法人机构长官（head officers）"只能处理位于本辖区那部分教区的事务，不能扩大权限……但是，教会堂区执事或济贫监管员可以在整个堂区执行其职责，无须分割区域"。堂区官员的独立地位由此可见。②

不难发现，1601年法令相当多的篇幅是对之前济贫法内容的重复与细化规定，教会堂区官员权威得到进一步提升，堂区地位进一步提高，所以在一定意义上，1597年法令、1601年法令正是教会堂区作为世俗国家济贫与社会福利管理基本单位确立的法律标识。堂区的地位在17世纪斯图亚特王朝时期继续保持，堂区官员的权力也进一步得以扩大。③

当然法令同时也反映了中央政府对地方政府济贫等工作加强监管，另

---

① *Statutes of the Realm, Vol. 4*, University of London,Presented by the Worshipful Company of Goldsmiths,1903, pp.962-963.
② *Statutes of the Realm, Vol. 4*, University of London,Presented by the Worshipful Company of Goldsmiths,1903, pp.963-964.
③ 譬如，除济贫和安置流民问题外，堂区官员还负责为本区居民"炉灶税"的豁免提供证明，1663年萨利郡堂区官员（执事和警吏）就扮演这样的角色，各自为本堂区的约翰和亨利出具书面证明。"炉灶税"是世俗国家一种常规税赋，不是"济贫税"，同济贫没有直接关系，由此可以看出，堂区官吏的权力在扩大。Joan Thirsk and J. P. Cooper, *Seventeenth-Century Economic Documents*, Oxford: Clarendon Press, 1972, pp.668-669.

第五章 人口流动视角下的英国乡村变迁

一方面也透露出人口流动尤其是流民问题依然给首都等大城市带来沉重压力。现有证据充分证明，17世纪上半叶正是"生计型"移民长距离跋涉之际，有的流民甚至迁移到了苏格兰境内。

"这些难以驾驭的流浪汉和恐怖的丐帮，与伊丽莎白时代英格兰的学徒相似……他们席卷了苏格兰，勒索食物、金钱，抢劫要挟，给偏远的农场和村落带来恐慌。"①

显然，这里的流民不是贫穷柔弱之人，他们极有可能转化为洗劫城镇村落的暴徒匪帮。由此可见17世纪上半叶人口流动所呈现出的严峻态势。一部分英格兰流民流窜到苏格兰，这也是典型的长途迁移，主要是由于英格兰许多城市采取了严厉的惩戒性济贫措施，那些不愿被遣送回原籍的流民自然想方设法流向边界地区；加之17世纪后苏格兰同英格兰往来密切，北部边界地区下层民众往来尤其频繁，所以一些流民群体很自然地一路北上，进入防范措施薄弱的苏格兰地域。

自1603年苏格兰国王詹姆斯六世入主伦敦之后，斯图亚特王朝实际上统治着英格兰、苏格兰，两国王位合二为一，两地各有议会，在一个世纪后（1707年通过"合并法案"）向一个统一国家方向迈进，但在17世纪两国依然各自保持独立，② 英格兰的济贫法及其补充修正条款从未在苏格兰实施。苏格兰不仅保持了独立的外交、议会，连长老会宗教也具有相当大的独立性，查理一世意欲在苏格兰推行统一的"祈祷书"，结果引发了苏格兰叛乱，殃及了在英格兰的统治地位，造成了17世纪内战——英国资产阶级革命。在克伦威尔"护国"时期以及查理二世复辟之后，苏格兰王国基

---

① [美]伊曼纽尔·沃勒斯坦：《现代世界体系》第1卷，尤来寅等译，黄席群等初校，罗荣渠审校，高等教育出版社1998年版，第376页。
② 譬如，直到近代早期的17世纪，在同乡村人口流动密切相关的农民土地保有权、庄园的习惯法性质与权限等方面，苏格兰与英格兰相比具有独特、鲜明的不同特征，这种情形直到19世纪中叶才发生转变。Rab Houston, "Custom in Context: Medieval and Early Modern Scotland and England", *Past & Present*, No. 211 (May 2011), pp. 37–45.

本上失去了独立，由英格兰委派一个"枢密院"（Privy Council）和"三等级委员会"（Committee of Estates）代行政府职能进行管理。

不过，无论是在"市镇社团法""划一法案"还是"五英里法案""秘密集会法"中，都看不到关于苏格兰的条款，上述法案实施范围明确为"英格兰王国和威尔士领地""英格兰王国和威尔士公国"等，至于"特威德河以北"地区（一般专指"苏格兰王国"）从未提及，法案效力范围仅仅多次提到"特威德河上的贝里克城镇"（town of Berwick-upon-Tweed）。① 想来英格兰王国已将这个 400 年前（爱德华一世时）就收入囊中的城镇视为了自己的领土。在伊丽莎白女王时期，英国政府对贝里克城堡进行"意大利风格"维修，耗费高达 13 万英镑，成为女王统治时期支出最高的一桩官方工程。尽管当地驻军同贝里克市民之间常常产生纠纷，边界地区居民经常根据自身利益改变身份，"时而自称苏格兰人，时而又变为英格兰人"，但是他们更多是向英国王室诉求权利与保护，视自己为英格兰人，最具代表性的观点就是市长的言论，"贝里克是我们的英格兰"②。

除了贝里克之外，在苏格兰王国任何一地区，官方及民众都未有上述面向英格兰的民族身份诉求或国家身份认同，苏格兰实施自己独立的法律体系。即便在同人口流动关系最密切的济贫法案中，英国王室和议会也未将其施行于苏格兰王国。即便在同人口流动关系最密切的济贫法案中，情况也是如此。在 1662 年的"济贫法修正补充法案"，即定居法中，补充条款主要针对"整个英格兰王国和威尔士领地"中贫民数量大幅增加的情形，鉴于许多城市、教区贫民定居后因"没有工作重新变成了不可救药的流民无赖"四处流动，因而颁布一些相关"制止流动"的具体规定，但同样没

---

① Andrew Browning, *English Historical Documents, 1660–1714*, Eyre & Spottiswoode, 1953, p.375, p.378, p.383, p.384.

② Norman L. Jones and Daniel Woolf, *Local Identities in Late Medieval and Early Modern England*, Palgrave Macmillan, 2007, p.92, p.108.

有任何条款提及"苏格兰",只不过在第 5 条中再次提到了"特威德河上的贝里克城镇"①。不过定居法的实施,在很大程度上切断了英格兰流民"长距离"流动的可能性,自然也解决了英格兰流民对苏格兰境内民众的骚扰问题。这也是英格兰地方基层组织教区行政管理取得的重要成果之一。

或许正是因为济贫法案没有在苏格兰境内实施,加之苏格兰农民佃户没有类似于南部英格兰农民那样的相关权利,譬如使用公共牧场、荒地以及在田间地头拾穗等权利都不存在,只能寄希望于领主的"仁慈恩惠"(kindliness),所以一旦领主们的贪婪本性暴露出来,也仿效英格兰人"圈地"后,苏格兰小农的命运就失去了法律保障。②于是,在 17 世纪晚期和 18 世纪之后,当英格兰的长距离"生计型"移民比例显著降低时,而苏格兰的长途移民不减反增,不列颠岛上仅存的几个"长距离"人口流动群体之一便有"苏格兰人"。③

(四)人口流动带来的其他变化:地方管理难度上升

教会堂区作为国家负责济贫事务的基层行政管理单位,是近代人口流动带来的重要变化之一。此外,快速、频繁的人口流动也带来社区信仰、婚姻及治安等问题,对当地社区的行政管理提出新的要求。近代早期英国城市与乡村社会里,无论个体、群体还是家族都存在较大流动性,以至于有学者认为"当地共同体都具有相当大的流动性",这既反映了乡村社会不是一潭死水而是充满活力,但同时也给地方社会秩序的稳定带来了很大挑战。

冲突与纠纷是近代早期地方社区、教区生活和社会交往中的常态,既

---

① *Statutes of the Realm, Vol.5*, University of London, Presented by the Worshipful Company of Goldsmiths,1903, p.402.
② 从法律的来源看,苏格兰法更接近罗马法,更重视书面证据而不是口耳相传的庄园习惯法,后者恰恰是英格兰法的一个重要特征。Rab Houston, "Custom in Context: Medieval and Early Modern Scotland and England", *Past & Present*, No. 211 (May 2011), pp. 57-60.
③ 最严重的当属 17 世纪 90 年代,苏格兰爆发"生计大危机",其间多达 20 余万人四处乞讨。Mark Kishlansky, *A Monarchy Transformed, Britain 1603-1714*, Penguin Books, 1997, p.27.

有个人之间的纠纷，也有群体间的冲突。私人因矛盾而对簿公堂，这种事例在地方法庭的卷宗里大量存在；至于那种教士代表的教堂同乡绅的世俗社会之间的群体冲突事件，也不罕见，像16世纪70年代苏塞克斯郡卡克菲尔德村庄（Cuckfield）就是如此，一名教堂牧师与从骑士（squire）之间发生纠纷，原本仅仅是两个人之间的私人纠纷，结果造成整个共同体从上到下分裂成两大阵营对抗，演变成了整个村庄的群体性冲突，闹得沸沸扬扬。该案件先是报到郡里，后来又提交到国家层面，最终在1582年由弗兰西斯·沃尔辛厄姆爵士出面干预才得以解决。其他各种形式的纠纷、冲突、矛盾在村庄、教区无时无刻不在上演，例子不胜枚举。人口流动是双向的，既有当地原先居民的流动迁出，也有陌生新居民的流动迁入，还有循环迁移的，进进出出，使得原本冲突不断的教区秩序更显动荡不安，地方社会治理更加复杂化。

如何将外来人口融入当地社会，凝聚当地居民的地方情感纽带，这是近代早期许多地方社会在管理上都面临的一个共同难题。在当地村庄、教区的各种治理方案中，频繁举办多种形式的大众娱乐活动，很大程度上就履行了社区治理的部分职能。譬如村庄的运动会、各种游戏活动、跳舞、一年一度的地方守护神节日庆典和啤酒节（wakes and ales）、"灯草节"①及教区宴饮活动等，都扮演了这样的角色。这些活动无不体现了邻里关系、上下阶层之间其乐融融的和谐画面。正是在这一系列贯穿全年的活动中，各阶层之间的"紧张"关系得到舒缓，固有的社会地位鸿沟暂时消失了，尤其是庆典活动中的一些"仪式反转"（ritual reversal）情节，穷人、富人进行"角色反串"，现实社会中的等级结构在娱乐活动里被"颠倒"过来，虽然仅仅一天时间，但却是缓解社会矛盾的一个重要"安全阀"。②在游戏、

---

① 每年纪念教堂落成的节日，庆贺时教会堂区居民在教堂里以灯芯草或花环铺撒地面，点缀墙壁，故名"灯草节"。

② Keith Wrightson, *English Society 1580–1680,* Routledge, 2006, pp.70–71.

娱乐活动中，全民的参与唤醒了一种集体意识，模糊了不同阶层之间的鸿沟，培养了对当地社区的忠诚眷恋，有效地将外来流动人口融入当地居民的情感世界。

在一些村庄或教会堂区，由堂区居民集体出资的"共同基金"还具有一种初级的调节收入功能。其是出于自愿原则出资捐助的，由共同体集体管理支配，体现了村民参与公共事务管理的自治、民主原则。这也是英格兰地方自治传统深厚的重要原因。虽然不是济贫税，但有时会针对教区贫困个人进行救助，有些宴饮活动也带有救济性质，教区中赤贫者可以安然享受一些鱼、肉、奶酪及美酒。凡此种种，都在相当程度上弥合了地方社会因经济分化、人口流动造成的不安定局面，也提高了地方共同体社区村民参与管理、集体自治的政治意识。

总之，通过组织大众娱乐活动，地方社会形成并强化一种共同的"集体意识""乡土意识""地方主义"，一定程度上修复了被贫富分化和人口频繁外流而削弱的乡村共同体，形成了新的堂区共同体，从而有效稳定了当地社会秩序。

需要注意的是，我们不能过高估计村民自治与参与管理事务的范围，民众自治与精英控制是并存共生的，同许多大中城市政治出现的"寡头政治"一样，乡村地方社会和村庄的公共事务管理也呈现这一倾向。这一倾向在16世纪中叶后日渐鲜明，譬如德文郡莫尔巴斯（Morebath）堂区的变化就是最典型的一个例子。在宗教改革前，约有1/4的家庭履行某种集体责任，而到16世纪80年代中叶后，只有一家户主在堂区教堂入选当差。[①]某种意义上，正是宗教改革重新塑造了英格兰城乡地方共同体的政治管理模式。成年男性广泛参与社区事务协商、决策、募集资金、记账的传统结

---

① Steve Hindle, *The State and Social Change in Modern England, 1550–1640*, New York: Palgrave Publishing, 2002, p.213.

构逐渐瓦解，这一进程在 17 世纪继续普及扩大。

1607—1682 年，林肯郡弗兰普顿（Frampton）堂区委员会 64 次会议的档案记录中，平均每次出席会议的成员仅为 8—9 人，其中 20% 成员履职 5 次以上，有 3 人任期长达 20 年之久。济贫监管员（overseer）的任职也同样如此。在肯特郡克兰布鲁克（Cranbrook），堂区的常设机构或常务组织——堂区委员会（vestry）主要由几个富有的呢绒商和堂区绅士把持着，构成了一个自我延续的小团体。诺森伯兰郡乡村共同体的寡头色彩在 16 世纪晚期之后就很明显了，沃里克郡的索利哈尔（Solihull）、达勒姆郡的维克汉（Whickham）、什罗普郡的海利（Highley）等地情形也大同小异。甚至在这种寡头政治小团体内部，也出现了管理权力更为集中的苗头，创建了诸如"分委员会"（sub-committees）这样的机构，选任的数名地方警官或十户长（headboroughs）负责监管"移民流入"，这些官吏往往一个人同时兼任济贫监管员、堂区执事等职务，[①] 几乎将地方社区管理的一切方面都纳入囊中。

这些寡头小团体的成员无疑来自地方共同体、地方社区的富裕家族，以乡绅为主，同时也是当地流动性最低、最稳定的居民，当村庄里雇工、小屋农家庭频繁流动更迭时，乡绅、农场主及呢绒商构成了村庄人口的稳定"内核"。由此不难理解，作为为数不多的常住家庭，他们更熟悉当地社区的制度、习俗及舆情变化，维护地方秩序符合他们的利益，所以这些家族基本包揽了地方共同体和堂区治理的各种职位。尽管这种做法遭到部分村民的抵制，但考虑到基层社区所有这些职位几乎都是无薪岗位，非富裕家族无以维持（像上文提及的组织各种大众娱乐活动，其费用主要由这些家族提供），所以这种寡头垄断的治理模式又具备相当的合理性。

[①] Steve Hindle, *The State and Social Change in Modern England, 1550–1640*, New York: Palgrave Publishing, 2002, pp.215–216.

二、乡村人口行业流动与经济社会结构蜕变

近代早期，英国乡村人口除地域流动外，也进行行业流动，即向农业之外的其他经济部门转移，故人口行业流动也被称为"农村劳动力转移"。因农村人口绝大部分从事农业生产，主要为农业人口，行业流动在很大程度上就是指农业人口的转移，所以也被称为"农业劳动力转移"。两者之间有所区别，各有侧重，但实质内涵相差不大。关于乡村人口行业流动的主要生产部门是呢绒纺织业、皮革制作业、木材加工业、煤炭采掘业、金属冶炼加工业、酿酒业等。从中世纪晚期开始，这一过程已取得初步成果，相当一部分农村居民在"扶犁耕地"的同时也"牧放牛羊"，英格兰乡村的经济社会结构变化已现端倪，这意味着农牧混合经济结构已经初步确立。

（一）中世纪晚期的农牧混合经济结构

在农牧混合经济结构下，畜牧业吸收了相当一部分农村人口就业，譬如养羊业、养牛业，还有的地方大量饲养猪、兔子、鸽子等家畜家禽。虽然直接从业人员不是很多，但衍生出来的剪羊毛、挤牛奶、屠宰、皮革加工等行业均属于"劳动力密集型"部门，尤其是羊毛纺织业即呢绒生产，被誉为英格兰的"民族工业"，其生产工序繁杂，涉及纺羊毛（spinning）、织羊毛（weaving）、漂洗（fulling）、扯幅（stretching）、起绒（teazling）、修剪（repairing）、染色（dyeing）等多道加工流程，最后才能投入市场销售，更是需要大量劳动人手。这意味着中世纪晚期英国农村劳动力转移的突破方向是畜牧业及其衍生的畜产品加工行业，羊毛纺织业及呢绒生产是乡村人口流入最大的非农部门。

14、15世纪，随着羊毛出口向呢绒出口的转变，呢绒业对英格兰乡村经济影响日增，越来越多的人进入呢绒行业谋生，致使乡村部分地区经济结构出现裂变，其中最显著的变化发生在西南部地区、东部盎格利亚和东南部肯特郡地区，该地一些农业村庄已经转变为工业村庄，宽幅呢绒、克尔赛呢绒、新式呢制作绒分别成为上述地区的重要生产部门，当地村民大

量从事羊毛纺织和呢绒生产。[①] 可见，农村劳动力向非农领域的转移在西南、东南诸郡乡村地区取得初步成果，转移部门主要集中于畜牧业和羊毛纺织两大生产部门。

另外，在农牧混合经济结构下，畜牧业虽获得较大发展，但尚未取得独立的经济地位。乡村人口行业流动在地域上、畜牧业之外的其他非农部门取得的成果都很有限，畜牧业也在很大程度上处于依附农业、为农业服务的状态。在近代"无机化肥"发明以前，畜牧业一个主要职能是给土壤"施肥"，利用牲畜粪便使土壤"增加肥力"，从而确保谷物种植业取得好收成，所以放牧的时间、地点和方式常常是以谷物耕作制度为中心、以粮食种植业的需要为转移而安排的。从这点来看，东西方社会在前资本主义时代都是封建"农本"经济，农业居于不可撼动的核心地位，[②] 即便是在英国乡村工业发展最集中的东盎格利亚地区，农村劳动力转移也没有摆脱农业的"脐带"，无论呢绒商还是纺织工人，都同时是村庄里的土地所有者，看来单纯依靠纺织业是无法生存的，区别只在于占有耕地数量多寡。

这一情形直到18世纪产业大革命前夕依然存在，在保尔·芒图对英国工业区诸郡自耕农的描述中，畜牧业、纺织业和农业种植业之间的联系仍旧非常密切，称其为"小工业和小地产的联合"[③]。可见，农业与手工业生产的排他性、彻底分工尚未完成，归根结底，劳动力转移水平是由当时生产力发展水平所决定的。

---

① 据英国历史地理学家H.C.达比研究，西南部地区在近代早期之前，尤其是中世纪晚期曾经是英国经济同外部、欧洲大陆交往最早、最频繁的地区，当地呢绒直接出口到法国，健康男性中有40%—50%的人口从事宽幅呢绒生产。当时的布里斯托尔曾被视为"第二个伦敦"，同爱尔兰、加斯科尼、伊比利亚半岛等地进行呢绒贸易。H. C. Darby, *A New Historical Geography of England Before 1600*, Cambridge University Press, 2011, p.246, p.277, p.295.

② 朱寰：《罗马与中国汉代的农业》，载侯建新主编：《经济社会史评论》第1辑，生活·读书·新知三联书店2005年版，第46页。

③ [法]保尔·芒图：《十八世纪产业革命——英国近代大工业初期的概况》，杨人楩等译，商务印书馆1997年版，第38、108页。

（二）近代早期原工业与非农化时代到来

"原工业化"（pro-industrialization）是美国经济史家曼德尔斯提出的一个概念。1972年，他在论文中将欧洲大陆荷兰的工业发展称为"原工业化"，并定性为"工业化进程的第一阶段"。[①] 随着研究深入及概念传播，英国学者接受了这一对乡村工业生产所作的研究范畴，认为不列颠岛国在18世纪工业革命之前也进入了原工业化阶段。

近代早期，伴随着乡村居民的行业流动，劳动力向非农生产部门的转移取得了更大成果。中世纪晚期以来的乡村农牧混合经济结构实现蜕化，近代早期英国形成了纺织业（呢绒、亚麻编织、制袜、蕾丝生产等）、金属冶炼业（铅、锡、铁矿开采、金属冶炼、五金加工等）、农产品加工业（屠宰业、酿酒业、面包业等）等三大非农生产部门，17世纪晚期在达勒姆郡、诺森伯兰郡又形成了煤炭工业区。这样在全国范围内，四大跨地区的不同工业生产部门、专业化的趋势逐渐形成，分别是北部约克郡西区的纺织区、中西部伯明翰周边的铁矿开采与五金加工区、西南部的毛纺织区、东盎格利亚地区纺织生产区、东北部的煤炭工业区，夹杂在几大工业区之间还有一些规模和影响较小的工业生产部门，如玻璃制造、食盐生产，等等。伴随着城乡居民的行业流动，英格兰在全国范围内的经济地理分工格局出现了。

相应地，这些也是乡村人口行业流动比较典型的部门和地区，可以称其为乡村工业区，也被称为"原工业化区"。[②] 之所以被称为"原工业区"，是因为它们具备了发展到近代大工业生产所需要的一些重要先决条件，技术、资金及训练有素的雇佣工人和资本家。较之中世纪时期的手工作坊更

[①] 转引自吴于廑：《十五十六世纪东西方历史初学集续编》，武汉大学出版社1990年版，第10页。
[②] 关于乡村工业与原工业发展状况，国内学者如王加丰、张卫良等均有论述，详细内容参见王加丰、张卫良：《西欧原工业化的兴起》，中国社会科学出版社2004年版，第149页；张卫良：《现代工业的起源——英国原工业与工业化》，光明日报出版社2009年版，第33—64页。关于欧洲大陆原工业发展情形可参见 Peter Kriedte, *Industrialization Before Industrialization: Rural Industry in the Genesis of Capitalism,* Cambridge: Cambridge University Press, 1981, p.14。

为先进的生产组织形式——手工工场出现了，既有集中的，也有分散的，见于各种手工业生产活动中，尤以羊毛纺织业为典型。因此，这些手工业、半机械化的乡村工业是最接近大工业的生产形式。

当然，近代乡村工业的发展得到乡村社会农业生产变革的推动，圈地运动在提高农业生产率的同时，也带来了大量农业剩余劳动力。这些农村人口除一小部分迁移城市外，大部分依然在乡村寻求生计，"离土"未能"离乡"。丰富的劳动力，加之当地现有的矿产资源，促成了以前简单的小手工业——"茅屋工业"大发展，演变为壮观的乡村工业。除得益于当地村庄居民提供的丰富廉价劳动力之外，乡村工业发展也受到来自城市的工匠、商人等"回流"人口的推动，先进的手工业技艺、成熟的生产经验与理念以及相应的资本投入使得旧日的"茅屋工业"不断成长壮大，终致成为农业、畜牧业之外的又一重要生产部门，在部分地区成为当地居民主要收入及生计来源。在乡村工业区或原工业化区域即是如此。马克思在研究资本起源的历史时就发现了这一现象，这些居民"以种地为副业，而以工业劳动为主业"[1]，是一个"新的小农阶级"，在很大程度上是符合历史事实的。

毫无疑问，上述地区乡村工业或原工业的发展吸收了乡村大量劳动力，劳动力转移现象在这里最为突出。除了吸收本地农业剩余劳动力或潜在失业人口外，这些工业生产部门还吸引了更远地区的农业人口，尤其是中部地区人口密集的农业村落。在17世纪中叶后，中部、南部及东部的农业区谷物价格下跌，居民们纷纷选择向西部、北部的林-牧区转移，需要说明的是，上述工业生产部门大多建立在林-牧区，具有一种半规律性的特征，有学者如杭州师范大学的张卫良称其为"瑟斯克模型"。[2] 这一规律性现象当然不限于不列颠，也出现于欧洲大陆农业不发达的山区，甚至出现在英国殖民者在

---

[1]《马克思恩格斯文集》第5卷，人民出版社2009年版，第858页。
[2] 瑟斯克是英国著名经济史家，她率先提出英国乡村工业大多出现在畜牧业，较少出现在农耕区。张卫良：《英国原工业化地区的形成》，《史学月刊》2004年第4期。

美洲的殖民地，譬如彭慕兰亦曾提及"化岩石（和局限）为财富"，并举出北美新大陆劣势如何助力新英格兰早期工业化以为例证。① 这里的例子与欧洲原工业化发展情形何其相似！实际上，阿诺德·汤因比提出的文明挑战和应战模式，也是对自然环境和人类社会发展关系的解读。当人类社会面对严酷自然环境，接受"挑战"而开始"应战"时，需要将不利的自然条件转化为造福人类的便利设施，如此"应战"就成功了。乡村工业或原工业就是面对耕地资源匮乏、农业发展不利环境时"应战"成功的产物。

此处无意探讨原工业化兴起的条件，只是想指出事实：原工业大多位于英格兰西部、西北部和北部及东北部农业不发达地区，林-牧区、高地、山区构成了乡村工业发展的基本地理条件，伴随着工业生产活动的展开，原本人烟稀少、落后的地区逐渐变成了人口稠密、经济发达的地区。就人口流动而言，这里体现了两种不同的形式：一种是当地居民向上述乡村工业的转移，属于典型的行业流动，另一种则是地理流动与行业流动合二为一、相伴而行。由于更多乡村人口从外地迁移这里，譬如英格兰中南部谷物区居民即是如此，所以行业流动首先体现为地理流动，继而才是流入非农生产部门。带来的直接后果是传统的人口地域流动方向发生转变，在近代早期，尤其是17世纪下半叶后由"西北→东南"转变为"南→北"。当然不是所有地区人口流向全部发生转变，各地区内部依然存在次一级的地域流动和行业流动，因时因地而存在各种差异，但从全国范围来看，由南向北流动的大趋向隐然已经开始形成。

这些地区的乡村工业或原工业较为发达，吸引了大量乡村居民投身于此，毋庸置疑，行业流动特征鲜明。英国人口史学者 E. A. 里格利曾经估算过乡村居民从事农业人口的比例，到1520年，英格兰乡村从事非农产业的人口比例大约为18.5%；到17世纪晚期，这部分非农居民数量达到190万

---

① ［美］彭慕兰、［美］史蒂文·托皮克：《贸易打造的世界：1400年至今的社会、文化与世界经济》，黄中宪、吴莉苇译，上海人民出版社2018年版，第459页。

人，约占总人口的33%。① 而另一学者达比认为，在17世纪初年，英国农业人口中约有一半在农闲时从事工业。不论哪一数据，尽管存在一定误差，但是都表明近代早期英国乡村工业或原工业的发展取得重要进展，乡村人口向非农部门转移已经带来了乡村社会经济结构和居民职业结构的显著变化。一言以蔽之，乡村社会正在"非农化"路上大踏步行进。

有学者认为，原工业化的下一个阶段是工业化，进入工业社会。实际上，英国相当一部分地区的原工业流产或夭折了，这部分地区返回为谷物专业化生产区域。同样的情况也发生于欧洲大陆。16、17世纪，欧洲许多地区先后进入原工业化阶段。譬如柏林自由大学的沃尔夫拉姆·费希尔（Wolfram Fischer）就专门考察了西欧、中欧许多地区乡村工业发展状况，包括弗兰德尔、瑞士、阿尔萨斯、萨克森、波希米亚、威斯特伐利亚部分地区，发现只有其中一些地区成为机械化发展的先驱，而其他地区则一直保持在前机械状态（pre-mechanistic state），在19世纪退回为欠发达地区。② 所以，乡村工业或原工业化发展同工业革命之间的直接逻辑关联依然有待进一步考察，不过这些地区已经迈出了传统农业社会则是没有疑问的。

当然，国内外学者对于近代早期英国社会的性质存在较大分歧，大多数如哈蒙德夫妇、科沃德等人认为此时英国社会依然是一个传统农业社会，大部分居民生活在乡村，即便到18世纪中叶依然有3/4以上的人口生活在乡村。国内学者亦是如此，如许洁明、赵秀荣等学者，多认为16、17世纪的英国依然是农业社会，只不过是"高度分层"的农业社会，或被资本主义的市场、利润意识"浸透了"的农业社会等。上述学者显然更多是从城乡人口比例上来划分近代早期英国社会性质的，这当然是一种划分方法，只不过有些粗糙而已。还有学者认为近代早期的英国属于"商业社会"，商

---

① E. A. Wrigley, *People, Cities and Wealth: The Transformation of Traditional Society*, Blackwell, 1992, p.162.
② Wolfram Fischer, "Rural Industrialization and Population Change", *Comparative Studies in Society and History*, Vol.15, No.2(Mar. 1973), pp.158-170.

第五章　人口流动视角下的英国乡村变迁

人社会地位在不断提高，占有社会财富份额也日渐上升。[①]可见对这一时期存在各种不同的认识。

近代早期是一个时间跨度较大的阶段，从16世纪，历17世纪而至18世纪上半叶工业革命之前，约有两个半世纪之久都属于近代早期。17世纪的英格兰与一个世纪前16世纪时已然有别，18世纪初年的不列颠与17世纪初英格兰相比，社会变化更多。如果说16世纪的英国确定无疑为农业社会，那么17世纪至18世纪初年的英国则颇令研究者踌躇困惑。[②]这是一个社会转型与变革时期，旧事物中的新因素不断涌现产生，新事物里旧因素盘根错节，新旧事物混杂交汇，在激荡中宛转嬗变。

在笔者看来，传统的意识形态标准虽已被摒弃，但旧有的城乡划分方式依然存在，这种粗线条的城市、乡村与工业、农业等非此即彼的分类显然更不适合转型中的英国乡村社会，也不符合近代英国乡村经济结构和居民职业变化的新现实。采用人口流动—行业流动视角来剖析村庄内部经济结构、家庭收入结构变化，观察会更加细致入微，对乡村社会性质会做出更确切的判断和认识。近代早期乡村工业或原工业的发展表明，乡村居民约有一半直接或间接转移到了各种工业部门，这意味着17世纪晚期之后的英国已经迈出了传统农业社会阶段，进入了非农化阶段，[③]下一步即将进入

[①] 当时人更愿意将工业革命前的状态称为"商业国家"，用国家的商业繁荣解释英国的存在，可见对贸易、商业的重视程度。参见[英]J.C.D.克拉克：《1660—1832年的英国社会：旧制度下的宗教信仰、观念形态和政治生活》，姜德福译，商务印书馆2014年版，第532—533页。

[②] 当然，对于此时英国社会性质，著名的英国历史学家麦克法兰并不犹豫，他坚信17世纪末、18世纪初年的不列颠早已不是农业社会或农民社会。

[③] 关于17世纪英国进入非农化阶段的论述，详见谷延方、侯建新：《17世纪英国城市化与非农化——危机下的社会转型》，《世界历史》2013年第1期。之所以没有选择"原工业化"或"前工业化"称谓，是因为英国学者在19世纪40年代以前对于"industry"更多地理解为"勤劳""美德"，没有视为一种王国的重要产业，更没有将诸种制造业集中为"工业"，而对工业革命的影响及认识，始于19世纪末阿诺德·汤因比的著作，"原工业"本身亦属于在接受"工业革命"概念基础上的回溯所致，所以笔者没有选择原工业、原工业化作为17世纪英国社会经济演进的阶段或状态。[英]J.C.D.克拉克：《1660—1832年的英国社会：旧制度下的宗教信仰、观念形态和政治生活》，姜德福译，商务印书馆2014年版，第529页。

工业社会。

人口流动改变了传统的经济结构与产业分布。随着大量移民到来，当地经济逐渐改变了以往单一的谷物种植或畜牧业，出现纺织业、加工业等制造业。牧区高地分布着大量矿产资源，为当地居民开采利用提供了便利条件，最典型的是南约克郡设菲尔德周围地区的生铁生产与西米德兰郡的金属加工，为大量乡村小农提供了兼职工作与季节性就业机会。有的地区缺少矿产资源，像约克郡西区、哈利法克斯、兰开夏郡东部罗森达尔地区（Rossendale），但大量荒地存在、管理宽松，吸引了周边大量农村居民。其中罗森达尔独立持有地数量在1507年为72份，到1608年增长了3倍，1662年达到315份，可见该区人口增加迅猛。不过其中2/3的家庭地产价值年均不到5英镑，可见份地规模之小，如不从事兼职难以维持生活。[①] 这些地区虽无矿产资源，但大量廉价劳动力的存在吸引了"企业家"到来，纺织业就建立并发展起来，可见大量闲置劳动力存在对于乡村工业发展的重要性。这一规则早在14、15世纪时期就发挥着同样的作用。譬如，西部科茨沃尔德地区、威尔特郡-萨默赛特郡边境两侧、德文郡东部地区，这些地区的呢绒生产建立较早，在中世纪晚期"家内制"基础上得到进一步发展，而重要前提即是该地区存在的"高密度人口"。

不过，细究之下可以发现，同是从混合农业区向牧区迁移的人口流动，却存在不同的流动机制，尽管大动机都是寻求生计，寻找土地资源、就业机会以谋生。这些慕荒地、公地资源而来者，依然徘徊在传统的人口流动模式中。这也是农业社会千百年来存在的人口迁移特点，封建农业社会以农为本、以粮为纲的正统思维，在很大程度上影响着农业居民的价值取向与流动方向。在这一点上，近代早期英国社会与古代中国的人口流动迁移

---

① 根据科沃德估算，17世纪初年供养一个家庭所需费用大约为11英镑5先令，上述农户收入仅为一半左右，显然远远不够。Barry Coward, *Social Change and Continuity in Early Modern England, 1550–1750*, New York: Longman Group, 1988, p.52.

存在共性。所以当原居住地人口-耕地资源比例失衡时，乡民们会本能地迁移、流向人口稀少而土地资源丰富的地区。近代早期英国相当一部分人口流动符合这种范式，这与欧洲大陆乃至东方国家出现的人口流动现象没有本质不同。

但是，与此同时，近代早期英国牧区还存在另一种人口流动现象，呈现出典型的"非农"特征。这部分人口的移民动机固然出于生计，但是吸引他们来此的不是大量的土地资源，或者说，获取耕地资源仅占有次一级位置，最主要的"拉力"来自当地兴起的各种乡村工业生产活动，如上文提到的纺织业——羊毛纺织、蕾丝生产、筒袜编织以及金属冶炼、煤炭采掘等，都是一些典型的"劳动力密集型"行业，需要大量劳动人手。源源不断的移民主要是被"工业就业岗位"吸引，慕名而来，造成当地纳税人口及整体财富上升。西米德兰地区的伍尔夫汉普顿（Wolverhampton）、亚德利（Yardley）和汉兹沃斯（Handsworth），都属于这类早期工业发展造成人口及社会变迁的典型案例。克里斯·赫兹本兹（Chris Husbands）通过比较1525年世俗补助金与1662—1689年的炉灶税证明了这一点。①

因此，在一定边际效用内，这种人口流动规模越大，意味着非农行业的劳动力成本越低，制造业产品在市场上更有竞争力，也意味着非农行业生产愈加兴旺繁荣，英格兰北部与米德兰中西部地区的乡村工业正是在劳动力低成本条件下迅速成长起来。② 通过各种形式的人口流动现象，可以看

---

① 该学者将早期工业化视为"近代英国人口与财富地理分布变化的两大推动力量"之一，另一力量是城市发展与扩张。Chris Husbands, "Regional Change in a Pre-industrial Economy: Wealth and Population in England in the Sixteenth and Seventeenth Centuries", *Journal of Historical Geography*, Vol.13, Issue 4 (October 1987), pp.345-359.
② 直到1700年，北部及西米德兰地区乡村工业中扩张最快的，其工资水平还低于南部和东部。C. Clay, *Economic Expansion and Social Change: England 1500-1700, Volume I, People, Land and Towns*, Cambridge University Press, 1984, pp.190-191.

到近代早期英国乡村经济呈现的是一幅既传统又裂变的图画，但乡村发展总的趋向是逐渐走出传统农业社会，开始向非农社会——工业社会的初级阶段迈进。

（三）埃塞克斯郡特林村的典型意义

乡村工业区或原工业化区的居民职业"非农化"、家庭收入"非农化"乃至社会身份模糊化，已是一个显而易见的事实。为进一步考察近代早期英国乡村人口流动与经济结构变动问题，下面试从另一个视角——农业村庄居民职业状况入手，来透视近代英国社会的性质。

埃塞克斯郡的特林村是一个位于谷物种植业区域的农业村庄。该教区坐落于埃塞克斯郡中部的由波状泥砾层构成的高地平原上，距离伦敦38英里。据调查员约翰·沃克尔（John Walker）描述，"其位置优越，位于埃塞克斯郡中心地带"，土地肥沃，有一条由北向南纵贯教区的特尔河（the river Ter）及数不清的泉水灌溉着耕地。其地理位置之所以优越，是因为它向东2英里毗邻繁忙的市场和纺织城镇韦瑟姆（Witham），向北5英里是另一个市场和纺织城镇布伦特里（Braintree），东南6英里处是马尔登（Maldon）——埃塞克斯郡的谷物输往伦敦的主要码头之一；特林教区西南大约5英里处则是切姆斯福德（Chelmsford），是埃塞克斯郡的行政管理中心，也是通往伦敦路途中的主要市场城镇之一。这样的地理位置显然非常有利于特林教区的经济发展。

此外，特林村发展经济还受到地形和土壤类型、农业技术和混合农牧业生产方法以及土地持有制度的影响。近代早期，这些因素直到17世纪晚期也没有明显变化。整个埃塞克斯郡大部分地区发展的是混合农业和小麦种植，只有沿着泰晤士河的小块地带有肉类产品、奶制品的专业化生产；农业生产技术也很稳定，该郡大部分地区很早就完成了圈地，采纳"可转换农牧业"（convertible husbandry）也很容易，所以近代早期的埃塞克斯郡基本上是一个典型的农业郡，农场广布，大农场中夹杂着小农场，农场

第五章 人口流动视角下的英国乡村变迁

平均规模越来越大，大部分耕地是以租约方式按市场价而持有的，公簿持有依然存在但已不重要。可以说，该郡乡村经济的所有特征在特林村都有体现，特林村就是一个缩小版的埃塞克斯郡，几乎完全是一个农业村落。对这一时期该村绅士阶层以下400多名村民的职业调查证实了这一点，该村只有两人从事非农行业，其中一个是纺织工，另一个是呢绒商。

各种资料通过不同方式为我们揭示了村民们职业的详细情况，譬如遗嘱资料主要提供了村庄里中上阶层村民的职业细节，法庭档案反映的是下层村民的职业情况，基本上囊括了村民们承认的各种职业名称范围，似乎可以做出如下结论：

该村妇女没有专门的职业工作，在调查资料中出现的女性或者是佣工，或者是酒馆老板娘、接生婆，大部分都是家内活计，个别也担任不太专业的农业雇工，没有切实证据表明她们为附近的呢绒小镇从事纺纱织线活动，所以在特林村，"spinster"这个词指的就是没有结婚的妇女，没有其他什么纺线纺织女工的含义。

特林村的男性职业大体可分为三类：一是直接从事农业者，主要有约曼、农夫、雇工以及农牧业里的佣工；二是一小群职业人员，教士、学校教师和教区文员；三是各色辅助行业人员。毫无疑问，第一个群体从业人数最多，其中常年发挥主要作用的是农业雇工，为教区农业生产活动提供了最多劳动力，其作用超过男性佣工。至于第二个群体，为村民们提供的服务种类范围是最小的，当然，教士也从事农业活动。第三个群体主要是手艺人和商贩，手艺人主要制作、维护农用工具，其职业有铁匠、木匠、车匠（轮毂匠）、犁工、箍桶工和水车匠，商贩则是食品加工和零售者，包括磨坊主、屠户、麦芽酒生产者、酒馆老板，17世纪晚期后还出现了几个杂货商、小店主；从事服装行业的有裁缝、鞋匠、皮革工、手套工，从事建筑行业的有石匠、砖匠、瓦匠、水管工等。此外，还有杂七杂八的职业，如搓绳工、刀剪商、理发师、蜡烛商等等。①

以上列举的职业种类粗算一下也有数十种之多，之所以不厌其烦地罗列出来，是为了尽可能观察特林村数百名居民的职业种类及其分布范围，如若不事先知道考察对象是埃塞克斯郡的特林村，决然想不到这些非农行业全部出自一个农业村落。遗憾的是，特林村没有关于16、17世纪从事各种行业人员具体比例的调查报告，但幸运的是18世纪一份教区登记表可供我们参考。赖特森对这份1754—1760年的教区登记表整理后得到一个比较规范的估算，农场主、约曼、农夫占比为37.5%，手艺人和商贩占比为6.25%，农业雇工占比为56.25%。从村庄人口职业分布来看，特林村还是一个典型的农业村庄，93.75%的居民从事农业生产，同前面所分析的16世纪晚期、17世纪时期的情形相比，村民们的职业结构没有发生显著变化。

该村比较突出的一点是商贩都持有土地，或者是自己耕种，或者是出租给他人。譬如，丹尼尔·威尔希尔（Daniel Wilshire）在17世纪30年代既是一个约曼，同时又是一个屠户；约翰·奥尔德里奇（John Aldridge）既是一个客栈老板，又是一个农场主（farmer）；马修·雷文（Mathew Raven）是特林村17世纪晚期最大的农场主之一，但一生中大部分时期被人称为"皮匠"（tanner）。这种职业多样性在那些比较富有的商贩中非常普遍，其实在该村穷人中也同样如此，如爱德华·迈尔福（Edward Melford）是农业雇工兼小提琴手（fiddler），约翰·克拉克（John Clark）是雇工兼任牛医，威廉姆·汤普森是雇工、箍桶工兼补锅匠，马修·米切尔（Mathew Mitchell）是雇工、裁缝兼酒馆老板。实际上，许多比较穷的"商贩"在一年大部分时间里几乎全都是特林村的农业雇工，只是他们有时被外地人，也被其上级称为"商贩"。看来情况是，法庭文员、济贫监管

---

① Keith Wrightson and David Levine, *Poverty and Piety in an English Village: Terling, 1525–1700*, Clarendon Press, Oxford University Press, 2001, p.22.

员、教士等人并不是常驻村里，像外地人一样，偶尔来一次正赶上一些农业雇工农闲时兜售些许零杂物品，所以就称他们"小商贩"了。不过，他们自己或那些接触密切的邻里村民还是很清楚彼此是属于哪一个行业的。

特林村村民的职业分布表明这是一个典型的农业村落，绝大部分人都直接或间接从事农业生产。实际上，该村的主要产品是农产品，生产部门是农业，只不过是典型的混合农业——农牧业（husbandry）而已，大田作物主要是大麦和小麦，主要生产资料是"耕地和牧场"及"草地"，村民们的财产或持有物（holdings）指的都是"耕地和牧场"，未见其他。行文至此，相信这样一个农业村庄足以令人心生感慨：农业人口广泛介入各种非农活动，其职业多样性比之纺织城镇更符合"城镇"标准。这显然也不是一个传统意义上的农业村庄，特林村的村民们也不是传统意义上的农民。其实，他们已经走在了非农化的路上。

以上从一个农业村庄村民们的职业分布，可以看到近代早期英国乡村社会一个角落、一个因子在发生变化，村民们的职业分布与行业流动折射出了时代变迁。特林村显然不是埃塞克斯郡里的个案，更不是农业居民职业多样化及行业流动的一个孤例，距离特林村不远的埃塞克斯郡的另一个教区厄尔斯克恩也展示出了有别于传统社会的新"农村"、新"农民"的特征。麦克法兰本人对该教区农民社会进行的详细剖析，证明了这一点。农业郡、农业村尚且如此，那些工业郡、工业村更是成为新时代变迁的排头兵。

（四）变迁中的延续

在近代早期英国社会转型中，旧事物并非一蹴而就地退出历史舞台，残余因素或保留至新社会时期已不足为奇。这是传统延续的方式之一。就农业社会而言，最能体现延续性的当然是那些农业郡、农业村，传统因素在这里得到最大限度的留存；然而，新事物中潜在的旧因素似乎更能体现出旧时代的延续性与旧事物的生命力。本节试图从一个典型的工业区的工业村镇聚落来透视传统农业社会变迁中的延续性，得出的结论显然更具有一定的普遍意义。

乡村工业或原工业显著地改写了近代早期，尤其是17世纪以来的英国经济地理，更改变了传统社会较单一的以谷物种植业为主的经济结构，改变了中世纪晚期以来的农牧混合经济结构。那么，问题的关键在于，这些地区的居民是否已经完成人口流动与"劳动力转移"，是否已经改变了原有职业而获得新的社会身份呢？答案并没有我们想象的那样乐观，历史事实戳破了简单的线性思维。经济史专家迈克尔·泽尔研究了16世纪英国一个典型的乡村工业区——肯特郡威尔德地区的乡村工业，发现拥有雄厚资本的呢绒商具有双重身份，他们同时也是农场种植业经营者。表5-1展示了一份呢绒商遗产清单中的地产价值。

表5-1 1565—1599年一份呢绒商遗产清单中的地产价值[①]

地产价值（英镑）	40以下	40—60	60—100	100—200	200—500	500以上
数量（人）	7	2	13	15	6	4
百分比（%）	15%	4%	28%	32%	13%	8%

由表5-1可知，地产价值在100英镑左右（60—100英镑者13人，100—200英镑者15人）的呢绒商有28人，大约占该群体的60%，而地产价值达到100英镑以上者（不包括100英镑）则占到53%。可见，呢绒商兼营农业是一个较为普遍的现象，他们在另一个税册中被称为"地主""农场主"或"乡绅"都是常有的事情。泽尔提供的这份呢绒商遗产清单，尽管样本中包含人数不多，但对理解呢绒商乃至呢绒工人的多重身份有着重要的参考价值。

---

① Michael Zell, *Industry in the Countryside, Wealden Society in the Sixteen Century*, Cambridge University Press, 2004, pp.210-211.

第五章　人口流动视角下的英国乡村变迁

多重身份意味着从业者正处于动态的行业流动进程中，旧职业身份还没有放弃。实际上，根据威尔德地区（the Weald）居民的财产清册来看，在这个以毛纺织业闻名的地区，当地居民中一半以上的手工业者都不同程度从事农业生产，同时都是农民或小农场主（farmer），即便比较贫穷的小工匠也饲养了两头牛或几头猪。因此，这些普通纺织工人、小工匠的身份是双重的。这种情形当然不限于肯特郡。在 H.S.A. 福克斯（H.S.A.Fox）对拉特兰郡人口研究中，同样也可以看到这一情形，许多居民在一份表中被称为"工匠"，在另一份表中被称为"农夫"[①]，他们的职业身份是双重的，既是小土地所有者又是手工业者。

东盎格利亚地区乡村地区职业也存在同样交叉兼职现象。该地区在16、17世纪的城市化水平达到20%—30%，远高于中部、西部和北部，是英格兰城市化与非农行业水平最高的地区之一。牛津大学的人口史学者约翰·帕滕考察了1500—1700年诺福克郡和萨福克郡保留下来的遗嘱材料，根据当时的标准（人口规模、职业多样性水平）排除大约"50个城镇居民点"，研究了"剩余的"乡村居民点的遗嘱，分为1500—1599年、1600—1649年和1650—1699年三个时期予以分析，从当地居民遗嘱当中所包含的职业信息来看，17世纪遗嘱数量和非农行业比例大幅上升。"很多共同体成员"卷入制造业的程度同从事农业一样，看来是处于一种半工半农状态。对于职业的描述，立遗嘱者本身存在一定"自夸"成分，当一个农夫兼职木匠、搬运工时，他完全可能选择一个更体面的职业称谓；某种程度上，即便当他描述其职业时，也很难确切弄清其职业具体所指，譬如"cordwainer"，可以指从事皮革行业的很多人，像皮匠、鞋匠，既可以是一个手艺人、制鞋、直接卖给顾客，也可以是一个靠工资过活的制鞋工人。

---

① H.S.A. Fox and R.A. Butlin, *Change in the Countryside: Essays on Rural England, 1500–1900*, London: Institute of British Geographers, 1979, p.105.

可见，遗嘱当中的职业称谓存在诸多不确定性，这些情形显然在提醒研究者，使用20、21世纪的职业观念来分析近代早期城乡居民职业类型，无疑需要谨慎从事。

纺织业是东盎格利亚地区最著名的制造业，纺织工的职业状况无疑提供了典型样本。蜚声国内外的产品有诺福克郡的沃斯特德精纺呢绒、萨福克郡的宽幅呢绒，大量乡村居民卷入了羊毛、亚麻的纺织生产活动。纺织业所占教区比例由16世纪的29.7%上升到17世纪中叶的50.5%、17世纪下半叶的79.5%。① 可见该地区基本上变成了纺织业区，乡民们在遗嘱中正式称自己为"纺织工"。当地呢绒不仅为地方市场生产，也为伦敦和海外市场生产，这里较早出现了从事外包生产的呢绒商，呢绒业进入了分散的手工工场阶段。两个郡不同程度上都在16世纪末开始进行技术革新，在弗莱芒移民影响下生产新式呢绒，即"打褶呢绒"（draperies）。然而，可以看到纺织活动还是同乡村田园生活的"日常、季节节奏"关联密切，这意味着农忙麦收季节也是呢绒生产的淡季，而农闲季节生产"土布"在农业居民中也是非常普遍的。不只是东盎格利亚地区，整个英格兰大概有1/4小屋农闲暇时从事羊毛纺织。就生产组织而言，有一些工人具有"依附性"，有几个是呢绒商企业家，但是大部分乡村居民从事农业以外的生产活动，是"既非企业性，也不是依附性的"。这表明非农生产还没有取得排他性的主导地位而成为从业者的唯一依赖，所以农业依然在非农行业从业者生活中占有重要地位。

这种情形不限于乡村，在城市中也普遍存在。更有甚者，有些居民一边向农业之外转移，从事各种非农生产活动，一边兼职于文化教育行业，出现了"跨界"行业流动现象。英国人口流动问题专家帕滕就发现了这类现象。譬如，在16世纪的大雅茅斯（Great Yarmouth），一位理发师还从事"修补渔网"，另一位理发师兼职"教授编织技艺"以及"教当地孩子们

---

① H.S.A. Fox and R.A. Butlin, *Change in the Countryside: Essays on Rural England, 1500–1900*, London: Institute of British Geographers, 1979, pp.112–113.

读书"。还有一个叫保罗·赖斯伯格（Paul Riseburgh）的理发师，看起来社会地位更高，他住在城镇南头，"教城镇的每一个孩子编织技艺，为此得到城镇给他的 5 先令报酬"。此外，城镇还额外支付给保罗 10 先令，让他"教育孩子们流利阅读《圣经》"。① 这个理发师兼职的行业不止一个，除编织手艺外还从事"教育"，而且得到了城市当局的承认。可见，近代早期的行业流动并没有产生明确、排他的职业分工，城乡基尔特组织对本行业或当地居民"相当宽容"，从事多种行业的行为相当普遍。从这点来看，对当地居民做严格的职业区别意义似乎不大。当然在国家、地区这样的层次上，行业流动带来的经济地理分工格局已初现轮廓，到近代早期，纺织业、金属采掘加工、煤炭工业及农牧产品专业化区域基本形成。

根据遗产清单推算其单一职业身份显然并不确切，也不符合历史事实。近代早期各种非农职业之间的模糊性、行业流动的普遍性，令人很难做出非此即彼的明确判断。因为他们既不适合中世纪规定的等级秩序，也不适用现代史家使用的阶级和集团概念。正如克里斯托弗·戴尔所言：大多数订立遗嘱者都不能完全归属于某一行业，给他们"分类"（pigeon-holed）并不容易，为他们找一个合适的位置是历史学家所面临的一个棘手问题。② 像他们这样身份模糊的人有很多，其中有乡村的手工业者和小业主、各种中间人、介于绅士和约曼之间的农场主、放贷的教士、自己私下做买卖的佣工、自己打工而又雇用别人的工匠等等，甚至于乡村很大一部分农民的职业身份都属于这样的"模糊""中间"状态。

这些居民职业、身份之所以"模糊"，是因为新旧两种因素并存；之所以介于"中间"状态，因为还没有一种因素具有压倒性的优势地位。这种

---

① C.J. Palmer, *The History of Great Yarmouth,* Great Yarmouth and London: H.Manship, p.230; John Patten, "Urban Occupations in Preindustrial England", *Transactions of the Institutes of British Geographer*, Vol. 2, No.3 (1977), pp.301-302.

② Christopher Dyer, *An Age of Transition? Economy and Society in England in the Later Middle Ages*, Oxford: Clarendon Press, 2005, p.115, p.125.

状态恰恰体现出了社会转型中传统事物的延续性,所以才会看到许多有耕地的农民也是手工业者,有的手工业者还从事商品销售、兼种植一小块地,呢绒商经营资本主义大农场……可见,行业流动既未改变其原有身份,也没有确立新身份,旧有职业更没有彻底抛弃,乡民们保持着随时"回流"旧行业——农业的情形,农夫与约曼自不必说,即使是失去土地的劳工,只要有可能也会尽量耕种一小块土地。这里传统事物"延续"的不仅仅是有形的生产工具、生产方式和职业身份,还有无形的观念,包括传统社会的主流价值观和意识形态。

可见,就乡村居民个体而言,向非农领域的行业流动处于一种双向"流动"状态,尚未取得"单向"固化的稳定结果,因而未能完成身份及职业转变;就地区而言,无论是人口地域流动还是人口行业转移,都是如此,近代早期出现了一些乡村工业"夭折"或原工业化区"复归"农业的局面,更是证明了近代早期乡村人口行业流动的"双向"动态特征:非农化与回归农业同时存在。

三、人口流动与乡村嬗变

近代早期乡村人口流动后果是多面的,除了积极影响,如促进英国社会变革、推进城市化进程、沟通联结城乡,有利于人口、资金、技术交流外,也产生了一些消极后果。在劳动力市场形成初期,国家和地方政府虽有干预,但非常有限,乡村人口更多的是依据"个体意愿"自发地流动迁移,呈现出一种"无序"状态。"看不见的手"在近代早期即已显露出市场的滞后性与局限性。这种滞后性带来的消极后果也是乡村嬗变的内容之一,既体现在个别村落、部分地区人口流失上,也体现在乡村社会经济结构裂变、阶级分化日益鲜明等方面。

(一)人口流失、村落荒芜

近代早期,尤其是16世纪,圈地运动初期呈现出自发、非法等特点,致使乡村局部地区人口流失严重，出现耕地荒芜、村庄消失的现象。虽然村庄荒芜现象自中世纪晚期以来即已有之，但在近代早期尤为严重。16世纪的文学作品，包括一些名人如托马斯·莫尔都描述并谴责了圈地运动造成的村庄荒芜现象。如果说文学作品描述有失客观真实之处，那么议会的圈地调查报告则无疑证实了村庄荒芜现象的客观存在及其严重程度。根据1517年、1607年议会对英格兰中部圈地地区调查，可知16世纪初年圈地虽然数量不多，但"野蛮性"最重，涉及1000多个村庄，造成近7000名农民失去土地；17世纪圈地采取了较为温和的方式——"协议圈地"（by agreement），但依然对白金汉郡、亨廷顿郡、贝德福德郡等造成不小影响。① 据调查涉及6郡总计有393个村庄受到殃及，人口出现不同程度流失，约有900多座农舍被毁，2000多名农民无家可归而流离失所，其中莱斯特郡、沃里克郡、北安普敦郡人口流失现象最为严重。

从局部来讲，英格兰中部上述地区相当数量农民的生产生活受到严重影响，否则无法解释当时的文学民谣关于民生之苦的抱怨，也无法解释16世纪频频出现的农民骚动与对抗行为，更无法解释伊丽莎白一世1597年颁布的"重建农舍"法令，"……在过去7年里，废弃的农舍必须在原地址上予以重建"，显然也是意识到人口流失、村落荒芜的消极后果。这里的人口流失也是人口流动的一种形式，是当地乡村人口过度外流、严重外流的表现。② 在16世纪，这种人口流动更多的是圈地行为压力下的一种被动选择，体现了市场行为的残酷性，羊毛利润的驱使、资本主义大农场的兴建是这

---

① 尤其是17世纪初年，16世纪时的野蛮圈地方式依然存在，最有力的证据是1607年的米德兰起义，就是由一系列反圈地的骚乱汇成的大起义，以北安普敦郡为中心，蔓延到附近的莱斯特郡、沃里克郡，参加者主体是小屋农和手艺人，都是在圈地运动中失去了土地的下层民众。Ronald H. Fritze and William B. Robison, *Historical Dictionary of Stuart England, 1603–1689*, London: Greenwood Press, 1996, p.332.
② 当然，从另一个角度来看，村庄荒废变为资本主义大农场是英国农业生产率提高的表现，也是乡村土地产权制度变革的产物。这里村庄荒废就仅仅是村庄聚落形态的改变。具体可参见吉喆：《近代早期英国村庄荒废原因探析》，《四川师范大学学报（社会科学版）》2017年第5期。

种特殊形式人口流动背后的推动因素，而村落荒芜、人口流失则不过是这一过程的产物而已。当然，从整体或长期来看，近代早期英国村庄荒废、人口流失又具有一定合理性。正所谓个体的"恶"成就了"整体的善"一样，个体的非理性行为最终在历史长河中显示出合理性，不过对于失去土地、屋舍被毁的农民而言，理性与进步有时对他们很"残酷"，在历史大潮裹挟下，他们大多掌控不了自己的命运。

但是，随着乡村人口的流动迁移，英国人口地理分布不均衡程度缩小。近代早期人口流动的一个重要趋势是，从人口密集的农业区向居民稀疏的牧区迁移，因为后者存在大量公地资源，或存在乡村工业，从而提供了更好的谋生机会。譬如某些郡的多沼泽地区，常年盛行疟疾，死亡率高于出生率，但人口数量显著增加，如斯塔福德郡在1563—1665年人口增长130%，而剑桥郡的人口仅增长了34%，仅用出生率显然无法解释这两个郡的人口增长差异。还有一些郡的林区或西北部诸郡，在16世纪晚期及17世纪之后也成为人口增长较快的地区。实际上这是乡村人口流动迁移的结果，林区与牧区人口相对稀少而土地资源相对丰富成为吸引移民的重要原因。

乡村人口向牧区流动的另一个原因同当地管理宽松密切相关。林区、牧区由于人口稀少，谷物种植业不发达，所以自中世纪时期便未形成完整的庄园制度，领主对当地管理控制不严，这种"开放的"（open）村落便利了贫穷移民流入；而在人口密集的平原农业区，领主或村庄共同体限制外地移民流入，以"封闭"（closed）而闻名，禁止外来人口在荒地上建立新的茅屋，以此将教区负担的济贫税降低到最小量。[①] 两种不同的管理体制显然对外来移民流入产生不同影响，相对而言，后者更多地成为人口流出地，

---

① Margaret Spufford, *Contrasting Communities, English Villagers in the Sixteenth and Seventeenth Centuries,* Sutton Publishing, 2000, p.165.

而前者日益变为移民接受地。因此,人口流动逐渐改变了原有的经济地理,使得英格兰各地区人口分布更加均衡。

1500年,许多林区、多沼泽地区人烟稀少,典型者如肯特郡和苏塞克斯郡的威尔德(the Weald)地区,曾经是这两个郡的一大片荒野,到1700年已经布满了大量居民;北部和西米德兰地区虽然人口依然较少,但同东盎格利亚、东米德兰和南部地区相比,人口差距已经逐渐缩小,塞汶河与亨伯河一线以北诸郡1500年时人口仅占全国的25%,到18世纪初年时则占到33%—40%。① 可见随着人口流动,中西部、西南部和北部地区在近代早期已经转变为主要的移民"接受地",而伴随着人口的迁移流动,全国范围内人口的地理分布也逐渐趋于均衡合理。有学者认为,是18世纪下半叶的工业革命改变了前工业时期农村劳动力转移模式及人口流动方向。② 现在观之,工业革命仅仅是加速了这一进程,人口流动模式的变化及方向在近代早期就已经开启行程。

(二)乡村社会阶级结构进一步分化

随着庄园劳役制度瓦解、领主自营地的出租,封建土地保有制逐渐向近代资本主义的排他的、个人土地所有制转变,相应地,英国乡村人口结构或阶级结构开始发生变化。不过,乡村居民的社会分化进程在中世纪晚期变缓,劳动力锐减,使乡村中下层农民充分具备了享受"高工资"的有利条件,收入和生活水平得到很大程度提高,以至于14、15世纪被称为小农和乡村雇工的"黄金时代"。这种自然的分化和"温和的原始积累",正如马克思所言,是"蜗牛爬行"的速度,无论如何,显然是不能适应"15世纪末各种大发现所造成的新的世界市场的贸易需求"。③

---

① C.Clay, *Economic Expansion and Social Change: England 1500–1700, Volume I, People, Land and Towns*, Cambridge University Press, 1984, p.28.
② 谷延方:《中古英国农村劳动力转移和城市化特点——兼与工业革命时期比较》,《世界历史》2008年第4期。
③ 《马克思恩格斯选集》第2卷,人民出版社1995年版,第265页。

近代早期英国人口流动与乡村变迁

这一时期海外市场对英国国内经济产生何种具体影响,目前尚难以量化分析。不过,广大城乡居民,尤其是后者的生产生活状态更多地受到国内经济形势的制约,则是没有疑问的。相较而言,国内市场对英国近代社会转型似更为重要。以几项出口产品为例,谷物、呢绒及五金制品仅占总产出很小份额,可见绝大部分都是在国内市场消费的。① 近代早期,英国国内一场声势浩大的运动已经悄然而至,很快就给乡村社会带来了翻天覆地的变化,这就是备受世人争议的圈地运动。乡村居民分化进程由此在近代早期加速了。

15世纪末、16世纪初,圈地运动首先在英国中部米德兰地区,继而在全国各地展开,大量农业人口失去生产资料脱离了土地,乡村社会分化速度陡然加快,一种新的阶级结构出现了:地主、资本家农场主及大量雇工。占有各种份地的各类依附农民转变为农村无产者,领主和一小部分富裕的约曼农转变为地主、农场主,前者正是流向资本主义大农场的主力军。资本主义农场需要相对自由的劳动力,摆脱了人身依附关系的而又失去了生产资料——土地的乡村居民正扮演着这样的角色。英国著名经济史家罗伯特·布伦纳认为,正是这种特定的阶级结构才使得近代早期英国农业资本主义发生成为可能。② 在这种新的社会结构中,封建庄园领主褪去了旧日的政治司法权威,日益变成了一个纯粹的经济层面的土地所有者——地主,野心勃勃的约曼、殷实的维兰大农等则演变为追逐利润、为市场而生产的农场主。这些独立的农场摆脱了传统庄园那种呆板的集体管理方式,灵活经营,而大量无地、失业或少地、就业不足的乡村劳动力,就为资本主义

---

① 近代早期英国谷物出口很少,17世纪中叶后才开始大规模出口,但据估算仅占总产量1/10左右;工业出口更少,且种类单一,主要是羊绒、棉麻纺织品及一些五金制品,到1700年仅占工业产出的1/4左右。因此,世界或国外市场对国内经济的影响远不及国内市场。Robert S. Duplessis, *Transitions to Capitalism in Early Modern Europe*, Cambridge University Press, 1997, p.245.
② T. H. Aston and C. H. E. Philpin, *The Brenner Debate: Agrarian Class Structure and Economic Development in Pre-industrial Europe*, Cambridge University Press, 2002, p.30.

农场提供了源源不断的劳动人手——农业雇佣工人。这既是农业生产关系变革的重要表现，也是农业生产力提高一个重要内容。这种社会变化很大程度上是同圈地运动密不可分的。

圈地运动是如何发生的，是乡村社会内部自己产生的一种运动吗？明确土地产权，农牧业生产灵活应对市场变化，追求市场利润的最大化……这一系列目标都是圈地运动背后的深层动机。倘若没有这样的动机，圈地运动就变成了单纯驱逐农民的"土地兼并"。如果没有这样的市场机制，圈地运动同中国历史上少数民族入主中原后的"圈占耕地"也没有什么本质区别。正是这样的动机使得地主、农场主以及相当一部分约曼、农夫的圈地行为具有了历史合理性，在遭受道德谴责的同时，"客观上"充当了不自觉的历史工具，使他们成为站在历史潮头的"弄潮者"，成为了时代的"新人"。那么，圈地的动机从何而来呢？稍加分析后便不难发现，来自经济发展的内在要求，来自市场经济的呼唤，尤其是城市市场这只"无形之手"的引导。

近代早期，为市场而生产，很大程度上就是为大大小小的各类城市提供各种生产原料、生活资料，而各类市场以首都伦敦为中心，伦敦城市场扮演着民族市场的角色，通过遍及全国的次级市场网络，吸收着不列颠岛各个角落的营养。从伦敦城市郊区的商品菜园直到偏远的西北部高地牧区畜产品基地，无一不到处流动着城市商人的身影，各类农牧工业产品，无一不汇聚于各类城市而后集中于伦敦。从这里可以看出，乡村如火如荼的圈地运动是受到更高的城市市场法则支配的，是围绕着城市市场重心而运转的，尤其是以伦敦市场需求为风向标的，所以乡村发生的圈地运动绝不是一场乡村自导自演的"独角戏"，而是城乡合作的一幕大剧——剧中城市导演、乡村表演，城乡各地不同的命运通过圈地再次连接在一起。

实际上，我们很难想象，圈地者会在不了解市场需求、不了解城市需求的情况下而贸然圈地。他们之所以敢于顶着触犯法律的风险、社会舆论和道德风险、面临乡村相当数量乡民的强烈抵制而圈地,正是因为其背后有着巨大的利益驱动,预见到圈地即将带给他们巨大的市场收益。无疑,这些圈地者已不是传统意义上的乡民、领主,他们是资本主义时代正在来临的预告者,是"新人"。这些新人是城市思想传播到乡村的产物,也是乡村佼佼者接受先进的城市事物的结果。简言之,他们是城乡之间交流互动的产物。

从这个角度来说,近代早期城市人口"回流"是驱动乡村社会阶级结构变化的一个重要因素。城市新事物进入乡村,使得原本已渐趋平衡的乡村社会重新扰动起来,"新人"的出现意味着传统的社会阶级结构出现了裂变,农场主就是这一新阶层的典型代表。农场主们代表着一个不同于农民的阶层,当然这是一个"延续了许多世纪的漫长过程"。最初形式的农场主也许就是"农奴的管事",他们第一次正式见于官方记录,是出现于1379年人头税征收税簿上。当时大部分农民、工资劳动者缴纳4便士,而农场主需要缴纳1先令到6先令8便士不等。到16世纪,农场主已经成为王国内一地位稳固的富裕阶层,价格革命和长达99年的租约使他们轻易地收取了"黄金果",这是同时靠牺牲"雇佣工人和地主的利益"而致富的。① 其"贪婪和无情"已经招致人怨,所以时人呼吁他们不要只"敛财"而要多做善事。

从他们的生活方式和经济行为来说,所有的农场主都是"新人",不论他们来自当地还是外地,其中相当一部分是来自各类城镇的商人、店主、屠户、行会公会显赫成员。② 他们在服装、饮食、住宅诸方面既是在仿效大城市,某种程度上也是以往城市生活习惯的自然延伸,这些"新人"引领乡村消费时尚,走在乡村大部分居民的前列。当然这一切都有一个坚实的物质基础,那就是通过生产贸易活动积累了相当可观的财富。无论消费理念还是农

---

① 《马克思恩格斯文集》第5卷,人民出版社2009年版,第853页。
② [英]克里斯托弗·戴尔:《转型的时代——中世纪晚期英国的经济与社会》,莫玉梅译,徐浩审校,社会科学文献出版社2009年版,第194页。

场经营，他们这些新思想、新观念都不是凭空产生的，既是在日常生产中积累的农事经验，也有在附近市场城市进行谷物交易时获得的贸易经历，还有部分是城市商人、市民迁入当地直接带来的新知识。一定意义上，近代乡村这一阶层的涌现是城乡交流的产物，是同城市文明交流而产生的，有的本身就是城市居民转换而来的，在乡村租赁土地、经营农场对其而言并不陌生。

直到近代早期，城市居民一直在城外耕种土地，种植谷物、蔬菜、水果、亚麻、大麻等各种作物，即便是伦敦，也仍旧是一个"前工业化时期的城市"，除了几处显要的景观，"听起来和闻起来仍旧是农村风味的"。[①] 他们最了解城市市场需求及物价涨跌。他们的经营方式、灵敏的市场嗅觉必然会影响乡村里的约曼、农夫、公簿农（也称"公簿持有农"）、自由持有农的生产方式，也会影响大部分乡村居民包括小屋农的生活与命运。逐利的欲望是本能的，也是强有力的。于是，16世纪以来，乡村许多地区在教区内部出现了新一轮的地块整合，小农场被合并成大农场，大农场越来越多，小份地减少，公簿保有权比例越来越低，于是逐步退出历史舞台，让位于各种形式的土地租约。到17世纪中叶，时限为21年的租约在英格兰大部分地区成为土地持有的主导形式，尽管很多庄园依然残存着公簿保有权形式。

总的来说，不论土地保有形式是否改变，地租的总趋势都是上涨的。伴随着"新人"租地农场主的出现，大农场日益增多，失去土地的小屋农和雇工越来越多，乡村社会"两极分化"现象也日益鲜明，如17世纪60至70年代的"炉灶税"表明，肯特郡乡村31%的家庭免税，莱斯特郡为30%，什罗普郡为23%，萨福克郡为37%。在北安普敦郡平原地区（fielden）为35%，林区则高达44%，埃塞克斯郡南部教区免税者为23%，郡北部工业区为53%，平均比例为38%。这个比例同格里高利·金关于全国范围内"炉灶税"的统计基本一致，表明乡村至少有1/3—1/2的居民处

---

① 赵秀荣：《近代早期英国社会史研究》，中国社会科学出版社2017年版，第59页。

于贫困线以下，或在贫困线附近徘徊。有学者将这一现象称为"两极分化"（polarization）。①农村无产阶级基本形成了。

小农阶层开始消失也是这一分化的重要表现。随着乡村社会的进一步分化，农村无产阶级进入研究者的视野，一个重要的社会现象引起了社会关注，这就是小土地所有者或者说小农阶层日渐消亡。当然，小农作为一个阶层是在19世纪议会圈地运动之后正式消失的，但这一历史进程却肇始于近代早期。英国近代史学者玛格丽特·斯普福德考察剑桥郡奇彭纳姆村（Chippenham），发现自16世纪末之后，该地小份地居民日趋减少，而大份地型农场比例显著上升。这是一个建立在白垩地层上的农业村落，轻质土壤，实行典型的敞田轮作制。或许有人认为，奇彭纳姆村仅仅是一个独特个案，不具有普遍性。但是，剑桥郡另一截然不同的村庄奥威尔（Orwell）也出现了同样的分化倾向。该村耕地类型属于高地黏土，除公簿农外，还有很多自由持有农，通过村民们留下的遗嘱可以看出，该村广泛实行不同于奇彭纳姆村，类似于可分割的财产继承习俗。②尽管存在土壤、财产继承等如此多之差异，奥威尔村的中下层村民却没有摆脱破产命运，重蹈奇彭纳姆村经济分化之覆辙，中等份地不断"碎化"为小份地，而后被收购成为大农场的一部分。

沼泽地区小农会有不同的命运吗？③我们知道，近代早期，当人口稠密的农业或农-牧混合区社会分化加强时，小土地所有者或是成为农业雇

---

① Keith Wrightson, *English Society,1580–1680*, Routledge Taylor & Francis Group, 2003, p.148, p.156.
② 奇彭纳姆村实行的是一种不可分割式继承制，可见继承制不是居民分化的主要原因。Margaret Spufford, *Contrasting Communities, English Villagers in the Sixteenth and Seventeenth Centuries,* Sutton Publishing, 2000, p.94, p.104.
③ 这里的沼泽地并非纯生态意义上的，相当部分已经过排水处理变成了低地、湿地，作为牧场或种植一些喜湿的经济作物如欧洲油菜、大麻及亚麻等都是不错的选择。沼泽地排水的倡议和工程大多得到政府、议会的支持，典型如1649年、1663年议会通过的"大平原沼泽区法令"（the Great Level Act）。当然也有反对声音，部分沼泽区居民反对排水圈地，发生过一些小规模的骚乱，平等派领导人约翰·利尔伯恩和魏德曼就曾帮助组织哈特菲尔德、安乔姆岛等地沼泽区居民抵制排水圈地。该地居民的骚动不满直到1715年"取缔暴动法"（the Riot Act）才得以终结。Ronald H. Fritze and William B. Robison, *Historical Dictionary of Stuart England, 1603–1689*, London: Greenwood Press, 1996, p.190.

工，或是转入当地的乡村工业从事纺织、冶铁、酿酒等各种非农生产活动，还有一部分选择了向外迁移，移民到人口较为稀少的牧区和沼泽低地区。近代早期英国改良土地的主要方式之一，是沼泽地排水，由此将沼泽变成部分适于农牧业生产的耕地草场。比较著名的沼泽低地区主要有如下数处，17世纪上半叶不同程度上由个人出资承担改良一应费用，譬如1626年，科尼利厄斯（Cornelius Vermuyden）爵士曾在哈特菲尔德平原沼泽区（Hatfield Level）、查理一世曾在东盎格利亚地区的沼泽地推行过排水计划；1631年，贝德福伯爵曾在"大平原沼泽区"和"低平沼泽区"（Deeping Level）、1635年约翰·蒙森（J. Monson）爵士在"安乔尔姆平原沼泽区"实施排水规划。此外，由于地形、气候之故，中西部许多郡都存在面积不等的沼泽低地，稀稀落落地分布着一些小型村落，基本上属于牧区经济类型。

1649年，议会介入沼泽地排水规划后，赋予了沼泽地改良者以更大的权威与合法性，不仅为个体乡绅、贵族提供了法律保障，而且授权工程承担者及其继承人"拥有并享用土地"。据此，贝德福伯爵威廉、从骑士爱德华·拉塞尔、从骑士罗伯特·亨雷、从骑士罗伯特·卡斯特尔——沼泽地排水工程的实际主持者及其继承人、分担者享有排水改良后的"大平原沼泽区"土地9万5千英亩。① 这些沼泽区的"冒险家"，即后世所称的"风险投资人"，变成了改良后的"土地所有者"。所以，17世纪中叶以后，像圈地一样，巨大的物质利益刺激推动着沼泽地排水、牧区改良工程如火如荼开展起来，数以百计的排水风车成为沼泽区地貌的醒目特征。

---

① 1649年"大平原沼泽区法令"适用范围不限于大平原沼泽区，还扩展到北安普敦郡、诺福克郡、萨福克郡、林肯郡、剑桥郡、亨廷顿郡及伊利岛（Isle of Ely）等地排水改良工程。H. E. S. Fisher and A. R. J. Jurica, *Documents in English Economic History, England from 1000 to 1760*, London: G. Bell & Sons Ltd., 1977, p.145.

通过圈地改良牧区荒地、林地，提高土地经济收益，在17世纪已经逐渐成为社会各界达成的共识。如果说16世纪的议会或王室颁布法令"禁止圈地"、打击"圈地者"，那么，政府当局在17世纪已经改变立场，摇身变成了圈地的倡议者和支持者。牧区荒地的圈围改良，就是一个鲜明的例证。① 经过改良后的牧区或林区、沼泽区成为人口流动大潮中的一个个"接收地"。这里的小农阶层数量不减反增，人口日益兴旺，与农业人口密集区小土地持有者减少、外流现象形成鲜明对照。沼泽区变成了17世纪英国的"新垦区"。② 威林厄姆村（Willingham）就是剑桥郡的一个沼泽地村落，4500英亩的土地面积中有近3000英亩沼泽地。显然，可耕地面积大小在这里并不重要，重要的是拥有沼泽公地及其相应的畜群。拥有半雅得（yard③）15英亩草场和沼泽地就已经是一个富裕的约曼，所以同样赠与一小块地给幼子们的做法，在这里就能够建立维持一个新家庭，而在奥威尔和奇彭纳姆村则只能卖掉小块地另谋出路。

从威林厄姆村村民们留下的遗嘱与遗产清单来看，16世纪90年代一系列的谷物歉收并没有对当地造成严重的影响，他们的生活来源很大一部分依赖于奶制品、畜产品出售。随着人口增加，持有地进一步碎化、变小，但小农依然能够维持生存，这种情形一直持续到18世纪上半

---

① 1612年，王室土地调查员就圈围荒地和公共林地专门作了详细说明，洋洋洒洒近千字的文书主要陈述了三方面内容：一是为"改良荒地、公地"而圈地，具有合法性，为此引用了中世纪时期亨利三世、爱德华一世时期的法令；二是圈地可以增加王室收入、"缓解大量穷人乞丐困境"，改良后土地由产值不及12便士/英亩，将升值到10先令/英亩；三是圈围分割后，"每个人知道他自己的土地，按照他认为获取最好利润的方式处置土地"。最后明确宣布了圈地程序，即由枢密院委派一个专门委员会来主持这一事务。Joan Thirsk and J. P. Cooper, *Seventeenth-Century Economic Documents*, Oxford: Clarendon Press, 1972, pp.116–118.
② 改良后的土地除出租给当地居民、外来移民外，有的还承包给来自国外的移民。如英荷战争结束仅一月，1654年，克伦威尔政府通过法令，招募国外新教徒耕种土地，并许以"外籍居民的自由权利"，而且一些受雇承担排水工作的荷兰、苏格兰囚犯，很可能也接受土地了。Joan Thirsk, *Agricultural Change: Policy and Practice, 1500–1750*, Cambridge University Press, 1990, p.140.
③ "yard"通常译为"码"，长度单位，此处是yardland的缩写。

叶。因此，虽然面临16世纪晚期以来农业谷物歉收、17世纪上半叶的经济危机、农产品价格下跌，但牧区、沼泽区和林区的经济依然保持稳定发展。尽管在个别年份因粮食价格暴涨而出现骚乱，不过整体而言处于一派繁荣兴旺的局面。这同当地存在的土地保有形式（自由保有、公簿持有）、财产继承习俗（可分割继承或不可分割继承制）都没有太大关系，是牧区独特的地理环境、自然资源为小农阶层生存提供了基本保障，改良后的牧区和沼泽区具有了更大的经济承载力，成为吸纳农业区外流人口的主要目的地之一。

著名经济史家布伦纳在考察近代早期欧洲的农业阶级结构与经济发展之间关系时，将英法两国资本主义发展进行比较，认为英国乡村居民缺乏法国农民那种"最完整的自由和财产权利"，正是这种权利的缺乏，促进了真正经济发展的开端。[1] 布伦纳如果认为英国率先开始了资本主义发展，固然无可厚非，但倘若认为法国农民比之英国同侪拥有更多的"自由"与"财产权利"则大谬不然。我国著名历史学者侯建新认为，农民群体的物质财富积累与精神力量积累推动了西方尤其是英国由中世纪向近代社会转型，而农民群体能够不断积累物质财富，其重要原因在于他们初有庄园"习惯法"保护，继之其财产权利得到普通法保障。[2] 所以，这一群体中有资本主义大农场的雇工，更有半资产者、资产者，有的本身就是约曼、农场主，后者是圈地运动的积极参与者。[3]

简言之，英国农民在走出中世纪后不仅是有土地权利的，也是自由的（"快乐的英格兰"），他们失去土地是市场交易、权利让渡的结果，而不是单纯暴力剥夺的受害者，尽管圈地运动初期无序状态下存在部分"羊吃人"

---

[1] T.H.Aston and C.H.E.Philpin, *The Brenner Debate: Agrarian Class Structure and Economic Development in Pre-Industrial Europe*, Cambridge University Press, 2002, pp.58-59.
[2] 侯建新:《中世纪英格兰农民的土地产权》，《历史研究》2013年第4期。
[3] 侯建新:《圈地运动与土地确权——英国16世纪农业变革的实证考察》，《史学月刊》2019年第10期。

现象。近年来的研究表明，法国小农的生命力并不顽强，其实仅仅是衰落程度逊于英国农民，分化破产进程晚一些而已。①

早在16世纪90年代，伊丽莎白时代晚期一系列的谷物歉收与灾荒加速了英国小农的破产，而法国大概是在17世纪四五十年代之后迎来了同英国相同的灾荒年景。时间节点虽然不同，但两国农民阶层分化衰落背后的机制是一样的：灾荒之年被迫借贷、抵押、出卖土地，最后一无所有。从这里，已经看到这场席卷全欧的"17世纪危机"对英国及欧洲大陆国家小农阶层所造成的普遍影响。②倘若从世界范围来看，这场危机则是全球性的，同当时处于"小冰河期"有着密切关系，连欧亚大陆东端的中国明王朝也未能幸免，英国农民分化过程只是其中一部分。③

具体言之，英国农民在近代早期伊始，部分地区譬如中部诸郡在16世纪中叶左右就开始了脱离土地的过程，最先是茅舍农、边地农、小土地持有者，继之是惯例农、租约农，最后是公簿农、自由农乃至约曼农。农民阶层内部不同群体分化的进程不一，④农业区与牧区也是前后相继出现了不同走向。17世纪中叶是农牧产品价格走向的一个重要分界点，伴随着谷物

---

① 实际上，法国乡村居民的财产权利并非如布伦纳描述的那般"完整、安全"，大部分农民在16、17世纪也受到残酷压榨，一小部分被完全剥夺了土地，这种情况在图卢兹(Toulousain)及罗拉盖（Lauragais）等地最为严重。到18世纪时，该地农民所占土地不及20%，租期大部分被限制在5—9年。T. H. Aston and C. H. E. Philpin, *The Brenner Debate: Agrarian Class Structure and Economic Development in Pre-industrial Europe*, Cambridge University Press, 2002, p.62, p.79, pp.83-84.
② 相对而言，"17世纪危机"对英国影响要小一些。以人口为例，西班牙人口削减了100万；意大利人口从1300万降到1100万；法兰西在1600年有1900万居民，也频繁发生高死亡率；只有英国与荷兰人口在17世纪保持了稳步增长，人口总量从400万增加到500万，尽管在内战期间也暂时出现人口波动。Perez Zagorin, *Rebels and Rulers, 1500-1660, Vol. I, Society, State, and Early Modern Revolution: Agrarian and Urban Rebellions*, Cambridge University Press, 2003, p.134.
③ [美]马立博：《"所有的人都跑了"——17世纪中叶（1644—1683）的战争和环境危机》，载[美]狄·约翰、王笑然主编：《气候改变历史》，王笑然译，金城出版社2014年版，第206、209页。
④ 据玛格丽特·斯普福德研究，英国剑桥郡奇彭纳姆村小农阶层的消失在17世纪初的30年间就完成了，较之其他地区至少提前了一个世纪。Margaret Spufford, *Contrasting Communities, English Villagers in the Sixteenth and Seventeenth Centuries,* Sutton Publishing, 2000, p.91.

价格下跌（约为 17 世纪上半叶的 65%），谷物种植区小农地位下降，数量锐减；而牧区农民收入稳中有升，坚挺的畜产品价格吸引了大量小农向牧区迁移，这里的小农阶层非但没有消失反而日渐兴旺扩大。可见，17 世纪中叶是农牧区小农分化走向不同路径的重要拐点，牧区、林区及沼泽区等地农民阶层分化明显晚于农业区。

在农民阶级群体内部，地位最稳定的当属公簿农、自由农和约曼农。[①] 由于"入地费"（entry fines）不断攀升，公簿农出现了向契约租地农转换的情形，不过在 17 世纪依然是英国许多地区占重要地位的一种保有权形式；而自由农的法定权利一直延续到 1650 年，此后地位开始不断恶化；约曼农群体也在 17 世纪晚期、18 世纪初期加速了分化，其中上层融进了乡绅、资本家农场主，下层则沦入了出卖劳动力的无产者大军。因此，农民群体的分化、小农阶层的消失都是一个历时较长的过程，将其限定于 18 世纪或 19 世纪并不准确，归因于"议会圈地"则更是将不同时期、不同地区小农阶层的衰落置放在"普罗克汝斯忒斯之床"上，如此则忽视了近代早期英国乡村社会发展变化的复杂性与多样性。

小农阶层衰落在有的地区还出现了反复，如东盎格利亚，16 世纪大量农业人口流入乡村新式呢绒业，兼职或全职从事羊毛纺织业，乡村工业或原工业成为当地居民主要的生计来源与经济支柱；而在 17 世纪晚期之后，该地原工业化"夭折"、流产，乡村纺织工人重操旧业——复归农业，小农阶层满血复活，焕发出勃勃生机。当然，此时重生的小农已非传统意义上的小农，商品菜园、禽蛋生产及乳制品加工成为粮食种植业之外的多样选择，农产品定位更是清晰明确，那就是输往以首都伦敦为中心的大都市市场。当地经济结构的变化、小农阶层的兴衰已经同大都市的命运密切相连。

[①] 17 世纪时，普通法已经形成了关于保护公簿农的完整规则，爱德华·科克曾经描述这一群体"……不必在乎领主不满……放心吃喝入睡……选择衡平法或普通法对抗领主。"咸鸿昌：《英国土地法律史——以保有权为视角的考察》，北京大学出版社 2009 年版，第 291 页。

可见，近代早期英国乡村经济结构、阶级结构的发展分化，既是乡村内部经济发展演进的内在要求，也是外部因素按照城市市场规律因势利导的结果。在内外多种因素推动下，农业生产专业化趋势加强，乡村各种制造业获得了快速发展，除羊绒纺织业外，还有冶铁、煤炭采掘、木材加工、酿酒业等，各种非农产业规模进一步扩大，改善了英国乡村比较单一的农牧混合经济结构。总的来看，中世纪以来的农牧混合经济向"农牧"、"农工"和"农商"及"工商"型经济转变，劳动分工进一步细化，城乡产业结构呈现多样化态势；与此同时，广大乡村社会阶级结构则趋于简单化，大量中间阶层变少乃至消失，资本家农场主与乡村无产阶级两大阶级的格局日趋明朗。

（三）传统敞田耕作方式变化，新型敞田与庄园出现

城市回流人口的到来促进了乡村社会的转型。城市"回流"人口不仅带来了资本、生产技术以及管理销售手段，而且带来了新知识、新理念，这些都在潜移默化地影响着乡村居民生活，指导着村民们的生产耕作，推进着乡村社会的嬗变。城市居民来到乡村，不仅促进了乡村工业发展，促成了乡村社会阶级结构的变化，同时也推动着乡村农牧业土地制度、耕作制度进一步变革。

通常认为，敞田制作为中古时期的一种耕作制度，到近代早期才基本上被英格兰大部分地区废弃。事实大抵如此，不过，倘若由此推断敞田制彻底退出了历史舞台，则是低估了这一田制的生命力。据著名历史地理学家达比研究，近代早期英国部分地区依然存在着敞田制，即便是毗邻伦敦、农业变革最早的东南地区，如埃塞克斯郡、肯特郡等地区，"未圈围的条田依然可以看到"，从东至西，在几乎完全圈与中部公地区域之间存在着一条耕作制度不规则的地带，"一些乡村教区几乎没有敞田痕迹，而另一些则分布着数量在一打左右、保留了条田的敞田地块"。这些生产效率低下的中世纪敞田如何适应新时代的社会需要？实际上，这些残留的敞田并不是中

第五章　人口流动视角下的英国乡村变迁

世纪两田制或三田制的"遗迹",而是近代敞田,因为它们"不对全体村民牲畜开放为公共牧场……实行不同的轮作制度……"①实际上它们仅保留了敞田制的外观而已。可见部分乡村地区的敞田虽然并未被圈围,但已经发生根本改变,在耕种制度或经营上同样受到了新事物的渗透影响。城市人的农业经营方式、面对市场的灵活反应正被一部分乡民仿效。其实有些城市"回流"人口原本就是乡村迁出居民,在城市生活一些年后又返回乡村,他们半城半乡的身份很容易融入乡村社会,其市场思维日益被更多当地人所接受。

剑桥大学社会史学者基思·赖特森(Keith Wrightson)认为,在"敞田体制下"也可以进行专业化生产和技术革新,也可以市场为导向……伯克郡的约曼农罗伯特·洛德(R. Loder)种植了小麦和大麦,蓄养了牛群,并经营着一个果园和一个鸽舍,在计算利润时还要考虑刨除各种成本,如牛群过冬的草料、雇用劳动人手的食物和工资以及工人小偷小摸造成的损失等等。而他,就是在一片敞田里持有其土地的。②伯克郡的农民当然不是特例,也不是个案。附近牛津郡的一些农民也是在敞田上进行专业化生产的,以满足伦敦食品市场对谷物的大量需要。罗伯特·艾伦在论述近代早期公地小农的生产经营方式时,也发现斯皮尔斯伯里(Spelsbury)行政堂区的"小自耕农在日常耕作中的自主性和创新性颇为活跃","自觉改种了新作物",其中,第一种被引进改良牧场的作物是"红豆草"(sainfoin,又称驴食草)。③这种草本植物在18世纪初期已经广泛种植于牛津郡斯皮尔斯伯里、塔斯顿村等地,可见当地农民至少在17世纪末甚至更早时候就开始尝试新作物了。

---

① H. C. Darby, *A New Historical Geography of England Before 1600*, Cambridge University Press, 2011, pp.270–271.
② Keith Wrightson, *English Society,1580–1680*, Routledge Taylor & Francis Group, 2003, pp.142–143.
③ [英]罗伯特·艾伦:《近代英国工业革命揭秘——放眼全球的深度透视》,毛立坤译,浙江大学出版社2012年版,第100—104页。

显然，牛津郡斯皮尔斯伯里的农民并不像通常臆想的那样无知、保守，伯克郡"洛德式"农民的视野也不局限于田间地头和当地教区，谷物生产、牛肉、鸽子都是为外地市场输送的产品，主要是城市市场，因为城市居民的生活用品远远不能满足自身需要。这里敞田的生产效率似乎并不低下，经营理念已与中世纪时期的敞田大相径庭，虽然还保留着敞田的形式，但土地产权形式是个体的、明晰的，不再是敞田制下那种模糊、混杂的集体占有形式。洛德这样的约曼或农夫可以自己决定种植大麦还是小麦，也能够自主决定蓄养牲畜的数量而不必再受以往庄园惯例的定额限制。[①]不难看出，中世纪的敞田制已经脱胎换骨成为新型敞田，这里的个体农民也不再是中世纪诗人威廉·朗兰笔下"衣衫褴褛、食不果腹"的形象。如果有人认为这是中世纪敞田的"延续"，那么上述新型耕作技术、明晰的地权及经营理念正是英格兰部分地区敞田制度历经"圈地"劫难而保留存续下来的重要原因。

敞田是否需要圈地，很多情况下是乡民们对经济效率的一种选择。不过，历史是复杂多样的，在有的地区圈地既是一个经济效率问题，同时也是当地社区民众社会舆论、价值观念的一种反映。中世纪晚期民众对圈地的态度就能很好地体现这一点。在圈地问题上，沃里克郡东部的下舒克巴勒村的托马斯的遭遇就生动形象地诠释了这一点。他在圈地时遇到村民们的强烈阻挠，即便承诺大量经济补偿也无济于事。下舒克巴勒村的村民们反对托马斯圈地并非仅仅出于其经济利益遭到损坏，亦存在道德情感等其他方面的原因。因为村里的公共牧场对他们有着特殊意义，村民们每年举行一次祈福游行，在一口水井旁停留，祈祷保佑五谷丰登，之后还要宣讲一段福音，所有这些活动仪式共同构成了该村的集体文化和村民们的集体

---

① 洛德对农场经营的决定权是显而易见的，譬如他曾经牧养了许多羊，但每年都损失较大，遂决定不再养羊了；对于农场雇用的佣工，他在经济低迷时考虑是全部解雇，"一个不留"，还是不付现金只提供吃住。这些在其账簿和日记中都有体现。Joan Thirsk and J. P. Cooper, *Seventeenth-Century Economic Documents*, Oxford: Clarendon Press, 1972, pp.160-161.

记忆。① 显然，托马斯的圈地行为使这一切都成为不可能，所以他的圈地行径遭到了该村村民们的集体反对。

这里已经不是低效的敞田与高利润农场之间的博弈，而是社区公共福利、共同体利益向贪婪自私个人的一场斗争，反圈地的村民变成了传统价值的捍卫者和集体文化的维护者。一言以蔽之，在反圈地问题上，村民们站在了社会道德的制高点上，得到了社会舆论同情与支持。因此，相对其他地区而言，沃里克郡下舒克巴勒村这样的村庄在圈地时所面临的阻力更大。显然，这在沃里克郡绝不是孤立的个案，坤顿教区神父托马斯·艾里斯也是这样一个反圈地的典型代表。1490年，他写信给自营地领主马格达勒学院院长，说"如果由单个农场主继续承租全部自营地，村子就会荒芜，村民会流失"，学院不应该破坏村庄树立恶名，而应该帮助穷人，让更多的人租种土地，延续一个共同体。结果马格达勒学院采纳了他的建议。② 于是该村成功地抵制了圈地行为。

16世纪，下舒克巴勒村和坤顿教区神父这样的情况依然存在，经济分化还没有打破乡民对旧有共同体及其所代表的价值观念的依附，尽管大规模的反圈地暴动很少，但此起彼伏的骚乱都在不同程度上反映了普通民众对圈地的态度。政府当局在很大程度上也保持了"反圈地"立场。不过，每一次谷物歉收和饥荒都会加速共同体的分化，16世纪频繁的灾荒大大推进了乡村社会的分化进程。无疑，这样村庄的人口流动程度要低许多，集体凝聚力、共同体意识更强，与反对圈地成功与否密切关系，互为因果。所以，从这点来看，人口流动性反映的不仅仅是地区经济活力，某种程度上也是当地共同体是否团结、集体力量是否强大的体现。

---

① [英]克里斯托弗·戴尔：《转型的时代——中世纪晚期英国的经济与社会》，莫玉梅译，徐浩审校，社会科学文献出版社2010年版，第66页。
② [英]克里斯托弗·戴尔：《转型的时代——中世纪晚期英国的经济与社会》，莫玉梅译，徐浩审校，社会科学文献出版社2010年版，第80页。

庄园管理模式保留的情形也大体类似。在 17 世纪，圈地之后改良土地、提高收益的认识已为社会各阶层普遍接受，"协议圈地""和平圈地"方式越来越普遍。不过，令人奇怪的是，庄园并没有全部瓦解，在英格兰西部许多地区依然存在。在新技术、新观念的影响下，庄园和村社共同体采用了新的耕作管理方式，对敞田制在集体管理的框架内加以改造，或者在庄园体制框架下圈围敞田和公地，这样的圈地就不再是一种个人行为，而是整个庄园的集体行动了。所以，庄园体制下的土地产权形式多种多样，既存在自营地、自由持有地，也存在公簿持有地、租地农场，还存在着"庄园农场和非庄园农场"，"大部分自由持有地转手"，分割出售。①一些地区还出现了一种介于敞田和圈地之间的管理模式，在旧体制内"植入"新技术，新的作物、新的轮种制，还有地区将新的经营手段一并"嫁接"在敞田和庄园之上。除了前文提及的牛津郡的斯皮尔斯伯里、伯克郡的洛德式农场，伍斯特郡的奥姆伯斯雷庄园（Ombersley）也是这样一个典型例子。②这一幕颇有些"庄园为体""技术为用"的味道，虽谈不上"体用"之争，但展现出近代早期普通村民们面临"个人主义"侵蚀时，对旧日庄园-敞田制度和共同体价值观的坚守，也展示了村社共同体在新环境下做出的一种应变尝试。

这样的庄园保留了村社式集体管理习俗，统一耕种、收割条田作物，但在具体耕作上通过引进豆科植物、根茎作物、苜蓿和可转换农牧业等一系列当时先进的农业生产技术，结果农业生产率得到大幅度提高。尤其在 17 世纪中叶后，庄园农民们牲畜牧养量大幅上升，经过改良后，6 英亩牧场畜载量水平相当于以往 30 英亩自然草地喂养的牲畜量，饲养的大量羊、牛、马等牲畜不仅提供了肉制品、奶酪、羊毛和牛皮，而且随之而来的粪肥还有效

---

① 沈汉：《英国土地制度史》，学林出版社 2005 年版，第 170、175 页。
② John Chartres and David Hey, *English Rural Society, 1500–1800*, Cambridge University Press, 2006, p.132.

第五章　人口流动视角下的英国乡村变迁

补充了农地土壤肥力，带来耕地单位面积谷物产量稳步提高。小土地所有者在这里不仅生存下来，而且焕发了勃勃生机。通过考察伍斯特郡奥姆伯斯雷庄园，可以看到庄园习俗和农业技术变革之间的关系并不矛盾，17世纪庄园通过采纳新的农业技术依然延续了旧有的集体管理模式。

"奥姆伯斯雷"类型的新庄园并不封闭，也不抵制庄园里的居民流动迁移，无论是本地居民的迁出还是外地居民的流入，都没有受到庄园当局的严格限制。在整个17世纪和18世纪早期，奥姆伯斯雷庄园始终保持着生命力，运行良好。庄园习俗既包容了农业变革，又保持了原有社会结构；既保持了集体管理方式，又提高了农业生产力。其中一个重要原因是庄园采用了"开放"式管理手段。尽管近代早期出版印刷在绝大多数城镇逐渐开办业务，小册子、传单，包括书信都成为城乡之间沟通交流的重要媒介，但是人员往来、面对面的沟通依然是最重要的途径之一。城乡之间的人口流动承载着各种信息，诸如物价涨跌、商品销售、新工艺、新产品问世等，当然各种耸人听闻的政治事件、上层贵族圈子里的桃色新闻也都是通过这种载体来传播的。正是借助于这种"开放性"，新庄园才保持了旧庄园缺少的流动性，也才具有了较强的生命力。

在近代早期，尤其是17世纪中叶后，乡村社会各个阶层都具有较大流动性，只不过不同阶层之间流动性不同而已。考察17世纪特林村户主家庭三代流动情况，可以发现17世纪下半叶最具流动性的群体居然是教区的"乡绅和大农场主"，而"穷打工仔"（laboring poor）群体在1620年以前更替非常迅速，可见流动性极强，但此后则逐渐平稳，尤其在定居法律颁布后返回村庄的明显增多。由于庄园领主不在本地居住，往往定期居住于大城市，尤其是伦敦，[①]所以这些庄园管理相对宽松。外来回流人口带来

---

① 查理一世曾经专门颁布法令，要求贪慕于伦敦繁华的贵族乡绅、地主，在40天之内带领其家庭成员及其闲杂随从人员返回地方各郡，违者予以处罚。该法令除缓解首都的社会压力之外，主要意图就是要求贵族乡绅"承担公共义务"、教化民众和加强地方管理。Barry Coward and Peter Gaunt, *English Historical Documents 1603–1660, Vol. V(B)*, London and New York: Routledge, 2010, p.460.

新思想、新技术，新的农业耕作技术被乡民们接受并实践。尽管旧有制度未发生显著变革，然其居民已变成富有进取精神的农业技术革新者，所以"奥姆斯伯雷"类型的庄园及村社度过了17世纪的经济危机而存续下来。

由此可见，在近代早期英国，庄园制和敞田制一定程度上可以适应变动的社会现实，既不排斥个人主义的私人产权，也不排斥市场化的生产取向，有时甚至通过单纯的农业技术变革而延续其生命力。[①]因此，16、17世纪的敞田制已经不同于12、13世纪的敞田制，两者不可简单比附。尽管形式上保留着相似的外观，但近代早期许多乡村庄园实际上已经发生了重要变化，在法庭管理、农业生产等方面都不同于中世纪时期的庄园。究其原因，城市因素不可避免地渗透进了乡村，庄园已经潜移默化接受了市场影响，变成了一种适应新环境的新式庄园。

英国近代史专家基思·赖特森研究了埃塞克斯郡一个村庄的人口流动情况。特林村的案例研究表明，该村村民1580—1699年流动程度很高，只有大约一半村民最终葬在本教区。这种情况并非特林村所独有的，其他乡村地区人口流动情形也大体相似。一方面原有居民不断地流出，迁往他处，另一方面新移民源源不断流入，两者呈现一种大体稳定状态，可见某些地区的济贫法规执行得比较宽松。还有一些在城市里居住数年又返回村庄的乡民，其流动性若非调查是不易察觉的，譬如约翰逊一家人（the Johnsons）就属于这种情况。

1607年，教区当局对约翰逊的婚姻合法性产生怀疑，对其进行调查。约翰逊夫妻两人都承认曾经居住于上敏斯特村（Upminsiter），女方玛丽曾经在该地居住了十年之久，直至她的第一任丈夫去世。约翰逊是一个雇工，在当地同一个叫伊丽莎白的女性同居了一年，还生了一个孩子，但是没有

[①] 当然不能理解为保留下来的所有敞田都是"新型的""灵活的"，事实上确有部分敞田耕作"相当僵硬死板"，同前者并立存在，这正是后来18世纪圈地的重要理由。H. C. Darby, *A New Historical Geography of England after 1600*, Cambridge University Press, 2011, p.14.

第五章　人口流动视角下的英国乡村变迁

与其结婚，如其所言，"假如不是教区居民们反对，他原本会娶她的"①。于是，约翰逊离开该村去了伦敦，在艾弗里市场（Aveley market）遇到了玛丽，向其求婚，而后他们一起去了伦敦并结婚。他们来到特林村的确切时间不得而知，不过肯定在1603年之前，当时夫妻两人有一个女儿在当地受洗，其女弗朗西丝（Frances）1625年嫁给了特林村一个农业雇工。②约翰逊两口子从乡村到城市，最后又返回乡村，倘如不是对其婚姻状况调查，根本不会知晓他们还曾经在伦敦打工生活过，城市经历对其农事活动没有一丝影响是不可能的。教区登记簿中大量居民有多少属于这类情形，已无法获知确切数量。

一定程度上，庄园先进农业技术、新型管理方式及市场信息等，正是城乡人口流动的产物之一。乡村各地普遍雇用的佣工（servant）即是一典型例证。现代社会对"servant"的劳作内容主要局限于家内服务行业，而近代早期人们对"servant"含义的理解与此不同，他们除从事家内服务外，还从事户外农牧业劳动，包括犁地、牧羊、挤奶、剪羊毛及纺织与秋收割谷晾晒等一应农活，所以佣工的流动对农业生产技术传播有着一定关系。意大利著名经济史家奇波拉就认为"技术工人的流动是技术创新产生的主要渠道"，同样农场的佣工与有技术的农业劳动力"偶尔"也会提供"这样一种渠道"。③譬如，著名的诺福克犁就是很典型的例子，因为如果没有通晓如何使用犁的犁农，那犁就没有什么用处，关于出版"犁的建造结构图印刷品"更是徒劳枉然的，所以农业委员会关于马恩岛的报道，专门记载了将"男性长工引入该地"以改善犁地、马铃薯条播和萝卜种植，"汉普郡的芒福德先生（Mumford）不仅带来了这种农业工具，而且还带来一个诺

---

① 近代早期，随着穷人数量增多，教会堂区济贫负担日重，干预穷人结婚成为一种普遍现象。参见宋佳红：《近代早期英国婚姻观念的变迁》，中国出版集团世界图书出版公司2015年版，第114—117页。
② Keith Wrightson and David Levine, *Poverty and Piety in an English Village: Terling, 1525–1700*, Clarendon Press, Oxford University Press, 2001, p.80.
③ Ann Kussmaul, *Servants in Husbandry in Early Modern England*, Cambridge University Press, 2008, p.68.

福克犁工",阿瑟·杨《农业年鉴》里也有此类描述,农场主科克（Coke）在送来一架诺福克犁时,也随之派来一位操犁手。从这里可以看到,某些技术传播是依附于此类工人的迁徙流动的。尽管工人流动的主观动机与原因可能仅仅是糊口谋生而已,但客观上成为新技术传布的载体。

当然,并不是所有的农业劳工都是先进技术的主动传播者,有的甚或采取抵制态度。实际上,也确实有许多农业工人因循守旧,从事着一成不变的耕播、肥地等一应农事,有的就抵制农业新技术的传播、嘲笑雇主的新思想。据记载,约克郡的一个农场的长工们就拒绝使用主人提供的"新犁",理由是犁过的田垄不整齐美观,影响他们的声誉。尽管新犁耕地效率更高一些,而一片犁耕齐整的农田却是他们"地位的标记"。其实,不难理解,英国人是一个相对保守、稳健的民族,作为人口绝大多数的中下层民众也是这一民族性格的载体和体现者,而不是仅体现在保守贵族地主身上。当然阿瑟·杨的观点还揭示了贵族群体的另一面相,他发现一部分贵族、乡绅和农场主是时代的"弄潮儿",积极从事排水筑堤、技术革新等农业改良活动。[①]可见,在这方面,每一个民族都是一个矛盾集合体,不同阶层也保守、开放兼具,流动性之中蕴含着开放包容,有时也体现了守旧落后。新技术的传播并不是一帆风顺的,不是随着人口流动自然传播的一个自发过程。它既是一个单纯经济效率高低问题,也同当地社会需求及流行的价值观念都有密切关系。

（四）乡村社会观念嬗变

近代早期英国乡村社会变迁存在各种表现,其中之一是观念嬗变。人口流动使得乡村不再是一潭死水,也不仅仅是单纯的劳动力输出地,而是

---

① 这部分贵族、乡绅包括农场主,他们不仅是城市乡村之间的交流媒介,也是同国外科学教育领域接触最频繁的一个群体,譬如风靡 17、18 世纪的"大旅行""大游学"活动就促进了英格兰与欧洲大陆的交流,"上层阶级送儿子到国外留学",作为他们教育的一部分,这种实践从试验变成了习惯,最后变成一种制度。[美]罗伯特·金·默顿:《十七世纪英格兰的科学、技术与社会》,范岱年等译,商务印书馆 2000 年版,第 276 页。

成为地区之间乃至全国经济网络上的一个个点甚或枢纽，从而成为社会转型中的积极因子。如果说绅士、贵族游历欧洲带回来低地国家先进的农业生产技术、新作物品种，那么普通市民、乡民则促成这些农事知识、技能在国内扩散。城市回流人口是促成乡村村落向积极因子转变的重要因素。

城市人口"回流"乡村，最直接的后果是促成了工业生产重心由城市向乡村转移，即乡村工业出现蓬勃发展的大好形势，这是同城市人口与资本、技术的"回流"存在密切关系的，至少是后者发展的重要推动因素之一。我国中世纪城市史专家刘景华教授认为，城市劳动者重返乡村，实际上促成了城市对农村的又一次冲击高潮，而这次后果更为深远，促进了资本主义在乡村的发展，加强了城乡联系，促进了乡村城市化进程；此外，城市人口回流"将新的精神意识带入农村"，打破了中世纪乡村的"闭塞愚昧状态"，为工业世界的出现准备了"思想意识和精神条件"。[①] 应该说，对城市人口"回流"乡村的作用予以了充分肯定与积极评价。新的精神意识、思想意识的传入无疑会对乡村社会产生"启蒙""开化"之功，会造成乡村社会观念的嬗变。

如果说城市回流人口对乡村社会产生深远影响，那么这种影响首先就来自英国最大的城市伦敦，这架经济增长的"引擎"，其作用之大无出其右者。首都的"城市人口"对乡村尤其是附近诸郡农村影响最为直接。每年农忙季节前往乡下参见"麦收"的城市居民，自然就将城市人的一些观念、思想带到了乡村。除普通市民外，还有很多伦敦商人到乡村购买土地，贸易、市场意识也会渗透到村庄的各个角落。剑桥大学的人口史专家里格利就认为，伦敦商人的成功就"培育了一种转向贸易"的态度或观念，有助于一个新的"企业家阶层快速成长"，"企业家精神"（entrepreneurship）就

[①] 刘景华认为上一次冲击是在13、14世纪时期，城市商品经济向乡村渗透，促成了庄园瓦解和农奴制的解体。参见刘景华：《论中世纪西欧城市冲击农村的第二次高潮》，《长沙水电师院学报（社会科学版）》1993年第3期。

会变成人们思想观念中"令人尊敬的"生活方式。①这种企业家当然不是大部分乡民能够轻易仿效的对象,购买土地无论是生产谷物还是变为牧场养羊,都需要大量资金,普通乡民显然没有这样的经济实力。不过,企业家的精神、盈利观念却是深深影响了普通村民,他们的小份地谷物种植都瞄准了城市,"为市场而生产"已经成为近代早期乡村农牧业生产的最重要目标。

正如托克维尔、孟德斯鸠等人敏锐发现,近代早期的英格兰迥然不同于欧洲大陆其他国家,不论在政治法律制度、富裕程度,抑或自由独立等方面,早已同欧洲大陆走上另一条不同道路。在一个广泛同市场发生联系的乡村,同样看不到仅为使用价值而生产的农民阶层,这是一个"重商"的国度。社会底层、广大乡村的市场取向与价值观来自对社会上层的模仿,贵族阶层同商人群体联姻之举、尊贵如女王伊丽莎白一世亦入股德雷克的劫掠贸易活动,普通市民、村民对商业贸易又怎会排斥?!城市居民的各类"回流"活动,譬如商人到乡村购买土地、建立文法学校、"发包"手工业生产原料和将呢绒、皮革等工业外迁水力资源丰富的村庄以及市民们每年参加的农忙麦收,诸如此类的活动,早已打破了乡村的孤立自守状态,市场观念的进入是静悄悄的,乡村思想观念的嬗变是自然渐进的,这是英国社会"商业化"重要表现之一。②

时人观念的变化随处可见,就连占卜等传统迷信行为也与"市场"发生了联系。基思·赖特森对伯克郡农民的研究就证实了这一点。他提到威廉·哈里森描述乡村迷信活动时,发现农民们在家里壁炉底部石板上摆放了12个玉米穗,不仅是祈祷丰年,同时还"观察月亮和鹳的飞逝",其目

---

① E. A. Wrigley, *People, Cities and Wealth: The Transformation of Traditional Society,* Blackwell, 1992, p.148.
② 关于社会商业化内涵的五个方面,可参见张卫良:《英国社会的商业化历史进程:1500—1750》,人民出版社2004年版,第9—12页;亦可参见 R. H. Britnell, *The Commercialization of English Society, 1000–1500,* Cambridge University Press, 1996, p.228。

第五章 人口流动视角下的英国乡村变迁

的是"预测谷物市场的价格走向"。① 可见市场思维已经渗入乡村生产生活的每个角落，连占卜这类活动也透露出浓浓的市场气息。这样的约曼农当然不是一个按照季节轮换耕种收割、自给自足的传统农民，而是一个雄心勃勃、积极进取的小资本家，准备利用一切市场机会增加其农业利润。

对于乡村社会观念的变迁，城市尤其是伦敦的引领作用是值得关注的。研究17世纪的英国著名史学家希尔也曾多次提到，伦敦商人时常在他们"出生的郡"建立文法学校，设立奖学金（scholarships），目的就是提高这些偏远地区的"知识和文化水平"。② 现在看来，城市居民对故乡的眷顾产生了积极影响，先进知识观念的传入具有"启蒙"之功。尽管近代早期以来的"教育革命"成果主要体现于城市和上层社会，但乡村地区在城市影响下正缓慢地改变文化落后的局面。当然，首都之外的地区也不是完全被动地接受伦敦的新事物输出，它们也在积极主动仿效学习大都市的方方面面。譬如，基德明斯特（Kidderminster）的手摇纺车纺工就"常常同伦敦市民沟通交流"，可以想象不仅改进了纺织技术，据说还大大提高了本地商贩的"礼仪和对上帝的虔诚"。大都市的文化伴随着商品扩及首都之外的各个地区，来自国外的商品被乡绅、约曼和商人带回乡村社会的同时，市场信息、知识技能乃至政治观念自然也会接踵而至。

对于伦敦的影响，人口史家里格利早就认识到了，他认为伦敦城市生活蕴含着"变革的酵母"，起着瓦解乡村英格兰传统习俗、偏见和行为方式的作用。这是城市文明的一种辐射同化作用，但并非所有的城市都具备如此影响力。为此，他将英格兰同法兰西进行了简单对比，断言"即使生活在巴黎的人，像生活在伦敦的人一样产生了相同的行为观念变化"，所起的变革作用也不及伦敦。里格利较之一般史家深刻的地方，在于他隐约察觉

---

① Keith Wrightson, *English Society, 1580–1680*, Routledge Taylor & Francis Group, 2003, p.43.
② Christopher Hill, *The Century of Revolution 1603–1714*, London and New York: Routledge Classics, 2002, p.23.

到存在一种城市文明的"阈值"水平（threshold level），①即生活在或曾经在大城市里生活一段时期的居民数量水平，在"阈值"之下、达不到这样的数量水平，乡村社会就很少或难以受到大城市的影响，而达到或高于这个水平，就会造成乡村社会的缓慢乃至加速变化。

还有学者提出了类似观点，认为"人口密度"在英国向近代经济转型过程中发挥了重要作用。"人口密度"和"识字水平"很可能是"关键变量"，因为"人口密度"会降低教育成本、"启动外部效应（externality）"、刺激技术变革，生产力加速发展也需要人口达到一个"阈值"。②虽然称谓不同，实际上都强调人口数量达到一度规模后对经济社会所产生的积极影响。里格利并没有明确确定城市阈值水平是多少，不过他显然认为伦敦接近或达到了这个水平，至少"成年人中 6 人就有 1 人在伦敦直接生活过"，所以才会对乡村社会变革产生催化剂般的影响。③

对于成功商人、企业家由城里来到乡村购买土地一事，有学者持怀疑态度，认为夸大了乡村地产回报对商人金融家的吸引力。的确，从单纯的经济收入角度来看，投资一块土地的收益是有限的。投资成本巨大，地租收益很低，大概需要 20—25 年方能收回成本。这意味着对一个中等乡绅而言，年收入仅大约为 200 英镑，而购买这样一个庄园却需要支付 4000 英镑。④只有像斯蒂芬·福克斯（Stephen Fox）这样的伦敦巨富才能不计成

---

① 现代社会学家、城市学专家承认"阈值"法则的存在，将其总结为"城市文明普及加速"定律，即当城市居民占到总人口的 20%—30% 时，城市文明会普及影响到更多的人口；当占到 30%—40% 时会普及到 40%—50% 的人口；只有当城市人口低于 10% 时，城市文明辐射力弱，影响仅仅限于城市人口。见高珮义：《中外城市化比较研究》，南开大学出版社 1992 年版，第 177—179 页。
② Raouf Boucekkine, David de la Croix and Dominique Peeters, "Demographic, Economic, and Institutional Factors in the Transition to Modern Growth in England: 1530-1860", *Population and Development Review*, Vol. 34 (2008), pp.126-148.
③ E. A. Wrigley, "A Simple Model of London's Importance in Changing English Society and Economy 1650-1750", *Past & Present*, No. 37(Jul. 1967), pp.44-70.
④ Keith Wrightson, *Earthly Necessities, Economic Lives in Early Modern Britain, 1470-1750*, Yale University Press, Penguin Books, 2002, p.303.

第五章　人口流动视角下的英国乡村变迁

本而一掷千金，他于 1672—1686 年花了 10 万英镑在威尔特郡购置了一块地产。

显而易见，大多数普通商人没有如此实力，是不可能采取此种方式投资乡村地产的。然而，地产并非可以普通投资行为看待，它承载着荣誉、政治地位、社会声望以及无形的价值。譬如，近代早期议会议员选举资格规定，选举人必须是拥有自由地产的保有人，被选举人不论是骑士还是自治市市民必须拥有自由地产，尽管此时尚未明确具体的财产数额标准。① 毫无疑问，近代早期，至少在 16 世纪初，从当时的议会立法与议员选举案例来看，无论是鞣皮工匠同制鞋行会的立法博弈，还是威尔士登比郡、蒙哥马利郡的议员竞选斗争，都充分表明"16 世纪的英国人非常看重议员身份"，选举代表出席议会变成了一项令人垂涎的权利。这显然同当时英国社会重视法律，而议会已经获得至高无上的权威有密切关系。②

在此背景下，一块收益有限的地产当然对很多人具有诱惑力，尤其是一些著名律师、成功商人及政府官员，依然想方设法在乡村购置一块土地。③ 还有些人显然无意以经营地产为其收益来源，但为了成为绅士而获得主流社会认可，所以往往选择购买一处"乡村小宅院和庭园"（country house and park），地点距离其城市不远，依然保持了原有的贸易和工业生产。这些"回流"的城市商人虽然是短期、偶尔临时的，但对于周边乡村经济开发、信息交流依然起到潜移默化的作用。

---

① 1710 年安妮女王时期，议会制定法令明确规定，郡骑士必须拥有年产值 600 英镑的地产，而自治市市民代表的地产价值为 300 英镑。[英] 梅特兰：《英格兰宪政史》，李红海译，中国政法大学出版社 2010 年版，第 187—188 页。
② 刘新成：《16 世纪英国议会解读》，《经济社会史评论》2015 年第 2 期。
③ 安妮女王时期，大约有 4000 个拥有土地的家族住在伦敦，其生活经费大部分来自农村的租金。[英] 彼得·克拉克：《欧洲城镇史：400—2000 年》，宋一然等译，宋俊岭校，商务印书馆 2015 年版，第 129 页。

17世纪著名学者威廉·配第的农事活动就是一个生动的例子。就种植何种作物,他到乡村请教当地的农场主迪莫克(Dymock),后者本身就定期同城市、同农业专家保持了密切联系。① 像埃塞克斯郡的埃平区(Epping area)、毗邻伦敦的赫里福德郡、萨利郡和肯特郡的乡村都是比较典型的,不少伦敦商人在这里购地置业,伯明翰、利兹、格拉斯哥、爱丁堡及北方其他城市周边的乡村地区,也有不少当地商人在此购房置业。一些成功的商业家族还同当地乡绅实行了通婚。某种程度上,这既是城市经济向乡村的延伸,也是近代城市"反哺"乡村的一种形式。

距离首都只有一天路程的小村落坦布里奇韦尔斯也是这样发展为英国最繁华的小城镇的。这里风景宜人,据英国著名历史学家麦考莱记载:"展目望去,一英里内处处石楠花开,泉水淙淙,村郭暖暖。"

秀丽的景色,新鲜的空气,吸引着无数城市上流社会人士来此度假,以躲避"伦敦的喧嚣和俗尘"。这时"帽商、玩具商、珠宝商也从伦敦赶来,在树林下张罗起市场,在这边的货摊上,政治家可以得到咖啡和伦敦的报纸。肯特郡农夫的老婆和女儿们会从邻近的村子过来赶集,一并带着奶油、樱桃、麦穗和鹌鹑,与她们讨价还价,调笑……"② 麦考莱的优美文笔令人无限遐思,一个恍如世外桃源的小村庄在读者心中萦绕不去,风景宜人却不闭塞,质朴而又时尚,"咖啡"和"报纸"证明了它和大都市之间

---

① 1658年威廉·配第在沼泽区有两块地,各50英亩,前一年播种的是欧洲油菜。他向当地人请教种何种作物最好。他倾向于下一季种萝卜,但是种萝卜能成功吗?如果成功,如何处理这些萝卜?农学家的著作里是建议蒸煮后作为牛的饲料。那么,能不能将萝卜籽用来榨油呢,或许还可以买些猪崽,用萝卜来喂养,又或许,用胡萝卜和爱尔兰马铃薯喂猪不是更好吗?带着一系列问题,他请教迪莫克,后者是农学家沃尔特·布莱兹(Walter Blith)家里的定期访客,而布莱兹的一系列农学著作正是在同乡下的农场主们密切交流中完成的。配第每年大概在沼泽区待上五六周,其间同其佃农、当地农场主交谈,讨论其农场作物的种植经营问题。Joan Thirsk, *Agricultural Change: Policy and Practice, 1500–1750*, Cambridge University Press, 1990, p.277, p.281.

② [英]托马斯·麦考莱:《麦考莱英国史》第1卷,周旭、刘学谦译,北京时代华文书局2013年版,第234页。

有着密切的商品、信息交流。事实上，这里也的确吸引了络绎不绝的城市居民、贵族、商人，甚至是躲避瘟疫的各色人等。

1665年6月，查理二世专门让议会"休会到次年9月"，"议员们到乡下躲避疫情"，据载白厅街（Whitehall）到7月时几乎人去楼空，原来在宫廷附近居住与工作的约两万五千人都走光了，而"主任牧师桑克罗夫特为教区民众设立救济金后"，就率先逃离伦敦，直奔坦布里奇韦尔斯小镇。① 借助于外来移民，坦布里奇韦尔斯由一个小村庄成长为文明城镇，城市人口一度排进英国城市前四五位。坦城当然不是孤例。据城市史专家艾伦·戴尔考察，集休闲、疗养与旅游为一体的小城市在17世纪大量涌现。② 此类旅游城镇的开发若没有大城市"回流"人口到来，是不可想象的，吸引他们的正是乡村自然绮丽的田园风光。17世纪晚期以来，英国一大批旅游小城镇兴起了，成为传统城市布局中一颗颗新的亮点。

影响是相互的，乡村价值观念也会渗透进城市而被后者所接受。乡村习俗随移民传入城市，久而久之，成为城市习俗制度组成部分。譬如考文垂的庆典活动"豪巾"（hocking），其中有城镇妇女追寻男性并将其捆起来的情景，再比如伦敦各区仲夏夜点燃篝火的活动，这些都是典型的乡村风俗，后来传播到城市里。乡村居民的生活方式、价值观念也会被带到城市，也会影响市民阶层，给城市打上了鲜明的乡村田园烙印。农民社会的价值观在城市中也从未绝迹，类似"城中村""城市里的农民"和"工厂里的农民"这样的现象，不同程度延续在工业革命之后英国各类城市中。

---

① ［英］利奥·霍利斯：《伦敦的崛起：五个人重塑一座城》，宋美莹译，生活·读书·新知三联书店2018年版，第95—96页。
② Alan Dyer, *Decline and Growth in English towns 1400–1640,* Cambridge University Press, 1995, p.50.

结　论

通常而言，学界主要关注的人口流动的标准模式是乡村—城市，因为这涉及流民问题、济贫法体系及现代社会保障制度的起源。而英国作为西方最早的社会福利和社会保障制度国家，无疑是学者们研究的最好范本之一。因此，相对而言，学界尤其是国内学者比较容易忽略非"标准"模式的人口流动。本选题重点考察"标准"模式之外的各种人口流动现象，包括地域流动、行业流动，城乡村际之间短距离流动、季节性流动，循环流动、城市"回流"等，意在揭示近代早期人口流动的复杂性、多向性，有助于深化对英国社会变迁的认识。

近代早期英国人口流动大潮是多种因素共同作用的结果。最直接的原因莫过于乡村发生的圈地运动，不论是变耕地为牧场，还是整合条田，实行资本主义农场式经营，都意味着劳动生产率的提高，剩余劳动力在"圈地"推力下离开土地，成为一种必然选择。与此同时，地方庄园与村庄共同体衰落又为人口流动大潮敞开了闸门。庄园瓦解，抑制人口流动的各项措施失效，经济分化也分裂了曾经温情脉脉的乡村共同体，曾经的"安全阀"和"稳定器"都已不复存在。这一切助长了乡村居民向外迁移、寻求新的家园的流动倾向。

当然，人口流动大潮形成的一个最基本的条件是近代早期人口的快速增长，没有这个前提条件，一切都无从谈起。同中世纪晚期相比，近代早期英国人口开始了新一轮的恢复和增长进程。如果说中世纪结束于黑死病大瘟疫及其带来的人口削减、经济萧条，那么，近代则开始于人口的全面复苏，尤其是乡村人口快速增长，从而为乡村剩余人口、半失业人口的就业埋下了隐患，也为乡村居民的"生计型"流动孕育了基础条件。另外，近代早期，英国瘟疫、灾害频繁，客观上有利于人口向城市流动。城市人口密集、医疗卫生条件差，易于瘟疫、疾病传播，人口死亡率远高于乡村，瘟疫后空缺的就业岗位、经济机遇刺激了乡村居民向城市流动。此外，近代早期英国社会结构、民众心态等因素，也对人口流动产生着间接、潜在影响。宗教改革及随之而来的修道院解散，两块"公地"——敞田公地与修道院的济贫相继被"圈围"，失去"生计"也被剥夺最后保障的广大乡民，不可避免地踏上颠沛辗转的流亡、迁徙之路。至此，近代早期的人口流动大潮正式拉开了序幕。

近代早期，英国城乡社会存在各种人口流动模式。对于标准人口流动模式——"乡村→城市"，学界虽有一定研究，但相对集中于"流民问题"及其造成的各种社会问题和伊丽莎白济贫法体系，显然忽视了这一时期城市化取得的重要成就，忽略了乡村人口流动对城市的积极影响。事实证明，近代早期广大乡村人口流动对城市化具有重大贡献，通过源源不断的"输血"造就了伦敦快速城市化，一个城市巨人屹立在英国政治舞台上，伦敦发展为西欧乃至整个欧洲的最大城市。相比于光彩夺目的大都市，流民问题是城市化的另一面，阴暗的一面。伦敦城市化进程转而影响了周边郡乡农业生产，许多乡村工业区"退工还农"、逆工业化，如东盎格利亚地区盛极一时的毛纺织业"新式呢绒"消失了，发展成为谷物、牛羊肉及奶酪等专业化生产基地。这里乡村人口流动同伦敦城市化呈现一种联动、互动的关系。

除标准人口流动模式外，近代早期英国还存在大量各种非标准模式的人口流动，诸如村庄之间、村镇之间"短距离"流动、"无序"流动以及城市人口"回流"现象，它们在英国社会发展、转型中占有重要地位，都是当前研究中的薄弱环节，而这些恰恰是人口流动巨大网络中的主要部分，它们将英国城市、乡村、平原、山地、沿海连为一体，其重要性不言而喻。

非"标准"模式的各种人口流动现象历时久，贯穿中世纪而至近代早期，具有常规性、普遍性，不因王朝更替而消失，涉及社会各个阶层，已经成为近代早期英国的"结构性"态势或社会结构。

这种非"标准"模式人口流动以社会中下层佣工、学徒为代表，具有"生计型"的典型特征，流动里程较长，在16世纪下半叶、17世纪上半叶较为突出；此外，同时存在一种"改善型"人口流动，规模较小、流动里程短，他们不是在经济上，而是在政治权利分享、城市治理上向当局提出了挑战。不过，流动的佣工、学徒，不只来自社会下层，也有相当部分出自中产之家，他们主要体现的是这种"改善型"流动。所以，"生计型"与"改善型"并非泾渭分明，有时重叠交织在一起，存在着彼此相互转化的可能性。而在近代早期，尤其是17世纪上半叶，明显存在"改善型"向"生计型"转化、沉沦向下的流动趋势，这是一种"危险"的社会流动性。伴随而来的是，社会中产群体政治倾向"激进化"，对斯图亚特王室日益敌视，渴望摆脱现有困境。17世纪上半叶的人口流动已经成为窥探政治风云的一扇窗口。

17世纪中叶以后，经历了内战、护国公政体，英国社会各阶层心态趋于稳定。1660年，斯图亚特王朝复辟。随着定居法颁布、济贫法体系的不断完善，英国政府改变过去单纯依靠行政、司法等强制手段驱赶流民的做法，转而开始重视经济救济、安置流民于基层教区，同时赋予了基层堂区更多的权力。于是，教会基层堂区组织宗教色彩日益淡化，逐渐取代此前的庄园、镇区（township）而转变为王国政府之下的正式基层管理单位。政策转变也得益于这一时期农业生产取得重要进步，英国率先于欧洲其他国家摆脱"马尔萨斯陷阱"，成为西欧最大的谷物出口国。因而，社会下层穷人、流民的长途"生计"移民问题大体得到解决，不过"改善型"移民流动里程明显增加，这暗示着乡村中上层尤其是乡绅、农场主阶层同城市联系在增长、在密切。另外，原先正常的"季节性流动"凸显出来，成为

17世纪下半叶后，甚至于18世纪人口流动的最显著形式。由于限制人口流动、惩治流民的济贫法条款依然具有法律效力，所以"秋收、农忙"成为城乡居民流动的一个合法时间节点，"季节性"流动成为合法性流动的同义词，从中可见政治权力对劳动力市场的干预依然强大，国家干预在近代早期始终伴随资本主义成长的进程。

近代早期，英国还存在城市"回流"人口现象。这一现象出现有四种原因，即行会限制政策，城市生产、生活成本高昂，城市传统经济具有局限性及农业生产的"季节性"要求，促成了城市人口、资金及技术"回流"乡村。这一现象既同中世纪晚期的城市人口"回流"存在一定继承关系，又具有近代早期固有的时代特征。如果说中世纪晚期人口"回流"主要出自城市当局、行会组织的敌视，"自由、特权"不易得，那么，近代早期则更多的是源于城市作坊小生产的局限性，就业机会少。当然也存在城市当局、市民阶层的抵制与排外情绪，但出发点是"面包"而非"自由"。从这点来讲，中世纪人口流动是一种"自由"驱动型，政治色彩浓厚，而近代人口迁移多为"经济型"，不论"生计型""改善型"，抑或"回流"人口，都体现了鲜明的经济色彩。

近代早期城市人口"回流"对大多数城市而言，弊大于利，造成了城市"生产性"功能退化。尽管大部分城市都是商业贸易中心，生产性原本居于次要地位，但人口流失还是在一定程度上助长了"城市危机"，可见人口流动也是一个地区经济繁荣与否的"晴雨表"，移民流动方向与"接收地"往往是同地区崛起相伴而生的。不过，人口外流对伦敦而言则是一个例外，近代数百年历史表明，伦敦一直是人口持续流入的"磁场"。即便有部分人口"回流"现象，但"回流"人口并未直接回到农村，相当部分迁移到了城市郊区。人口回流促进大城市郊区扩张，比肩乃至超过老城区，威斯敏斯特、萨瑟克及东伦敦都成为伦敦老城外重要的城市中心。郊区成为流动人口在城市和乡村之间的"汇聚点""中转站"，商品菜园、园艺农业蓬勃发展，成为吸纳大量人口就业的、新型农业生产部门，也成为联系周边郡乡的一条途径，推动伦敦快速城市化的有利因素。

近代早期英国乡村变迁是社会转型的重要组成部分。由传统农业社会向工业文明、城市社会过渡是社会的整体变革，不是城市单方面的"独角戏"，人口流动如一条纽带将城市与乡村相连接。近代早期乡村变迁涉及方方面面，从人口流动视角而言，大体可分为地方管理、阶级结构、经济结构变迁和思想观念播变等几个方面。正是近代早期乡村大量穷人移民城市，引发流民问题，教会堂区才在济贫、安置流民问题中走向历史前台，堂区的主要世俗功能、权威才超越宗教组织，从而完成了角色转变。

客观来讲，近代早期英国乡村居民的流动有些有规律可循，更多的则是存在单向、多向、循环、短距离、长途迁移、季节性流动、长期移民等等各种形式。不过"无序"流动的背后隐现一条市场法则，即寻求生计就业、向高工资地区流动。所以近代早期大量农业区人口流向了牧区、沼泽区，因为这些地区人口稀少、公地、草场资源丰富，或"季节性"流向专业化的资本主义农场，或转向了各种乡村工业（因为这些地区工资高）。而伴随着人口流动，近代早期英国人口不均衡现象在改观，林区-牧区人口日渐稠密，呈现出一派欣欣向荣之象。

17世纪下半叶之后，人口地域性流动的强度在降低，而行业性流动在提高。"17世纪危机"引发了英国社会政治变革，也带来人口流动模式的变化，乡村居民的行业流动取得工业革命前的"入场券"，即"原工业化"。随着乡村人口向农业之外转移，畜牧业、乡村工业成为与农业种植业并列的生产部门，专业化的生产区域在全国范围内形成。近代早期，封建农本社会的格局已经出现经济结构裂变，虽然并非所有的乡村工业都历经"原工业化"而走向大工业，但当越来越多人流向城市、流入畜牧业和工业部门，农业社会也就走到了历史尽头。埃塞克斯郡一个农业村落特林村的经济结构、居民的多种职业身份，清晰地展示了近代乡村社会经历的非农化变迁。牧区、工业区的变革自不待言。

当然，对于英国人口流动与乡村变迁之间的互动关系，要根据唯物史观进行辩证分析。这种关系因地区而异，如北部许多村庄发展了乡村工业，而南部尤其是东南部地区逐渐形成了专业化农业区，原有的许多纺织业中心日渐衰落。人口的无序流动还曾造成一些地区恐慌，引发社会治安问题。可见人口流动既有积极也有消极影响，与乡村变迁之间既有促进一面，也存在相互制约的情形。

总的来说，"近代早期英国人口流动与乡村变迁"除了关注人口流动的"标准"模式之外，还重点考察了各种非"标准"模式的人口流动，主要有城乡之间、村际之间的短距离流动、季节性流动及城市人口"回流"运动及其影响。这是本课题研究的突出特色。对于乡村社会变迁问题，学界也有过相当研究，但通过人口流动、伦敦城市化及城市人口"回流"来解读乡村社会转型，本课题属于首次进行这一尝试，不可避免地存在各种浅薄、鄙陋之处，还请有关专家学者批评指正。

通过"近代早期英国人口流动与乡村变迁"研究，大体可以得出以下几个认识。

第一，通过考察"标准"模式人口流动——"乡村→城市"，可以看到近代早期乡村、城市之间的一体联动、互动关系。以往的研究过于强调乡村落后、人口流动带来的流民问题，既忽视了人口流动推动城市化的快速发展及其历史影响，忽略了广大乡村的"输血"功能，也未能真正认识伦敦等大城市周边乡村地区工业"夭折"的原因。另外，近代早期，伦敦等大城市市场对乡村经济转型具有引领作用。本书将原工业化流产的乡村工业同城市化置入一个大系统，统一考察两者关系，破除了城乡对立分明、将城市化发展孤立于周边乡村腹地的研究观念，有助于全面认识英国城市化与英国社会转型问题。

第二，确立了各种非"标准"人口流动模式的重要地位。从充当城市化进程的陪衬角色，到独立为重要、不可或缺的研究对象，近代早期英国乡村居民的"短距离""无序"流动构成了城乡人口流动大网的主要部分，保障了乡村农业、畜牧业和工业生产活动的顺利进行，保障了英国城市社会的正常运转。对非"标准"人口流动模式的研究是践行"人民群众是历史的创造者"的历史观，深入发掘人民大众在近代早期英国社会变革中的重要作用，是"从底层向上看"的马克思主义唯物史观的又一实践。

第三，城市"回流"人口是人口流动研究的重要组成部分，对于理解近代早期英国社会转型具有重要意义。城市"回流"人口现象研究，学界有所涉及，但不系统，且主要限于中世纪晚期。近代早期城市人口"回流"规模虽难以量化，但其影响不容低估。探究城市"回流"人口产生原因，是深入考察城市人口结构、社会结构的重要视角。近代早期城市人口"回流"，对于城市周边乡村工业发展、转型，也具有不容忽视的引领作用。城市人口"回流"是城市"外溢"效应的一种表现，也是城市"反哺"乡村的历史过程。从老城区到城墙外，从郊区再到周边乡村，伦敦见证了人口外流的不同阶段和流动轨迹，也见证了因人口流动而产生的城市扩张和乡村变迁过程，从而将城市郊区与周边乡村腹地发展有机联系起来。

第四，人口流动，尤其是城乡普通居民的日常流动既是一种个体行为，也是近代早期英吉利社会的群体行为，由此而成为一种社会习俗或社会结构式的事物，积淀为英吉利民族性或民族传统的一个组成部分。流动既会造成冲突，也会带来沟通交流；既带来城市化的快速发展，也促进乡村不同地域的资源整合配置。在这个过程中，尽管部分角落存在闭塞狭隘的乡土意识，但整体上一个比较开放、包容的民族正逐渐成长起来。当一个日常"流动的"民族已然将"流动"视为习俗时，相对而言，不会盲目拒斥外来新事物，反而是乐于和善于接受新事物的。自中世纪以来数百年的生产生活赋予了它开放的"民族性"，近代早期英国人对岛外、欧陆诸国制度技术的积极摄取想来同这种民族性不无关系，而一种动态、开放的文明终究会生命绵延、兴旺繁荣。

参考文献

（以下是书中引用的部分参考文献，其他不再一一列举，请参阅书中脚注）

| 中文部分 |

中文译著：

《马克思恩格斯选集》第1—4卷，人民出版社2006年版。

[比利时]亨利·皮朗：《中世纪欧洲经济社会史》，乐文译，上海人民出版社2001年版。

[比利时]亨利·皮雷纳：《中世纪的城市》，陈国梁译，商务印书馆1985年版。

[法]保尔·芒图：《十八世纪产业革命——英国近代大工业初期的概况》，杨人楩、陈希秦、吴绪译，商务印书馆1983年版。

[法]费尔南·布罗代尔：《15至18世纪的物质文明、经济和资本主义》第1—3卷，顾良译，三联书店1996年版。

[法]泰格、利维：《法律与资本主义的兴起》，纪琨译，学林出版社1996年版。

[美]道格拉斯·诺斯：《西方世界的兴起》，厉以平等译，华夏出版社1999年版。

[美]斯塔夫里亚诺斯：《全球分裂——第三世界的历史进程（上册）》，迟越等译，商务印书馆1993年版。

[美]詹姆斯·W.汤普逊：《中世纪经济社会史》(上、下册)，耿淡如等译，商务印书馆1997年版。

[美]詹姆斯·W.汤普逊：《中世纪晚期欧洲经济社会史》，徐家玲等译，商务印书馆1996年版。

[意]卡洛·M.奇波拉：《欧洲经济史》第1卷，徐璇译，商务印书馆1988年版。

[英]亚当·斯密：《国民财富的性质和原因的研究》上册，郭大力、王亚南译，商务印书馆1979年版。

[英]约翰·克拉潘：《简明不列颠经济史》，范定九等译，上海译文出版社1980年版。

中文学术专著：

陈曦文：《英国 16 世纪经济变革与政策研究》，首都师范大学出版社 1995 年版。

程汉大：《英国法制史》，齐鲁书社 2001 年版。

郭方：《英国近代国家的形成——16 世纪英国国家机构与职能的变革》，商务印书馆 2007 年版。

何兹全：《中国古代社会》，北京师范大学出版社 2007 年版。

侯建新：《现代化第一基石——农民个人力量与中世纪晚期社会变迁》，天津社会科学出版社 1991 年版。

侯建新：《农民、市场与社会变迁：冀中 11 村透视并与英国乡村比较》，社会科学文献出版社 2002 年版。

侯建新：《社会转型期的西欧与中国》（第二版），高等教育出版社 2005 年版。

蒋孟引：《英国史》，中国社会科学出版社 1988 年版。

金志霖：《英国行会史》，上海社会科学院出版社 1996 年版。

刘景华：《城市转型与英国的勃兴》，中国纺织出版社 1994 年版。

刘景华：《西欧中世纪城市新论》，湖南人民出版社 2000 年版。

刘景华：《走向重商时代——社会转折中的西欧商人和城市》，中国社会科学出版社 2007 年版。

刘新成：《英国都铎王朝议会研究》，首都师范大学出版社 1995 年版。

马克垚：《西欧封建经济形态研究》，人民出版社 1985 年版。

马克垚：《英国封建社会研究》，北京大学出版社 1992 年版。

钱乘旦、陈晓律：《在传统与变革之间——英国文化模式溯源》，浙江人民出版社 1994 年版。

沈汉：《西方社会结构的演变——从中古到 20 世纪》，珠海出版社 1998 年版。

沈汉：《英国土地制度史》，学林出版社 2005 年版。

王加丰、张卫良：《西欧原工业化的兴起》，中国社会科学出版社 2004 年版。

王晋新：《15—17 世纪中英两国农村经济比较研究》，东北师范大学出版社 1996 年版。

王觉非：《近代英国史》，南京大学出版社 1997 年版。

王渊明：《历史视野中的人口与现代化》，浙江人民出版社 1995 年版。

王章辉、黄柯可：《欧美农村劳动力的转移与城市化》，社会科学文献出版社 1999 年版。

徐浩：《18 世纪的中国与世界（农民卷）》，辽海出版社 1999 年版。

徐浩：《农民经济的历史变迁——中英乡村社会区域发展比较》，社会科学文献出版社 2002 年版。

吴于廑：《15、16 世纪东西方历史初学集》续编，武汉大学出版社 1990 年版。

吴于廑:《吴于廑文选》,武汉大学出版社 2007 年版。

张卫良:《英国社会的商业化进程——1500—1750》,人民出版社 2004 版。

赵文洪:《私人财产权利体系的发展——西方市场经济和资本主义起源问题研究》,中国社会科学出版社 1998 年版。

钟水映:《人口流动与社会经济发展》,武汉大学出版社 2000 年版。

周谷城:《周谷城学术论著自选集》,北京师范学院出版社 1992 年版。

朱寰:《亚欧封建经济形态比较研究》,东北师范大学出版社 1996 年版。

朱寰主编:《工业文明兴起的新视野:亚欧诸国由中古向近代过渡比较研究》,商务印书馆 2015 年版。

| 英文部分 |

Aston, T.H. and Phlipin, C.H.E., *The Brenner Debate, Agrarian Class Structure and Economic Development in Pre-Industrial Europe,* Cambridge: Cambridge University Press, 1987.

Baechler, Jean, *The Origins of Capitalism,* translated by Barry Cooper, New York: St. Martin Press, 1976.

Bennet, H.S., *Life on the English Manor: A Study of Peasant Conditions,* Cambridge: Cambridge Press, 1956.

Browning, A., *English Historical Documents, 1660–1714,* London: Eyre & Spottiswoode,1953.

Chambers, J.D., *Population, Economy, and Society in Pre-industrial England,* Oxford: Oxford University Press, 1972.

Clark, Peter, Slack, Paul, *English Towns in Transition 1500–1700,* Oxford: Oxford University, 1979.

Clark, Peter, *The Cambridge Urban History Of Britain, 1540–1840,Volume Ⅱ*, Cambridge: Cambridge University Press, 2000.

Clay, C. A., *Economic Expansion and Social Change: England 1500–1700, Volume Ⅰ*, Cambridge: Cambridge University Press, 1984.

Crowfoot, E., Pritchard, F. and Staniland, K., *Textiles and Clothing: c.1150–c.1450*, London: Boydell Press, 1992.

Digby, A. and Charles, F., *New Directions in Economic and Social History,* London: Macmillan Press, 1989.

Duplessis, S. Robert, *Transitions to Capitalism in Early Modern Europe,* Cambridge: Cambridge University, 1997.

Dyer, C., *An Age of Transition? Economy and Society in England in the Later Middle Ages*, Oxford: Clarendon Press, 2005.

Dyer, A., *Decline and Growth in English Towns 1400–1640,* Cambridge: Cambridge University Press, 1995.

Fisher, H. E. S. and Jurica, A. R. J., *Documents in English Economic History, England from 1000 to 1760*, London: G. Bell & Sons Ltd., 1977.

Hammond, J.L., *The Village Laborer,* London: Longman Press, 1948.

Harrison, J.F.C., *The Common People: A History from the Norman Conquest to the Present,* Glasgow: Fontana, 1984.

Hatcher, J., *Plague, Population and the English Economy 1348–1530,* London: Macmillan Publishers Ltd., 1984.

Hilton, R.H., *English and French Towns in the Feudal Society,* Cambridge: Cambridge University Press,1992.

Hilton, R.H., *The Decline of Serfdom in Medieval England*, London: Macmillan Press Ltd., 1983.

Hilton, R.H., *The English Peasantry in Later Middle Ages,* Oxford: Clarendon Press, 1976.

Hohenberg, M. Paul., *The Making of Urban Europe 1000–1950*, Massachusetts: Harvard University Press, 1985.

Houston, R. A., *The Population History of Britain and Ireland 1500–1750,* Cambridge: Cambridge University Press, 1995.

Huggett, F.E., *The Land Question and European Society*, London: Thames and Hudson Ltd., 1975.

Kriedte, Peter., *Industrialization Before Industrialization: Rural Industry in the Genesis of Capitalism,* Cambridge: Cambridge University Press, 1981.

Kriedte, Peter., *Peasants, Landlords and Merchant Capitalists, Europe and the World Economy,1500–1800,* Cambridge: Cambridge University, 1983.

Macfarlane, Alan, *The Origins of English Individualism*, Oxford: Blackwell Press, 1978.

Martin, J.E., *Feudalism to Capitalism: Peasant and Lord in English Agrarian Development,* London: Macmillan Press, 1983.

Miller, E., *Medieval England: Rural Society and Economic Changes 1086–1348*, London: Longman Press, 1980.

Miller, E. and Hatcher, J., *Medieval England: Towns, Commerce and Crafts 1086–1348,*

London: Longman Press, 1995.

Mingay, G.E., *Enclosure and the Small Farmer in the Age of the Industrial Revolution,* London: Macmillan Press, 1979.

Myers, A.R., *English Historical Documents, 1327–1485,* London:Eyre & Spottiswoode, 1969.

Nicholas, D., *Urban Europe, 1100–1700,* New York: Palgrave Macmillan, 2003.

Palliser, D.M., *The Cambridge Urban History of Britain, 600–1540, Volume I,* Cambridge: Cambridge University Press, 2000.

Raftis, J.A., *Peasant Economic Development Within the English Manorial System,* Stroud: Sutton Publishing, 1997.

Reynolds, Susan., *An Introduction to the History of English Medieval Towns,* Oxford: Clarendon Press, 1982.

Rothwell, H., *English Historical Documents, 1189–1327,* London: Eyre & Spottiswoode, 1975.

Salzmann, Louis F., *English Industries of the Middle Ages: Being an Introduction to the Industrial History of Medieval England,* London: Constable and Company Ltd., 1913.

Schofield, R.Phillipp, *Peasants and Community in Medieval England, 1200–1500,* New York: Palgrave Macmillan, 2003.

Snell, K. D. M., *Annals of the Laboring Poor: Social Change and Agrarian England, 1660–1900,* Cambridge: Cambridge University Press, 1985.

Sybil, M. Jack, *Trade and Industry in Tudor and Stuart England,* London: George Allen & Unwin Ltd., 1977.

Szarmach, E. Paul, Tavormina, M. Teresa., Rosenthal, Joel T., *Medieval England: An Encyclopedia,* New York: Garland Publishing Inc, 1998.

Tawney, R.H. and Power, Eileen., *Tudor Economic Documents: Being Select Documents Illustrating the Economic and Social History of Tudor England, Volume three: Pamphlets, Memoranda, and Literary Extracts,* London: Longman Press, 1953.

Tawney, R.H. and Power, Eileen., *Tudor Economic Documents: Being Select Documents Illustrating the Economic and Social History of Tudor England, Volume Two: Commerce, Finance and the Poor Law,* London: Longman Press, 1953.

Thirsk, Joan, *The Rural Economy of England Collected Essays,* London: The Hambledon Press, 1984.

Thirsk, Joan, *Agricultural Change: Policy and Practice, 1500–1750,* Cambridge: Cambridge University Press, 1990.

Thirsk, Joan, *The Agrarian History of England and Wales 1042–1350, Vol.2*, Cambridge: Cambridge University Press, 1967.

Vries, Jan De., *European Urbanization 1500–1800,* Massachusetts: Harvard University Press, 1984.

Williams, C.H., *English Historical Documents, 1485–1558,* London: Eyre & Spottiswoode, 1967.

Williams, Penry, *Life in the Tudor England*, New York, 1964.

Wrigley, E. A., *People, Cities and Wealth: The Transformation of Traditional Society*, London: Blackwell, 1992.

Zell, Michael, *Industry in the Countryside, Wealden Society in the Sixteenth Century,* Cambridge: Cambridge University Press, 2004.

后 记

拙著源于 2014 年申请的国家社科基金项目"近代早期英国人口流动与乡村变迁研究"（编号 14BSS024），结项后，2020 年申请了天津市社科重点项目"早期人口流动与近代英国经济地理变迁"（编号 TJSL21-001），又对书稿部分章节进行了修改。

项目书稿撰写之际，适逢工作调转，涉及孩子转学就读、购房、落户、装修等一应杂事，颇费周折。多年生活于象牙塔内，猝然需要面对诸多问题，一度心力憔悴，有感于人口流动的高昂成本，蓦然发现学术研究主题居然离我如此之近，我也面临乡村人口流动遭遇的一系列制约因素，经济的、心理的、社会的……在感佩那些毅然决然迁移者的同时也终于明白英国前工业时期劳动力转移与城市化进程为何如此缓慢。

感谢侯建新老师和学院领导的包容，使我在克服困难时有了些许底气；感谢爱人黄秋迪女士的理解，使我在心生惰意时保留了一丝动力。感谢东方出版社出版拙作，感谢编辑李小娜细心的文字编校工作。

作者谨识
2022 年 10 月